해상 보험법

| 한창희 |

MARINE
INSURANCE

MARINE
INSURANCE

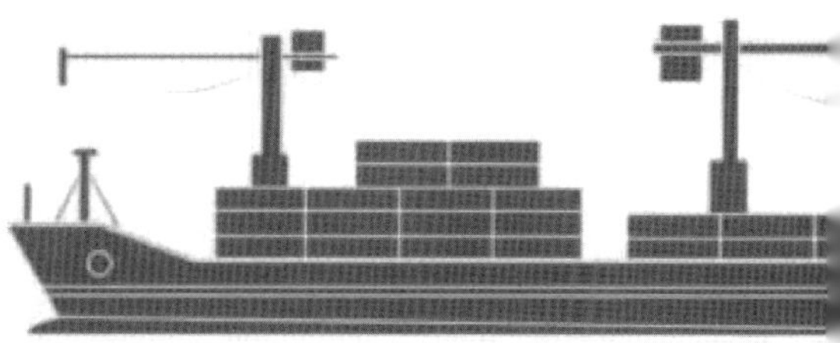

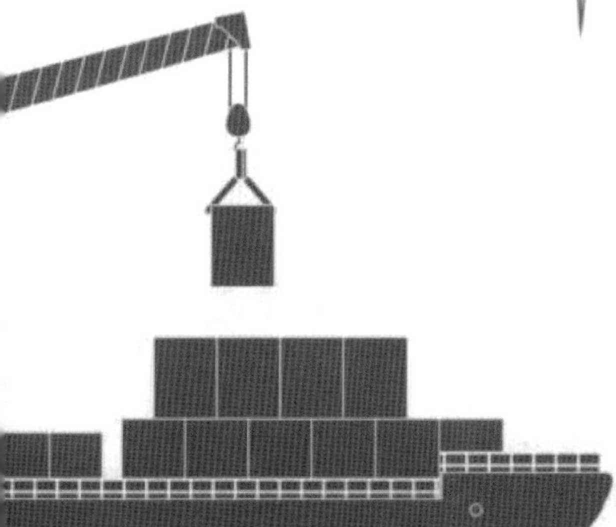

국민대학교 출판부
KOOKMIN UNIVERSITY

머리말

대법원 2015. 3. 20. 선고 2012다118846,118853 판결은 이 사건 선박보험과 관련된 모든 법률관계의 준거법은 영국법이라고 하여 영국법상 워런티 조항의 내용과 효력, 그 위반의 효과 등이 적용된다고 하였다. 이와 같이 해상보험은 영국의 법과 실무가 우리의 법원(法源)인 특유한 분야이다. 저자가 은사인 양승규교수님과 함께 2007년 해상보험법을 저술한지 10년이 지났다. 또한 2014년 4월 16일 304명의 승객이 사망하거나 실종되어 전국민에게 슬픔을 준 세월호사고 관련 해상보험법리의 규명이 긴요하게 되었다. 그 동안 해상보험업계의 중심지로 인정받는 영국에서는 2011년에는 2차 세계대전 이후 가장 중요한 해상보험 판결이라고 말하여지는 Cendor Mopu판결이 내려지고, 2016년 8월 12일부터 시행되고 있는 2015년 보험법과 2017년 5월 2016년 기업법이 시행되어 지나치게 보험자에게 유리하여 노르웨이 등 신흥 해상보험 법제와 경쟁력의 회복과 영국의 주도적 지위유지를 위한 노력의 일환으로 계속적으로 제기되어온 고지의무가 공정한 제공의무로 대체되었으며, 워런티는 제도 자체가 유명무실해질 정도로 엄격성이 완화되는 등 커다란 변화가 있었다. 2000년대에 이르러 영국법원은 해상보험이 보장하는 해상위험은 해상운송 방식의 컨테이너 운송화, 통신기술의 비약적 발전 등과 관련하여 1760년대의 로이즈실무에 바탕을 두고 2,000여개의 판결을 성문법화한 1906년 해상보험법을 사안마다 재검토하고 원점에서 동법 제정 이전의 판결부터 세밀한 검토를 통해 적정성을 기하고자 하고 있고, 1906년 해상보험법은 제한적인 성공을 거둔데 불과하다는 비판이 늘고 있다. 이 책의 저술에 있어서는 2007년 이후 크게 변화한 해상보험이론과 실무에 국한하여 이전의 해상보험법을 업데이트하는 것을 목적으로 하였다. 이 책이 해상보험법의 이론과 실무를 이해하는데 도움이 되기를 기원하는 마음 간절하다. 이 책의 출간에 깊은 관심을 가져준 조성극변호사님과 국민대학교 손해사정 석사과정을 이수하거나 이수 중에 있는 손해사정사, 교정에 힘써준 국민대학교 박사과정의 윤지은석사, 이윤석석사께 감사드린다.

2017년 6월

저자씀

목 차

제1장 해상보험법 일반[1)]

I 해상보험의 의의

해상보험은 해상위험, 즉 해상사업에 관한 사고로 인하여 생길 손해를 보상할 것을 목적으로 하는 보험이다. 해상보험은 손해보험의 일종으로 바다를 무대로 선박에 의하여 영위되는 해상사업과 관련된 선박이나 적하의 손해를 담보하는 보험이다.

해상보험은 해상사업에 관한 사고, 즉 해상위험을 보험의 목적으로 하는 점에서 각종 육상보험과 구별된다.

해상보험은 원양적하보험, 내항적하보험, 선박보험, 선박보험, 선박건조보험, 조선소 등의 배상책임보험, 해상석유시추장비관련의 각종 보험, P & I 보험 등을 총괄하는 개념이다.

II 세계 해상보험시장

1. 세계 해상보험시장의 규모

국제해상보험연합(IUMI)의 통계에 따르면 <표 1>과 같이, 2009년도의 세계 해상보험료는 약 229억달러이고, 이 중 적하보험료는 118억달러, 선박보험료(오프쇼어 에너지와 해상책임관련을 포함함)는 약 111억달러이다. 해상보험시장은 국제무역물류, 해운시황, 석유개발동향 등과 관련하여 변동한다.[2)] 2000년대 들어 세계 경제성장, 무역물류의 발전에 힘입어 세계 해상보험료는 2000년의 약 110억달러에서 2009년에는 약 230억달러로 2배 이상 성장하였다.

---

1) 이 장은 주석상법 보험(Ⅱ), 한국사법행정학회, 2015, 86~96면을 수정하였음.
2) 木村榮一・大谷孝一・落合誠一, 海上保險の理論と實務, 弘文堂, 2011, 281面.

<표 1> 세계의 해상보험료

(단위 : 백만달러)

년도	적하	선박	offshore energy	marine liability	합계
2000	6,622	2,860	789	699	10,980
2001	6,565	2,972	1,050	769	11,367
2002	7,149	3,358	1,341	875	12,738
2003	9,129	4,026	1,753	1,152	16.076
2004	9,923	4,540	1,551	1,145	17,178
2005	9,279	4,772	1,696	1,231	17,260
2006	10,724	5,282	2,736	1,381	20,123
2007	12,647	6,047	2,927	1,490	23,112
2008	12,792	6,345	2,758	1,487	23,383
2009	11,804	6,638	2,946	1,522	22,910

(출처 : 국제해상보험연합자료)

적하보험과 선박보험을 포함한 세계의 해상보험료를 지역별로 본다면 표 2와 같이 유럽 약 14억달러(61%), 아시아 · 오세아니아 약 49억달러(21%), 북미 약 21.8억달러(10%)의 순위이다. 국가별로는 영국 47.5억달러(20.7%), 일본 23.6억달러(10.3%), 독일 16억달러(7.0%), 프랑스 13.7억달러(6.0%), 이탈리아 11억달러(4.8%), 브라질 9.9억달러(4.3%), 노르웨이 9.6억달러(4.2%), 네덜란드 9.6억달러(4.2%), 스페인 6.4억달러(2.8%)이고, 상위 10개국이 세계 시장의 70%를 점하고 있다.

<표 2> 세계의 해상보험료(지역별)

(단위 : 백만달러)

년도	유 럽		아시아 · 오세아니아		북 미		기타	
	보험료	구성비	보험료	구성비	보험료	구성비	보험료	구성비
2000	6,109	56%	3,026	28%	1,405	13%	441	4%
2001	6,654	59%	2,685	24%	1,619	14%	409	4%
2002	8,506	62%	3,106	23%	1,806	13%	258	2%
2003	10,174	63%	3,876	24%	1,720	11%	307	2%
2004	10,929	63%	4,262	25%	1,848	11%	343	2%

년도	유 럽		아시아 · 오세아니아		북 미		기타	
	보험료	구성비	보험료	구성비	보험료	구성비	보험료	구성비
2005	10,551	62%	3,963	23%	2,137	13%	356	2%
2006	12,431	62%	4,448	22%	2,303	11%	941	5%
2007	14,190	61%	4,941	21%	2,490	11%	1,491	6%
2008	14,194	61%	5,268	23%	2,399	10%	1,522	7%
2009	14,037	61%	4,900	21%	2,183	10%	1,791	8%

(출처: 국제해상보험연합자료)

적하보험에 대하여서는 2009년 118억달러 중 일본이 16억달러(13.9%)로 세계 1위의 시장이고, 독일(12%), 영국(8%), 프랑스(8%), 미국(6%) 순이다. 일본, 독일, 프랑스, 영국은 적하보험의 세계 점유율이 무역액의 세계 점유율보다 높고, 이 국가들의 국내부보율이 높다고 고찰되며, 미국에서는 적하보험의 점유율이 무역액을 하회하는 것은 CIF수입, FOB 또는 CFR수출의 비율이 높으며, 국외에서의 부보율이 높기 때문인 것으로 고찰된다. 영국이 상위인 것은 재보험 인수액이 높기 때문인 것으로 판단된다.3)

선박보험(석유개발, 배상책임 포함) 에 대하여서는 2009년 111억달러 중 영국이 38억달러(34.1%)로 압도적으로 수위이고, 이어서 미국(11.1%). 노르웨이(8.1%), 일본(6.8%), 이탈리아(4.8%), 프랑스(4.1%)의 순위로, 이들 약 6개 국가가 세계의 3분의 2 이상의 점유율을 보이고 있다. 영국의 보험료 중 88%는 로이즈에 의한 것이고, 이는 석유개발의 보험료에 크게 의존하고 있다. 선박보험(오프쇼어 에너지, 해상책임 포함)중, 협의의 선박보험은 영국, 노르웨이, 일본이 3대 보험시장이고, 석유개발에 대하여서는 영국, 특히 로이즈가 압도적으로 세계 최대의 시장이다.4)

2. 국내 해상보험시장

2007년의 해상보험 원수보험료는 6,518억원, 2009년은 8,049억원, 2010년은 7,721억원에 이르고 있다.

---

3) 木村榮一 · 大谷孝一 · 落合誠一, 상게서, 284面.
4) 木村榮一 · 大谷孝一 · 落合誠一, 상게서, 284面.

Ⅲ 해상보험의 특징

해상보험의 특징으로는 역사성, 국제성, 기업보험성, 바다의 특수성을 들 수 있다.[5)]

1. 역사성

해상보험은 오늘날 존재하는 다양한 보험의 효시이다. 해상보험은 북부 이탈리아 상업도시에 탄생하여 프랑스, 스페인, 포르투갈에 전파되고, 16세기에는 프랑드르지방(현재 남부 네덜란드)이 이탈리아에 갈음하여 해상보험의 중심지로 되었으며, 19세기에는 런던이 중심지로 되었다.

해상보험은 상인이 상업거래에서 창안하여 600년이 넘는 동안 개량된 제도이다. 해상보험은 오랜 동안 축적된 지식재산을 기초로 약관의 어귀마다 판례가 존재하여 장래 발생할 수 있는 사고에 대한 예측성을 제고하고 있다. 이와 같은 지식재산의 존재는 약관 문언의 변경에서 보수적인 경향의 원인이 되는 점이 있다. 한편, 무역거래와 운송기술분야는 기술혁신이 매우 현저하고, 시대에 따라 변화하고 있다. 해상보험은 과거의 지식재산에 바탕을 두고 있지만, 무역과 성업거래의 변화에 적절히 대응하여 개량되어온 것이다.

2. 국제성

해상보험은 다음과 같은 점에서 국제성을 띤다.

첫째, 무역거래와 해상운송에 따라 보험목적은 세계 각국을 이동한다. 사고가 발생할 가능성이 있는 장소는 전 세계이고, 대상위험 자체가 국제적이다.

둘째, 해상보험계약에서는 보험계약의 당사자 또는 은행과 질권자 등 보험관계자가 여러 국가에 걸쳐 있고, 여러 국가의 당사자에 의한 국제계약인 경우가 많다.

셋째, 대형원유수송선박은 1,500억원, 최신 LNG원유수송선박은 3,500억원을 상회하는 것에서 보는 것과 같이 해상보험의 위험은 거대하고, 다양한 보험수요가 존재하여 상품설계와 재보험을 통하여 대수의 법칙을 보완하는 것이 필요

---

5) 木村榮一 · 大谷孝一 · 落合誠一, 상게서, 5面.

하다. 해상보험은 재보험의 필요로부터 원수보험의 계약내용 · 문언을 국제적으로 수용하도록 하는 것이 필요하다. 해상석유시추장비 등의 보험은 국제적인 공동보험의 형태인 경우가 있다.

이와 같은 해상보험의 국제적 성격으로 인하여 국제적인 관습과 표준약관이 발달하고 있다.

또한 해상보험은 국제적인 경쟁에 노출되어 있다. 적하보험에 가입하는 자는 원칙적으로 어느 국가에서 보험에 가입할 수 있다(보험업법 시행령 제3조 제1항). 또한 세계를 항해하는 원양선박의 경우, 선주와 운송인은 원칙적으로 어느 국가에 부보할 수 있다(보험업법 시행령 제3조 제1항). 보험계약자로부터 선택받는 데는 보험회사와 그 상품의 우열뿐만 아니라, 분쟁해결에 관한 법 제도도 매우 중요하다. FTA시대에 위나라의 해상보험의 내용은 우리나라의 계약자뿐만 아니라, 외국의 사업자에게도 이해가능하고 매력적이지 않으면 국제경쟁력을 상실할 수 있다.

3. 기업보험성

해상보험은 해운회사, 무역상사, 제조회사 등이 이용하는 기업보험으로 사적자치의 원칙이 적용된다(상법 제663조 단서).

먼저, 해상보험 내용이 다르다. 해상보험은 기업위험에 대응하는 보험이고, 기업마다 영업내용이 다르며, 위험의 내용은 기업마다 동일하지 않으므로 기업에 가장 적합한 보험보장이 요구된다. 해상보험에서는 국제적인 보험보장의 표준화가 이루어져 있지만, 이것만으로는 위험에 충분한 대응이 어렵기 때문에 주문형(오러 메이드) 보장이 제공되는 경우도 적지 않다.

둘째, 가업보험에 적합한 제도가 이용되고 있다. 무역적하의 경우 대량거래를 효율적으로 처리할 필요가 있다. 해상보험에서 소급보험, 포괄예정보험 등이 그 예이다.

셋째, 법 이론 면에서 특수성이 발견된다. 해상보험의 목적은 다양하고, 여러 국가를 걸쳐 계약이 이행되는 경우도 적지 않다. 국제적하보험의 경우 계약자의 설명과 송장 등 서면으로 인수여부를 결정하는 경우가 많고, 보험목적의 확인은 가능하여도 이에 많은 비용이 소요되는 경우가 많은 것과 같이, 개별위험의 현황을 보험회사가 거의 알지 못하는 경우도 많다. 이와 같은 상황에서 상업상의 필요로 인하여 당사자 쌍방은 예축성이 높고, 신속하며, 비용이 들지 아니하는 거래를 요구하게 된다. 고지의무, 워런티와 같은 제도는 정보가 보험계약자에게 편재되어 있고, 거래비용을 낮추어 효율적인 인수가 가능하도록 하기 위한 제도로 탄생한 것이다. 이와 같은 거래가 가능하기 위하여서는 그 전제로서 보험자와 보험계약자 사이에 신뢰관계가 필요하다. 해상보험은 최대선의가 가장 요청되고, 이를 전제로 효율적인 운영이 꾀하여지는 제도이다. 또한 예측성을 제고하기 위하여서는 일정한 결론을 짓는 것도 합리적이고, 사기가 없는 한 협정보험가액에 확정적 효력을 인정하는 것(영국해상보험법 제27조 제3항)과 같이 엄격한 손해보상의 원칙을 수정하는 각종 제도가 도입되어 있다.

4. 바다의 특수성

해상에서는 육상과 다른 위험이 존재한다. 이에 공동해손, 선박충돌, 선박소유자의 책임제한, 유류오염손해배상책임, 해난구조, 난파선제거 등과 같은 바다에 특유한 법제도가 존재하고, 또한 많은 국제협약, 표준원칙이 제정되어 있다. 해상보험은 바다에 특유한 위험과 법제도에 적합한 제도로 이루어져 있다.

Ⅳ 해상보험법의 법원(法源)

상법 보험편에서는 해상보험에 관한 절을 두어 29개조문(상법 제693조에서 제718조)을 두고 있다. 해상보험실무에서는 영국법 준거조항이 삽입되어 있는 영국의 협회해상보험약관을 보험계약의 내용으로 하고 있는 경우가 일반적이고, 판례의 대부분은 영국법 준거조항의 효력을 받아들여 해상보험분야에서 영국의 법률과 관습을 우리의 법원으로 인정하고 있지만, 근래 영국법의 적용범위를 제한하는 판례도 판시되고 있다.

1. 상법 보험편의 해상보험규정

해상보험은 기업보험의 성격을 띠고, 해상보험의 영역에서는 상법 보험편의 규정은 임의규정의 성격을 가지므로 사적 자치의 원칙이 적용된다(상법 제663

조 단서). 다만 해상보험영역에서는 영국법 · 영국해상실무가 커다란 영향을 가지고 있으므로 우리 보험계약법은 제한적일 수밖에 없다.

2. 영국법 준거조항

가. 해상보험의 국제성과 영국시장의 우위성

대법원은 영국의 법률과 관습에 해상보험업계의 중심으로서의 지위를 인정하고 있다(대법원 1991. 5. 14. 선고 90다카25314 판결). 그 이유로는 다음을 들 수 있다.

첫째, 19세기의 4반세기로부터 20세기 초에 걸쳐 해상보험의 관행과 담보조건이 근대적인 형태로 결정된 당시는 영국의 상선대가 세계의 상선대중에서 압도적인 우위를 점하고, 또한 영국이 무역.금융의 면에서도 지배권을 장악하였다는 점, 둘째, 1906년 해상보험법을 비롯하여 풍부한 법원의 판례와 관례가 확립되어 있다는 점, 셋째, 고가의 선박보험을 인수한 원수보험자는 재보험자에게 위험을 전가하고 있기 때문에 보험금 지급 등과 관련하여 세계적 보편성을 확보할 것이 요망된다는 것이 들어진다.[6] 넷째, 적하보험의 경우 수출입적하와 제3국 사이에서 운송되는 적하의 해상보험의 경우에는 특 히 강한 성격을 보유하여 해상보험약관을 이용하는 국가의 3분의 2가 어떠한 형식으로든 영국약관을 이용하고 있고, 개발도상국에서는 4분의 3까지 사용이 제고되어 있다.[7]

---

6) 대형원유운송선박은 약 1,500억원, 최신 LNG원유운송선박은 약 3,500억원에 이를 정도로 고액이고, 중소형선박을 포함하여 다양한 선박을 부보하며, 운송항로가 국제적이고, 운송관계자(선박소유자 · 선자 · 선박관리회사 등)가 다수인 점에서 다수의 선박보험수요가 존재하며, 이에 맞춤형 상품설계가 요구된다. 또한 재보험을 이용하여 대수의 법칙을 보환하는 것이 필요하다는 점에서 선박보험의 국제적인 분산이 요망된다(木村榮一 · 大谷孝一 · 落合誠一, 상게서, 292~293面.)

7) 적하보험의 경우에는 Incoterms와 같은 국제적인 매매거래조건을 선택하여 원칙적으로 매도인 · 매수인이 국내보험자 · 국외보험자를 자유롭게 선택할 수 있도록 되어 있다. 보험자는 보험조건, 보험요율 또는 사고후의 서비스의 측면에서 세계의 보험자와 경쟁을 하게 된다. 이에 기본적인 조건은 국제적으로 표준화되는 경향이 있다. 도한 기본적인 조건은 영국시장의 조건에 유사하게 국제적으로 표준화되고, 영국의 법률과 관습이 국제적인 지배적 지위를 차지하고 있다.(木村榮一 · 大谷孝一 · 落合誠一, 상게서, 79面)

나. 영국의 표준해상보험증권과 표준해상보험약관

해상보험은 바다를 통하여 항해하는 선박과 그 적재 화물 등에 관련된 보험이다. 따라서 국제거래 당사자들이 예상가능하고 신뢰할 수 있는 국제적인 표준약관이 필수적이다. 1779년에 제정되어 1980년까지 약 200년 동안 사용된 영국 Lloyd's S. G. Policy와 런던보험자협회(Institute of London Underwriters)의 보험증권과 보험약관,[8] 국제보험자협회(International Underwriting Association)의 2003년 국제선박보험약관[9] 등이 국제적인 표준약관으로서의 역할을 하고 있다.

다. 준거법조항의 성격

여러 이유로 국제거래에서 자국의 법이 아니라, 다른 국가의 법률에 준거하여 분쟁을 해결하고자 하는 경우가 다수 존재한다.

해상보험의 국제성으로 인하여 우리나라에서 영국의 표준해상보험약관이 해상보험계약의 내용을 이루고 있고, 이 표준해상보험약관상의 영국법 준거조항은 "이 보험은 영국의 법과 관습에 따른다"고 하고 있다. 대법원 1991. 5. 14. 선고 90다카25314 판결은 "해상보험증권 아래에서 야기되는 일체의 책임문제는 영국의 법률 및 관습에 의하여야 한다는 영국법 준거약관은 오랜 기간 동안에 걸쳐 해상보험업계의 중심이 되어 온 영국의 법률과 관습에 따라 당사자 간의 거래관계를 명확하게 하려는 것으로서 우리나라의 공익규정 또는 공서양속에 반하는 것이라거나 보험계약자의 이익을 부당하게 침해하는 것이라고 볼 수 없으므로 유효하다. "라고 하여 영국법 준거조항의 효력을 전면적으로 인정하고 있다.

이는 저촉법적 지정과 실질법적 지정으로 구별되고 있다.

(1) 저촉법적 지정설

저촉법적 지정이라 함은 계약에서 계약을 지배하는 어느 국가의 법을 지정하는 경우이고, 계약 전체가 지정된 국가의 법에 의하여 지배된다. 영국법 준거조

8) 1982년 협회선박보험약관, 1983년 협회적하보험약관(이는 2009년에 개정되었다) 등이 대표적이다.

9) International Hull Clauses. 양승규 · 한창희, 해상보험법, 삼지원, 2007, 부록 참조.

항의 법적 성질에 관한 일본의 다수설이다.[10] 이에 대하여서는 영국법 전체가 우리법의 법원으로 된다는 전부지정설[11]과 일부 사항에 대해서만 영국법이 적용된다는 일부지정설로 분류할 수 있다.

(2) 실질법적 지정설

질법적 지정설은 계약의 내용을 상세하게 결정하지 아니하고, 계약에서 어느 국가의 법률·관습을 원용하는 경우이며, 이 견해에 따르면 계약을 지배하는 법은 별도로 존재하고, 그 법이 지정하는 범위 내에서만 원용된 국가의 법률·관습이 규율됨에 그친다.[12] 이에 따르면 영국법 준거조항이 삽입되어 있어도 당사자가 준거법을 선택하지 아니하였다고 해석하여 국제사법에 따라 우리법이 준거법이 되고, 특정한 사항을 준거법을 지정한 경우에 한하여[13] 영국법이 적용된다고 본다.[14]

(3) 사견

해상보험은 과거에도 또 미래에도 매우 난해한 영역으로 존재할 것이고, 산업종사자들은 주로 전문가이며 이들의 기술과 지식을 근거로 정상적인 운용이 도모된다.[15] 또한 S.G 보험증권이 1779년에서 약 200년 동안 개정없이 이용이 가능했던 이유는 해상보험이 오랫동안 축적된 판례와 실무를 기초로 안정성을 유지하기 때문일 것이다.

이와 같은 해상보험의 국제성·전문성을 감안하여 영국법 준거조항에 따라 영국의 해상보험실무와 판례에 따라 규율된다고 보고, 영국법을 적용하는 것이 현저하게 부당한 극히 예외적인 경우에 한하여 우리의 법이 적용될 여지가 있

10) 석광현, 외국법제로의 과도한 도피와 국제사법적 사고의 빈곤, 법률신문 3926호(2011), 15면.
11) 이정원, 영국법 준거약관과 보험자 설명의무, 저스티스 제122호(2011), 한국법학원, 218면;
12) 木村榮一·大谷孝一·落合誠一, 전게서, 97面.
13) 예컨대 해상적하보험약관에서 "이 보험계약에서 발생하는 일체의 책임문제는 영국의 법률과 관습에 따른다."고 하거나, "이 보험증권의 규정 또는 첨부된 어떠한 반대규정에도 불구하고, 이 보험은 일체의 보상청구에 대한 책임 및 결제에 대하여서만 영국의 법률에 따를 것임을 이해하고 합의한다."는 내용으로 되어 있는 경우이다.
14) 석광현, 전게논문, 15면.
15) Mance, The 1906 Act, common law and contract clauses-all in harmony? [2011] Lloyd's maritime and commercial law quarterly 347.

다고 보는 것이 타당하다고 생각된다.

라. 우리나라 해상보험실무에서 사용되는 영국법 준거조항의 유형

선박보험의 경우에는 "이 보험은 영국의 법과 관습에 따른다."는 조항만이 사용되고 있다.

우리나라 해상적하보험에서 영국법 준거조항의 유형에는 다음 3가지가 있다. 첫째, "이 보험은 영국의 법과 관습에 따른다."라는 내용으로 이루어진 협회선박보험약관과 같은 내용의 영국법 준거조항이 존재하고, 둘째, "이 보험계약에서 발생하는 일체의 책임문제는 영국의 법률과 관습에 따른다."는 형태가 있으며, 셋째, "이 보험증권의 규정 또는 첨부된 어떠한 반대규정에도 불구하고, 이 보험은 일체의 보상청구에 대한 책임 및 결제에 대하여서만 영국의 법률에 따를 것임을 이해하고 합의한다."는 내용의 준거법조항도 존재한다. 첫 번째 유형에 관한 판례[16]와 두 번째 유형에 관한 판례[17]는 영국법을 적용하는데 반하여, 세 번째 형태의 영국법 준거조항에 관한 사안에서 대법원은 "영국법 준거약관은 보험계약의 보험목적물이 무엇인지 여부에 관한 사항, 즉 보험계약의 성립 여부에 관한 사항에까지 영국의 법률과 실무에 따르기로 하기로 한 것으로는 볼 수 없으므로, 이와 같은 사항에는 우리나라의 법률이 적용되어야 한다."[18]고 하였다.

마. 영국법을 적용한 판례

대법원은 영국법 준거조항의 효력을 포괄적으로 인정한 대법원 1991. 5. 14. 선고 90다카25314 판결에 따라 대법원은 해상고유의 위험,[19] 인치마리조항,[20] 고지의무,[21] 최대선의의무,[22] 증명책임,[23] 감항능력,[24] 특별어획물약관,[25] 워

16) 대법원 2003. 6. 13. 선고 2001다42660 판결.
17) 대법원 1991. 5. 14. 선고 90다카25314 판결.
18) 대법원 1987. 7. 14. 선고 96다39707 판결. 이 사건에서 대법원은 해상적하보험증권상의 보험목적물 : 어획물 100t(100M/T OF FISH)의 문언의 내용에 대하여 보험회사의 영업사원이 어로작업을 하는 동안 냉동창고에 보관중인 어획물이 보험사고로 멸실된 경우에 '100t의 한도 내에서' 보상하는 것이라고 설명하였고, 이에 하주도 그렇게 알고 이 사건 보험계약을 체결한 것이므로 영업사원이 설명한 내용이 설명한 내용이 이 사건 보험계약의 내용을 이룬다고 판시하였다.
19) 대법원 1998. 5. 15. 선고 96다27773 판결, 대법원 2001. 5. 15. 선고 99다26221 판결.
20) 대법원 2001. 5. 15. 선고 99다26221 판결.
21) 대법원 1986. 11. 25. 선고 85다카2578 판결, 대법원 1991. 5. 14 선고 90다카25314

런티,[26] 적하보험상 보험담보의 종료시점,[27] 선박의 양도와 보험계약의 종료,[28] 선박보험상 선장의 악행,[29] 추정전손,[30] 선박미확정의 해상적하보험계약에서 영국 협회선급약관,[31] 보험자의 설명의무[32] 등의 사안에서 영국 해상보험법과 영국판례와 실무를 적용하여 해결하고 있다. 적하보험과 관련하여 영국해상보험법과 영국판례와 실무를 적용한 판결의 쟁점은 고지의무,[33]보험담보의 종료시점,[34] 선박미확정의 해상적하보험계약에서 영국 협회선급약관,[35] 책임보험에서의 직접청구권[36] 등 이었다.

판결, 대법원 1996. 3. 8. 선고 95다28779 판결, 대법원 2001. 5. 15. 선고 99다26221 판결, 대법원 2005. 3. 25. 선고 2004다22711, 22728 판결.

22) 대법원 2005. 3. 25. 선고 2004다22711, 22728 판결.
23) 대법원 1991. 5. 14. 선고 90다카25314 판결, 대법원 2001. 5. 15. 선고 99다26221 판결.
24) 대법원 1996. 10. 11. 선고 94다60332 판결, 대법원 1995. 9. 29 선고 93다53078 판결, 대법원 2001. 5. 15. 선고 99다26221 판결, 대법원 2002. 6. 28. 선고 2000다21062 판결.
25) 대법원 1996. 10. 11. 선고 94다60332 판결, 대법원 1995. 9. 29 선고 93다53078 판결.
26) 대법원 1996. 10. 11. 선고 94다60332 판결, 대법원 2001. 7. 27. 선고 99다55533 판결, 대법원 2000. 6. 13. 선고 98다35389 판결, 대법원 2002. 6. 28. 선고 2000다21062 판결.
27) 대법원 1988. 9. 27. 선고 84다카1639, 1640 판결, 대법원 2003. 6. 13 선고 2001다42660 판결.
28) 대법원 2004. 11. 11. 선고 2003다30807 판결.
29) 대법원 2005. 11. 25. 선고 2002다59258, 59535 판결.
30) 대법원 1977. 1. 11. 선고 71다2116 판결, 대법원 1989. 9. 12. 선고 87다카3070 판결, 대법원 1988. 2. 9. 선고 86다카2933, 2934, 2935 판결, 대법원 2001. 2. 23. 선고 98다59309 판결, 대법원 2002. 6. 28. 선고 2000다21062 판결.
31) 대법원 2001. 7. 27. 선고 99다55533 판결.
32) 대법원 2016. 6. 23. 선고 2015다5194 판결은 "대법원 2010. 9. 9. 선고 2009다105383 판결은 선박보험계약이 준거법 지정 외에 외국적 요소가 없는 순수 국내계약인 사안에 관한 것으로서, 외국적 요소가 있는 사안에서는 준거법은 영국법이다"고 판시한 대법원 2015. 3. 20. 선고 2012다118846, 118853 판결, 위의 두 사건과 달리 "본 보험증권에 따라 발생하는 책임에 관한 모든 문제는 영국의 법률과 관습이 적용된다"라는 내용의 준거법 조항이 삽입된 적하보험사건에서 갑판적재약관의 설명의무에 대하여"이 사건 준거법 약관은 이 사건 보험계약 전부에 대한 준거법을 지정한 것이 아니라 보험자의 '책임' 문제에 한정하여 영국의 법률과 관습에 따르기로 한 것이므로 보험자의 책임에 관한 것이 아닌 사항에 관하여는 이 사건 보험계약과 가장 밀접한 관련이 있는 우리나라의 법이 적용된다고 할 것인데, 약관의 설명의무에 관한 사항은 약관의 내용이 계약내용이 되는지 여부에 관한 문제로서 보험자의 책임에 관한 것이라고 볼 수 없으므로, 이에 관하여는 영국법이 아니라 우리나라의 약관규제법이 적용된다"고 하였다.
33) 대법원 1991. 5. 14. 선고 90다카25314 판결.
34) 대법원 1988. 9. 27. 선고 84다카1639, 1640 판결, 대법원 2003. 6. 13. 선고 2001다42660 판결.
35) 최종 판결은 대법원 2001. 7. 27. 선고 99다55533 판결이었음.
36) 서울고법 2015. 6. 9. 선고 2012나29269 판결.

제2장 영국의 2015년 보험법의 개정배경

I 1906년 해상보험법

보험은 기업과 소비자가 스스로 감당할 수 없는 위험으로부터 자신을 보호할 수 있게 하고, 자본주의의 수레바퀴에서 기름[37]으로 표현되기 한다. 영국보험법의 기초를 이루는 1906년 해상보험법은 뉴질랜드(1908년), 호주(1909년), 말레이시아(1956년), 홍콩(1964년), 캐나다(1993년), 싱가포르(1993년) 등에 계수되었다.

1906년 해상보험법의 제정을 주도한 것은 매캔지 찰머스경이고, 그 목적은 1907년까지 약 150년동안의 약 2,000여 판결만에 기초한 법률원칙의 접근가능한 요약을 제공하는 것이었다. 1906년 시행 이래 2012년 소비자보험(고지의무)법의 제정에 이르기까지 개정없이 유지된 것은 찰머스경의 능력에 기인한 것이지만, 런던이라는 비교적 작은 전문시장의 상업 실무만이 입법에 반영되었다는 점, 법원이 이 원칙을 모든 유형의 보험에 적용해온 점이 문제점으로 지적되었다. 이로 인해 시장에서 부보위험의 유형 확대에 따른 법률의 발전이 어려웠다. 최근의 영국판례는 현대적 상황에 맞도록 법률을 적용하고자 하지만, 1906년 해상보험법의 명확한 문구가 발목을 잡고 있다. 1906년 해상보험법의 문구는 이전 시대의 사회적, 경제적 태도를 반영하고 있음에도 불구하고, 법원은 현재에도 이 법의 문구를 엄격히 적용하는 경우가 많다.[38]

1906년 해상보험법의 제정의 전문성에는 의문이 없지만, 2015년 보험법 제정 이전까지 개정이 없었던 이유에 대해서는 견해가 나뉜다. 전자는 동법이 정

37) David Herzel, The Insurance Act 2015: Back ground and philosophy, in Malcolm Clarke and Bariş Soyer(edited), The Insurance Act 2015-A new regime for commercial and marine insurance law, (informa from Routledge, 2016), para 1.1.

38) Law Commission, Insurance Contract Law: The Business Insured's Duty of Disclosure and the Law of Warranties, Consultation Paper No 155, June 2012, para 1.13.

확하고, 더 이상일 수 없다는 견해이고, 후자는 동법에도 불구하고 판례법이 발전하여 동법은 다소 있으나 마나 한 존재가 되었고, 18세기의 해상보험원칙을 적용하는데 전혀 적합하지 않은 보험계약에 해상보험원칙을 법원으로 하여금 적용하도록 하여 적극적으로 유해하다는 견해이다.

해상보험실무에서는 1906년 해상보험법이 광범위하게 무시되고 있고, 중요한 법률개정도 있었다. 호주에서는 1984년 보험계약법은 해상보험법에는 적용되지 아니하였지만, 2001년에는 유람선, 즉 소비자자해상보험은 1984년법에 편입되었다. 뉴질랜드에서는 보험법개혁법은 보험약관과 보험보조자를 규율하였고, 부실고지에 대한 손해배상책임을 개정한 1979년 계약상 손해배상책임법은 해상보험에도 적용되었다. 2001년 호주법률개정위원회는 영국이 선도적으로 해상보험법을 개정하지 않는 한 개정할 점이 없다고 하여 사소한 개정 이외에는 개정에 이르지 못하였지만, 보고서[39]는 1906년 해상보험법의 불명료함과 결함을 적시하는 중요한 자료이다.[40]

영국이 가장 먼저 개정하였다. 영국의 법률개정위원회의 2006년부터 2014년에 이르는 개혁작업은 눈부셨다. 많은 개혁 중에서 보험계약 체결시 정보의 제공과 이전에 관한 새로운 체계가 창출되었고, 보험자에게 새로운 구제수단이 부여되었다. 프랑스 등에 익숙한 비율적 보상의 원칙의 개념이 영국 보험법에 도입되었다. 2012년 소비자보험(고지)법은 1906년을 개정하여 계약체결 고지의무에 대해 규정하였다. 해상보험시장과 관련해서는 2015년 보험법상 기업보험에 관하여 고지의무에 관한 오랜 원칙이 폐기되었고, 계약체결 이전의 워런티 위반으로 인한 보험자의 권리가 크게 제약되게 되었다. 법률개정위원회는 현재 피보험이익, 해상보험증권의 요식증권성 등에 대한 개정에 박차를 가하고 있다. 많은 금액의 국제보험이 런던에서 인수되고 있으며, 우리나라를 비롯한 많은 국가의 해상보험실무가 영국법을 준거법으로 하고 있기 때문에 이와 같은 개혁은 영국 외에도 커다란 영향을 미칠 것이다.[41]

39) Review of Marine Insurance Act 1909, Law Reform Commission Report No 91.
40) Robert Merkin and Sarah Derrington, Marine Insurance Act 1906 magnificent achievement on monstrous aberration, in edited by Rhidian Thomas, The modern law of marine insurance Vol. 4, (informa law from Routledge, 2016), para 1.3.
41) David Herzel, op. cit., para 1.1; 보험증권 아래에서 야기되는 일체의 책임문제는 외국의 법률 및 관습에 의하여야 한다는 외국법 준거약관은 동 약관에 의하여 외국법이 적

입법과 별도로 보험자는 1977년 이래는 지율규제로, 2001년부터 법령에 근거하여 개인과 중소기업이 체결한 보험계약에 엄격한 성문법과 판례법을 적용하지 않고 있다. 호주와 뉴질랜드에도 유사한 제도가 시행되고 있다.

Ⅱ 로이즈의 유산

1690년 이래 에듀어드 로이드의 커피숍이 해상보험의 센터로 자리잡은 이래 1720년 버블법에 따라 Royal Exchange Insurance와 London Insurance 두

용되는 결과 우리 상법 보험편의 통칙의 규정보다 보험계약자에게 불리하게 된다고 하여 상법 제663조에 따라 곧 무효로 되는 것이 아니고 동 약관이 보험자의 면책을 기도하여 본래 적용되어야 할 공서법의 적용을 면하는 것을 목적으로 하거나 합리적인 범위를 초과하여 보험계약자에게 불리하게 된다고 판단되는 것에 한하여 무효로 된다고 할 것인데, 해상보험증권 아래에서 야기되는 일체의 책임문제는 영국의 법률 및 관습에 의하여야 한다는 영국법 준거약관은 오랜 기간 동안에 걸쳐 해상보험업계의 중심이 되어 온 영국의 법률과 관습에 따라 당사자간의 거래관계를 명확하게 하려는 것으로서 우리나라의 공익규정 또는 공서양속에 반하는 것이라거나 보험계약자의 이익을 부당하게 침해하는 것이라고 볼 수 없으므로 유효하다(대법원 1991. 5. 14. 선고 90다카25314 판결).

영국의 협회선박보험약관상의 영국법 준거조항은 "이 보험은 영국의 법과 관습에 따른다"라고 하고 있고, 대법원은 외국적 요소가 없는 순수 국내계약인 사안에는 약관규제법상의 설명의무가 적용되고, 외국적 요소가 있는 사안에서는 준거법은 영국법이다(대법원 2015. 3. 20. 선고 2012다118846, 118853 판결). 영국의 협회적하보험약관을 보험계약의 내용으로 하는 해상보험계약상의 영국법 준거조항은 "본 보험증권에 따라 발생하는 책임에 관한 모든 문제는 영국의 법률과 관습이 적용된다"는 영국법 준거조항이 사건 준거법 약관은 이 사건 보험계약 전부에 대한 준거법을 지정한 것이 아니라 보험자의 '책임' 문제에 한정하여 영국의 법률과 관습에 따르기로 한 것이므로 보험자의 책임에 관한 것이 아닌 사항에 관하여는 이 사건 보험계약과 가장 밀접한 관련이 있는 우리나라의 법이 적용된다고 할 것인데, 약관의 설명의무에 관한 사항은 약관의 내용이 계약내용이 되는지 여부에 관한 문제로서 보험자의 책임에 관한 것이라고 볼 수 없으므로 이에 관하여는 영국법이 아니라 우리나라의 약관규제법이 적용된다(대법원 2016. 6. 23. 선고 2015다5194 판결).

서울고법 2015. 6. 9. 선고 2012나29269 판결에 따르면 "해상적하책임보험계약에 따른 책임에 관하여는 당사자가 정한 바에 따라 영국법인 1906년 영국 해상보험법(Marine Insurance Act 1906)과 관습이 적용되고, 국제사법에는 피해자가 보험자에 대하여 직접청구권을 주장하는 경우에 관한 규정은 존재하지 않으나, 피해자가 보험자에 대하여 직접청구를 하는 것은 보험자가 보험계약을 체결하였다는 것에 직접적인 근거를 두고 있는 점 등을 종합하면 피해자가 보험자에 대하여 직접청구권을 행사하는 경우에는 '보험계약에 따른 준거법'에 의하여야 하므로, 영국법이 준거법이 되어 영국 '제3자 권리법'[Third Parties (Rights against Insurers) Act 1930]이 적용된다."

회사외에는 해상보험사업이 금지되었고, 이는 동법이 폐지된 1824년까지 계속되었다. 1766년부터 1788년까지 Court of King's Bench의 판사였던 맨스필드경에 의해 고지의무 등 중요한 법리가 확립되었다. 1789년에는 보험증권과 보험약관이 결합된 Lloyd's SG Policy이 제정되어 1982년 협회보험약관의 제정에 이르기까지 해상보험 실무에서 사용되었다. Lloyd's SG Policy는 폐지되었지만 1906년 해상보험법 부록에 중요한 용어 정의와 함께 첨부되어 있다.

로이즈를 조사한 1810년 3월 18일의 의회보고서에 따르면 적법한 해상보험 중 보험금액 기준으로 96%이상이 로이즈에서 인수되어 있었고, 동 보고서는 다른 형태의 거래의 발전을 기대하여 국왕의 특허의 폐지를 권고하였다. 안전성의 결여와 거래비용을 포함한 로이즈에 대한 비판이 존재하였다. 1824년 버블법의 폐지로 보험회사와 P&I Club과 전쟁위험협회와 같은 상호회사의 발전의 기틀이 마련되고, 20년이 지나 법적 틀이 확립되었다.

Ⅲ 1906년 해상보험법 개정의 배경

보험법 영역에서 판례법 국가인 영국이 성문법으로는 1906년 해상보험법만을 유지해오다가 근래 고지의무·워런티에 대한 법률을 새로 제정하고, 영국법률개정위원회에서 피보험이익, 해상보험증권에 인증지를 첨부하도록 하는 것과 같은 형식적인 절차 등을 추가로 개정대상으로 삼고 있는[42] 배경을 검토하는 것은 우리나라에서 해상보험에 있어서 영국법을 폭넓게 적용해 오고 있는 실무에 대한 심층적인 분석과 그 개선이 필요한 점에 비추어 필요하다.[43]

1906년 영국해상보험법에 대해서는 다음과 같은 문제점이 최근 지적되고 있다.[44]

첫째, 리딩케이스인 1766년 Carter v. Boehm사건이 기초한 경제적, 사회적

42) Robert Merkin and Sarah Derrington, op. cit., paras 1.8~1.17 pp. 4~6.

43) 석광현, 영국법이 준거법인 한국 회사들 간의 선박보험계약과 약관규제법의 적용 여부-대판 2015. 3. 20, 2012다118846(본소), 2012다118853(반소), 저스티스 제149권(2015), 232면.

44) Robert Merkin and Sarah Derrington. op. cit., pp. 4~6, 39~41; David Herzel, op. cit., para 1.2, pp. 2~3.

상황이 오늘날 크게 변화하였다. 보험원리의 기원은 City of London의 상인에 의해 발전된 실무이었다. Carter v. Boehm사건은 수마트라의 말보로성의 로저 카터총독의 물건에 관한 사건이었데, 7년 전쟁동안 프랑스군이 침공하여 물건이 멸실하였다. 맨스필드경은 보험계약이 체결되는 때 보험계약의 원칙과 당사자의 의무를 확립하였다. 맨스필드경이 설정한 원칙은 19세기에 발전하였고, 1906년 해상보험법으로 입법되었다. 1906년 해상보험법은 해운에 관한 법이었고, 법제정 당시의 시장을 반영하였다. 이법은 최근 개정되기 까지 보험법의 기초를 이뤘다. 맨스필드판사가 판결한 당시의 사회적, 경제적 상황과 오늘날의 그것은 다르다. 보험은 당시에는 정통한 기업가 사이의 상사계약이었고, 제공하는 상품은 매우 제한적이었고, 시장은 해상보험이 주이었다. 통신은 느리고 빈약했다. 정보를 저장하거나 처리하기가 매우 어려웠다. 보험자는 취약했고, 법의 보호가 필요했다. 모든 지식은 보험계약자가 보유하고, 보험계약이 성립할 때 보험자는 수동적인 수용자라고 하였다.

반면 오늘날에는 영국도 서구의 경제와 같이 제2차 세계대전 이후 18세기 또는 법이 제정된 19세기에는 없었던 소비자의 개념이 발전하였다. 지구촌이 거의 실시간으로 통신되고 있다. 정보가 광범위하게 이용되고 있다. 보험자, 보험모집보조자, 보험계약자는 수년 전에는 예견할 수 없는 방식으로 정보를 저장·분석·처리가능하다. IT의 발전으로 기업가의 영업범위는 지구 전체로 확장되었고, 규모도 이전에 상상할 수 없는 정도로 성장하였다.

둘째, 보험 자체도 변화하였다. 보험상품과 보장위험은 매우 광범위하고 다양하다. 보험은 해운업의 수요에 지배되지 않는다. 20세기에 해상보험 이외의 배경과 전문성을 보유한 판사를 포함한 법률가가 출현하였다. 해상보험의 선입견이 없는 판사는 달리 기능하는 법률에 대한 관심을 표시하기 시작하였다.

셋째, 판례법주의 국가인 영국은 새로운 선례를 발전시켜 변화에 부응하고, 법원판결은 현대 사회적, 경제적 상황을 반영하고, 새로운 사실관계와 상황에 현행 법률을 적용하여 수용할만한 결과를 낳아야 하는데, 보험법에 관해서 급격한 변화에 부응하려고 노력하고 있다. 1906년 해상보험법은 명확하고, 직선적으로 제정되었고, 판사의 법률발전에 장애가 되고 있다.

넷째, 소비자분쟁은 금융옴부즈만과 다수의 상사분쟁조정에 의해 해결되고 있고, 선택적 해결절차에는 선례구속의 원칙이 적용되지 않는다. 금융감독청은 1906년 해상보험법과 다른 원칙을 제정하였는데, 2000년 개칭된 금융옴부즈만은 법정기구이고, 법률을 적용하지 않고, 공정성과 합리성에 근거하여 조정한다. 금융옴부즈만은 1906년 해상보험법은 거의 근거하지 않고, 소비자, 중소기업분쟁을 조정하는 원칙을 발전시키고 있다. 이는 영국법이 전통적으로 제공하는 확실성을 훼손시키고 있다. 또한 다양한 원칙사이의 불일치는 특히 소비자보험에서 신뢰를 저해하고 있다고 주장되고 있다.

다섯째, 1906년 해상보험법 제정 당시의 시장실무의 변화를 반영하지 않고 구식의 거래양식이 사용되었다는 점이다. 예컨대 1884년에 설립된 런던보험협회가 시장의도와 불일치하는 법원판결을 수정하고 표준해상보험약관을 제정하는 기능[45]을 하였는데, 1906년 해상보험법은 중요한 사항에 관하여 시장이 런던보험자협회의 약관을 통해 이미 폐기된 판례를 입법하였다.

여섯째, 1906년 해상보험법은 법개정위원회에서 개정주제로 하고 있는 피보험이익과 인증지를 첨부하도록 하는 원칙을 제외하는 임의규정으로 되어있지만, 해상보험 실무상 중요한 법원(法源)은 약관인데 최근의 국제보험자협회의 2003년 국제선박보험약관, 2009년의 협회적하보험약관은 1906년 해상보험법상의 원칙을 크게 수정하고 있다.

일곱째, 법조문을 살펴보면 법 제정 당시에 이미 약관에서 널리 사용되고 있던 충돌조항, 인치마리조항 등과 같은 용어조차 법에 포함되지 않은 반면에 이미 사용이 중단된 용어(suing and laboring clause)는 사용되었다.

여덟째, 동법은 200년 동안의 2000여 개의 판결을 기초로 입법한 것이었지만,[46] 기초적인 오류가 있었고, 불명료함이 존재한다.

아홉째, 20세기 들어 도입된 상해보험, 근재보험, 자동차보험, 책임보험 등의 새로운 시장에 1906년 해상보험법상의 원칙이 여전히 적용되었는데, 수용하기 어려운 결과를 낳는 경우가 많게 되었다.

열째, 입법을 주도한 찰머스경조차 동법에 잠재적 결함이 존재하는 것을 알고 있었고, 동법상 철회·중단·소멸된 부분을 제거하면 매우 적은 부분만 법률로 기능한다고 할 수 있으며, 이는 영국법이 현대의 유력한 경쟁자인 노르웨이 해상보험계획 등에 밀려 주도적인 지위를 유지하기 어렵게 되었다.

열한번째, 1906년 이전의 판례에 대해서 재검토가 필요한 점이 지적되고 있

---

45) 처음 협회선박보험약관이 제정된 것은 1888년이고, 협회적하보험약관은 1912년 제정되었다.

46) 양승규·한창희, 해상보험법, 삼지원, 2007, 51면.

는 점에서 100년이 경과한 현재 1906년 해상보험법에 대한 가혹한 평가가 증가하고 있고, 동법 제정 이후 내려진 다수의 판결은 동법의 불확정성과 불명료성을 증거하고 있다. 즉 당시에도 약간의 불확정성이 존재하였지만, 입법 이후 드러난 불명료성은 대부분 예견되지 않았다.

Ⅳ 개정내용

1. 2010년 제3자(보험자에 대한 권리)법[47]

2010년 제3자(보험자에 대한 권리)법은 파산한 피보험자에 대한 손해배상을 청구한 피해자가 보험자로부터 보상을 받는 것을 내용으로 한다. 이법은 1930년의 같은 명칭을 가진 법을 업데이트한 것이다.

2. 2012년 소비자보험(고지)법

2012년 소비자보험(고지)법은 소비자보험의 체결을 규율하고, 소비자가 부정확한 정보를 제공하는 경우의 법률관계를 규정한다. 2012년 소비자보험(고지)법은 사용자가 피용자를 위하여 가입한 보험수익자에게 보험금이 지급되는 단체보험에 대해서도 규정한다. 2012년 소비자보험(고지)법은 1906년 해상보험법을 크게 개정하였다.

2012년 소비자보험(고지)법은 간단하고 적용대상이 고정되었다. 동법은 소비자보험, 즉 개인의 거래, 영업 또는 직업과 전적으로 또는 주로 무관한 목적아래 계약을 체결하는 소비자에 대해 적용된다. 이 정의는 유럽법의 일반적인 규율방식을 따랐다.

47) 서울고법 2015. 6. 9. 선고 2012나29269 판결에 따르면 "해상적하책임보험계약에 따른 책임에 관하여는 당사자가 정한 바에 따라 영국법인 1906년 영국 해상보험법(Marine Insurance Act 1906)과 관습이 적용되고, 국제사법에는 피해자가 보험자에 대하여 직접청구권을 주장하는 경우에 관한 규정은 존재하지 않으나, 피해자가 보험자에 대하여 직접청구를 하는 것은 보험자가 보험계약을 체결하였다는 것에 직접적인 근거를 두고 있는 점 등을 종합하면 피해자가 보험자에 대하여 직접청구권을 행사하는 경우에는 '보험계약에 따른 준거법'에 의하여야 하므로, 영국법이 준거법이 되어 영국 '제3자 권리법'[Third Parties (Rights against Insurers) Act 1930]이 적용된다."

2012년 소비자보험(고지)법은 1906년 해상보험법상 고지의무에 해당하는 소비자의 자발적 고지의무를 폐지하였다. 보험자는 적절한 질문을 하고, 소비자는 정직하고 주의를 다해 답변해야 한다. 2012년 소비자보험(고지)법은 소비자에게 부실고지를 하지 않을 상당한 주의의무를 지운다. 상당한 주의의 기준은 객관적인 것으로 보험의 형태와 보험이 판매되는 상황 같은 모든 사실을 고려하는 합리적인 소비자의 기준이다. 개별소비자의 특보험자가 인식하거나 인식하여야 하는 경우에만 적용된다.

2012년 소비자보험(고지)법은 소비자가 진실이 아닌 사실을 답변하는 경우 부실고지를 상당한 부실고지, 고의의 부실고지, 중과실의 부실고지 3가지로 구분한다. 상당한, 고의, 중과실의 부실고지는 제한적인 부실고지라고 하고, 보험자가 진실한 사실을 알았더라면 달리 행위 했음을 증명한 경우에 한하여 구제수단을 가진다. 소비자의 부실고지가 합리적이면 보험자의 구제수단은 없다.

고의 또는 중과실의 부실고지의 경우 소비자가 답변이 진실이 아니거나 오도하는 것인지 여부에 대해 인식하고 있고, 그 사항이 보험자에게 적정한지 여부를 인식하고 있었음을 보험자가 증명하여야 한다.

보험자를 보조하기 위해 2가지가 추정되고 있다. 첫째, 소비자는 합리적인 소비자의 인식을 보유하고 있는 것으로 추정되고, 둘째, 보험자가 명확한 질문을 하는 경우에는 질문의 주요부분이 적절한 것으로 추정된다.

부실고지가 고의 또는 중과실이면, 즉 사기적이면, 보험자는 보험계약을 취소하고 보험료를 보유한다.

주의의무결여로 인한 고지의무위반의 경우, 보험자의 구제수단은 적절한 정보가 제공되었으면 행해졌을 것에 의거한다. (1) 보험자가 보험계약을 체결하지 않았을 경우에는 보험계약을 취소하고 보험료를 반환하여야 하고, (2) 보험자가 다른 조건으로 보험계약을 체결하였을 경우에는 그 조건은 소급하여 적용되며, 이 조건은 책임제한사유 또는 면책사유일 수 있고, (3) 보험자가 추가보험료를 청구했을 경우에는, 보험금은 보험료에 대한 실제보험료의 비율로 보험금을 감액해서 지급한다. 이는 부실고지의 사정을 고려하지 않고 전체보험계약을 취소하던 1906년 해상보험법에 대한 중대한 개정이다.

2012년 소비자보험(고지)법은 부실고지를 보험워런티로 전환하는 기초조항을 폐지하는데, 1906년 해상보험법상 워런티 위반의 경우에는 보험자는 자동적으로 면책이었다. 마지막으로 2012년 소비자보험(고지)법은 보험모집보조자가 보험계약자 또는 보험자의 대리인이지에 관한 기준을 규정한다.

3. 2015년 보험법

가. 서언

2015년 보험법은 소비자보험과 기업보험에 적용되고, 주요사항은 (1) 비소비자보험에서 계약체결이전 고지의무에 대해 위험의 공정한 제공의무를 도입, (2) 공정한 제공의위반의 경우 보험자의 구제수단, (3) 계약기초조항, (4) 워런티 위반의 효과, (5) 부적절한 위험감소조항, (6) 사기적 보험금 청구의 효과, (6) 임의규정성 등이다.

2015년 보험법은 1906년 해상보험법의 일부를 유지하고 시행후 발전사항을 입법하고 있다. 가장 관심있는 주제는 공정한 제공의무와 워런티 기타 조건에 관한 조항이다.

나. 공정한 제공의무

동법은 소비자가 아닌 모든 보험계약자에 대해 정보를 자발적으로 제공할 의무, 즉 고지의무를 유지하였지만, 의무의 틀이 발전되었다. 공정한 제공의무는 정보가 제공되는 방법과 제공 의무자에 대한 기준을 규정한다. 공정한 제공의무는 대기업에서 정보획득에 많은 과정이 수반하고 IT의 영향을 받음을 인정하고 있다. 새로운 의무는 제공의 내용과 형식을 규정하고 있다.

보험계약자는 인식하거나 인식해야 하는 모든 중요한 사항을 고지하여야 하거나, 그러하지 않아도 보험자가 추가질문을 하도록 주의하게 하는 충분한 정보를 제공해야 한다.

보험계약자는 모든 가능한 사실과 사항의 데이터 덤핑을 하여 의무를 이행해서는 안된다.

보험계약자는 상급관리자가 인식하고 보험을 수배하는 자가 상당한 조사로 밝힐 수 있는 것을 인식하거나 인식해야 하는 것을 인식하는 것이다. 상급관리자는 "어떻게 보험계약자의 행위가 관리되거나 조직되는가의 결정에 중요한 역할을 하는 자"로 정의된다.

보험계약자의 고지의무에 대한 제한을 규정하던 1906년 해상보험법의 내용이 새로운 법에 승계되었다. 보험계약자는 보험자가 인식하거나 인식해야 하는 정보, 인지하는 것으로 추정되는 정보를 고지할 필요가 없다. 보험자는 자신 또는 그 대리인이 실제로 인식하는 것을 인식한 것이다. 보험자(검정인 또는 보상부서)에 전달되어야 하는 것 또는 보험자가 쉽게 이용가능한 것을 조건으로 시스템상 보유하고 있는 것을 보험자는 인식하는 것이다.

보험계약자가 공정한 제공을 하지 아니하면, 보험자는 진실을 알았더라면 다른 행위를 하였을 것임을 증명하면 보험자는 항상 구제수단을 가진다.

보험계약자가 고의 또는 중과실이면, 보험자는 보험계약을 취소하고 보험료를 보유한다. 보험자가 보험계약을 체결하지 않았을 경우에는 보험계약을 취소하고 보험료를 반환하여야 한다. (1) 보험자가 다른 조건으로 보험계약을 체결하였을 경우에는 그 조건은 소급하여 적용되고, (2) 보험자가 추가보험료를 청구했을 경우에는, 보험금은 보험료에 대한 실제 보험료의 비율로 보험금을 감액해서 지급한다.

공정한 제공의무는 기존의 법에 기초하지만, 보험계약자는 기존의 법을 검토할 필요가 있다. 예컨대 무엇이 상당한 조사이고, 어떻게 서류화하며, 상급관리자와 적절한 협의가 있는가 등이 그것이다.[48)]

다. 워런티

2015년 보험법상 워런티와 사기에 관한 조항은 기업보험과 소비자보험에 적용되고, 동법은 2012년 소비자보험(고지)법에 따라 기초조항을 폐지한다. 보험계약이 체결될 때 정보를 제공하는 조건이 워런티로 전환되면 무효이다.

2015년 보험법은 워런티를 정의하지 않고, 워런티 위반의 효과로서 위반일로부터 자동적으로 면책인 것으로 하지 않고, 정지조건으로 하였다. 보험계약자가 위반하는 동안 보장이 정지되었다가 치유되면 회복된다. 예컨대 보험계약자가 경보장지를 검사할 의무를 위반하였다면 보장은 중지되고 검사가 수행되면 보장이 재개한다.

위험을 감소하고자 하는 워런티와 유사 조건은 보험계약자가 불준수가 "사고가 발생하는 상황에서 손해의 위험을 증가시키지 않았음을 증명한 경우"에 한하여 유효하다. 위험감소조건은 특정한 유형의 손해, 특정 장소에서의 손해, 특

48) David Herzel, op. cit., para 1.2, p. 9.

정 시기의 위험의 "위험을 감소하는" 것이다. 자동차보험에서 연식요건과 같이 위험을 전제적으로 정의한 것은 아니다. 예컨대 스프링클러 워런티는 화재의 경우에는 적용되지만, 인접한 강으로부터의 홍수에는 적용되지 않는다.

라. 사기적 보험금 청구

2015년 보험법은 보험계약자가 사기적 보험금 청구를 한 경우에 일련의 명확한 효과를 규정한다.[49] 선의 부분을 포함한 모든 보험금 청구가 무효이고, 보험자는 보험료를 보유한다. 보험자는 사기적 보험금 청구 이전의 진정한 보험금 청구에 대해 보상책임을 지지만, 사기 이후에 보험계약을 해지할 수 있다.

마. 임의규정성

2015년 보험법은 기업보험에서 임의규정이다. 공법은 최상의 실무에 근거하고 있고, 시장의 지지를 폭넓게 받고 있기 때문에 보험자가 수정할 것 같지는 않다.[50] 그러나 부보위험이 매우 특수하고 복잡한 경우에는 변경하는 것이 적절할 것이다. 또한 새로운 제도는 다수의 재보험에는 적절하지 아니할 수 있다. 보험자가 보험계약자에게 불리하게 변경하고자 하면, 보험자는 (1) 그 조건에 보험계약자가 주의하도록 충분한 단계를 취하고, (2) 그 조건이 명확한 것을 확실히 해야 한다.

4. 2016년 기업법

2016년 기업법상 "보험자가 보험계약상 보험금을 청구한 경우에는 보험자는 상당한 기간안에 보험금을 지급해야 하다는 것은 모든 보험계약의 묵시적 조건이다"는 제13A조, 소비자보험의 경우에는 불이익변경이 금지되지만, 기업보험의 경우에는 임의규정으로 규정하는 제16A조의 규정이 신설되었다.

---

49) 영국 2015년 보험법 제12조는 피보험자의 사기적 보험금 청구시 보험자는 (1) 보험금 지급책임을 지지 아니하고, (2) 사기적 행위시에 소급하여 보험계약을 해지할 수 있는데 사기적 행위시 이후의 보험계약상의 모든 책임을 거부하고, 보험료반환책임을 지지 않으며, 보험계약을 해시하더라도 사기행위 이전의 당사자의 책임에 영향을 미치지 않음을 규정하고 있다.

50) David Herzel, op. cit., para 1.2, p. 10.

제3장 피보험이익

I 서언

해상보험은 손해보험에 속하므로 피보험자가 보험금청구권을 가지기 위해서는 보험의 목적에 대하여 피보험이익이 있어야 한다. 해상보험계약에서 피보험이익이 본격적으로 논의된 것은 영국의 Lucena v. Crauford사건[51]인데, 이 사건에서 엘든(Eldon)판사는 피보험자와 보험목적 사이의 법률적 관계를 요구하는 협의의 피보험이익개념을 취한데 반하여, 로렌스(Lawrence)판사는 피보험이익이란 보험목적이 멸실 또는 훼손되지 않았더라면 가졌을 이익이라고 하여 광의의 개념을 취한다. 1906년 영국해상보험법은 전자의 입장을 취하는데, 영국법원은 보험목적과 피보험자 사이에 법률적 관계를 요구하는 종래의 입장을 견지하면서 그 엄격성을 완화하고자 하는 경향을 보인다. 한편 근래 영국해상보험법의 원칙에 대하여 전면적인 재검토를 진행하고 있는 영국 이외의 캐나다, 미국, 호주 등의 해상보험에 관한 판례와 개정위원회의 개정의견은 영국의 입장이 지나치게 법률적이고 기술적인 입장이라고 하여 반대하는 입장을 보이고 있다. 이는 특히 FOB 조건부 매매에서 매수인이 보험에 가입한 경우 적하가 선박에 선적되기 이전의 지위와 관련하여 문제된다.

II 영국 해상보험법상의 피보험이익

1. 서언

영국 해상보험법은 피보험이익에 관하여 12개의 조문을 두고 있는데, 이는 당시에도 지나치게 오래된 판결을 입법화한 것이라는 비판이 있었고, 협회적하

51) [1806] 2 B&P (NR) 269, HL.

보험약관 11조 1항은 피보험이익에 관한 일반적인 내용을 규정하고 있을 뿐으로, 영국해상보험법 제5조의 피보험이익에 관한 규정을 법원이 그 개정이 없이도 변경하여 해석하는 것이 가능한가 여부가 문제된다.

2. 영국 해상보험법상 피보험이익의 정의

가. 영국 해상보험법 제5조의 피보험이익의 정의

해상보험계약에서 피보험이익이 본격적으로 논의된 것은 영국의 Lucena v. Crauford사건[52]이고, 이것이 영국해상보험법 제5조에 규정되었다. 동조 1항은 해상사업에 이해관계를 가지고 있는 자에게 피보험이익을 인정하고, 5조 2항은 특별히 보험목적에 대하여 법률상 관계(legal relation)가 있는 경우에 피보험이익을 인정하는데, 1906년 영국해상보험법 초안에는 2항 b호에 현행의 1906년 법 5조 2항의 반대내용을 규정하고 있었다.[53] 그러나 입법의 최종단계에서 기대이익에 관하여 피보험이익을 인정한 Wilson v. Jones사건[54]과 Moran, Galloway & Co. v. Uzielli사건[55] 등과 같은 확립된 판례와 일치되지 않는 판결을 그 정의에 담기 위하여 삭제되었다.[56]

---

52) [1806] 2 B&P (NR) 269, HL.

53) 그 내용은 다음과 같다. "법률적 관계가 없는 경우에는 피보험이익은 이익 또는 손해의 예상만에 근거할 수 없다."

54) [1867] LR 2 Ex. 139; 피보험자가 주주인 Atlantic Telegraph Company는 아일랜드에서 뉴펀들랜드에 이르는 당시로서는 매우 투기적인 대서양횡단 해저케이블매설사업을 수행하고 있었고, 주주는 사업이 성공하면 기대되는 자기주식에 대한 증가액 200파운드에 대하여 보험에 들었는데, 법원은 기대이익에 대해 피보험이익을 가진다고 판시하였다. 이 판결에 대해서는 영국해상보험법제정을 주도한 Chalmers경은 이를 긍정하지만, Arnould는 의문을 표시한다; Arnould, Law of marine insurance and average, 16th ed., Steven & Sons Ltd, 1981), para 28.

55) [1905] 2 K.B. 555; 피보험자는 1척의 선박을 보유한 외국회사의 영국대리점으로 수년간 Prince Louis호의 항해에 필요한 비용을 대여한 채권자이었다. 피보험자는 Prince Louis호의 멸실로 인한 선비에 대해 Vancouver에서 Cardiff까지 보험에 들었는데, 선박이 악천후로 훼손되어 Cardiff에서 추정전손 되었다. 피보험자의 보험금청구에 대하여 법원은 사고발생시에 피보험자가 선박에 대하여 유치권이나 법률상의 담보권(legal security right)을 갖지 않았더라도 사실상의 담보권(de facto security right)이 있다고 하여 피보험이익이 인정되었다. 이 판례에 대해서도 영국에서는 그 타당성을 인정하지 않는 것이 일반적이다; Nicholas Lech-Jones, The elements of insurable interest in marine insurance law. The Modern Law of Marine Insurance 2, (LLP, 2002), p. 155.

56) Nicholas Lech-Jones, op. cit., p. 154.

피보험이익이 인정되기 위해서는 보험목적에 대하여 법률적 관계가 있어야 한다는 것은 위에 든 Macaura v. Nothern Assurance Co.사건[57]에 의하여 확인되었지만, 영국에서는 다음과 같은 이유로 보험목적에 대하여 법률적 관계가 없는 때에도 경우에 따라서는 피보험이익을 인정할 수 있다는 주장이 있다.[58]

첫째, 1906년 영국해상보험법 5조 2항은 예시적인 성격을 가지고, 법률적 '이익'이 아니라 법률적 '관계'에 피보험이익을 인정하고 있는 점, 둘째, Moran, Galloway & Co. v. Uzielli사건[59]에서 월튼(Walton)판사는 선박소유자에게 항해에 필요한 비용을 대여한 채권자가 법원에 대한 제소권을 가진다는 이유로 선비보험에 대한 피보험이익을 인정하였다는 점, 셋째, 영국해상보험법 8조가 어떠한 성질의 것이든 일부의 이익을 부보할 수 있다고 하기 때문에 갑판적화물의 분할할 수 없는 일부의 매수인은 그 위험의 이전에 대하여 일부의 피보험이익이 인정되는 점, 넷째, Sharp v. Sphere Drake Insurance p.l.c.(The Moonacre)사건[60]에서 요트를 취득한 자가 세금문제로 비상장회사에 귀속시키고 절대적 배타적인 경영과 처분권한을 수여받아 자기의 이름으로 요트를 보험에 들었는데, 법원은 피보험자의 대리권한에 요트의 안전에 대한 피보험이익이 인정된다고 판시하였다는 점[61] 등이 그것이다.

나. 해상보험법상의 피보험이익의 효용

해상보험은 손해보험으로 피보험이익에 생긴 손해를 보상할 것을 목적으로 하므로 피보험이익의 관념을 인정하는 효용으로는 다음 몇 가지를 든다.[62]

(1) 도박과의 구별

피보험자가 보험의 목적에 대하여 피보험이익을 가지지 아니하는 경우에 그

---

57) [1905] 2 K.B. 555.

58) Howard N. Bennett, The Law of Marine Insurance, (Clarendon Press, 1996), p. 17 pp. 17-18.

59) [1905] 2 K.B. 555.

60) [1992] 2 Lloyd's Rep. 501.

61) 이와 관련하여 Howard N. Bennett는 위에서 든 캐나다의 Constitutional Insurance Co. of Canada v. Kosmopoulos사건을 예로 든다.

62) Nicholas Lech-Jones, op. cit., p. 158-159.

보험은 손해가 장래 발생하는가에 대한 도박에 불과한 것이다. 피보험이익의 개념은 보험과 게임 또는 도박보험을 구별하는 기능을 가진다. 도박과 보험계약은 양자가 다 같이 사행성을 가진 점에서 비슷하다. 그러나 노름꾼은 선택의 결과 금전적인 이익을 가지지 않으나, 피보험자는 재산상의 손실의 경우에 금전적인 이익을 가지는 점에서 양자의 차이가 있다. 따라서 해상보험은 피보험이익을 전제로 하고, 또한 이익을 추구하는 수단으로 이용되는 것이 아니기 때문에 도박성을 배제하고(영국해상보험법 4조), 초과보험, 중복보험을 억제하며 보험제도의 투기성·사행의 폐해를 방지하는 기능을 한다.

(2) 손해보상의 원칙의 충족

해상보험계약은 피보험자가 보험사고로 입은 재산상의 손해를 보상하는 것을 목적으로 하는 손해보상의 원칙의 요건을 충족하는 것이다. 해상보험계약이 손해보상계약으로서 아니라 보험사고로 인한 경제적 수요를 충족시켜 주는 것이지 보험사고로 말미암아 피보험자에게 어떤 이득을 주려는 것이라는 손해보상계약성은 피보험이익에 의하여 충족되는 것이다.

(3) 보험자의 책임범위의 결정

해상보험자는 보험사고가 발생한 경우에 이것으로 인하여 피보험자에게 생긴 손해를 보상하여 줄 책임을 지는데, 이 책임은 기평가보험의 경우에는 협정보험가액의 전액, 미평가보험의 경우에는 보험가액의 전액까지 보상할 책임을 진다(영국해상보험법 제67조 제1항). 그러므로 피보험이익은 바로 보험자의 책임범위를 결정하는 표준이 된다.

(4) 인위적 위험초래의 방지

도박은 우연한 사항에 관하여 재물을 걸어 승패를 겨룸으로써 일방 당사자만의 이익을 가져오는 것이므로 노름꾼은 타인의 재물을 노리어 그 목적물을 취득하려는 데 열중함으로써 인위적인 조작의 가능성이 있다. 이에 대하여 피보험자는 보험계약상 피보험이익을 가지고, 보험자로부터 그 자신이 보험사고로 입은 손해액 이상으로는 보상을 받을 수 없으므로 인위적인 위험초래를 방지할 수 있게 된다. 다시 말하면 피보험이익이 가지는 법적인 기능은 피보험자 등이 보험사고를 일으키는 것을 억제하는 데 있다고 할 수 있다(영국해상보험법 55

조 2항 a호, 상법 659조).

(5) 해상보험계약의 동일성을 구별하는 표준

해상보험계약의 동일성을 구별하는 표준은 보험에 붙인 재화가 아니고, 그 피보험이익이다. 그러므로 동일한 목적물에 대하여도 동일인 또는 다수인이 그 경제적 이해관계가 다름에 따라 각각 독립한 보험계약을 체결할 수 있다. 가령 특정한 선박에 대하여 선박소유자와 저당권자는 각각 별개의 피보험이익을 가지므로 독립하여 보험계약을 체결할 수 있다. 그리하여 보험계약이 동일하다고 하는 것은 동일한 목적물에 관하여 피보험이익과 보험사고가 동일한 경우에 그 당사자가 동일한 것을 말한다. 따라서 가령 다른 요건을 모두 동일하다 하더라도 피보험이익이 다르면 그 보험계약은 별개의 것이 된다.

Ⅲ 영국과 호주법상 손해보험에서의 피보험이익의 개정논의

1. 총설

"이익이 없으면 보험없다"는 말처럼 피보험이익은 손해보험계약의 중심요소로 인정되고 있다.[63] 피보험이익은 보험계약의 기본요건으로 보험계약 당사자는 보험목적과 특별한 관계가 있어야 하고, 이것이 없으면 보험계약은 무효이거나 실행할 수 없으며, 또는 보험금을 청구할 수 없게 된다. 피보험이익의 존재이유로는 도덕적 위험의 방지, 손해보상의 범위제한, 도박의 방지 등이 들어지고 있다.[64]

우리나라에서는 피보험이익이라 함은 보험의 목적에 대한 피보험자와 보험사고와의 경제적인 이해관계로서 그 목적에 대한 당사자의 법률상의 관계를 필요로 하는 것은 아니지만, 희망이익과 같은 사실상의 이익은 포함하지만, 이러한 이익은 피보험자가가 가지는 직접적인 이익에 한정되고 주주가 회사의 재산에 대하여 가지는 간접적인 이익은 보험에 붙일 수 없다고 해석되고 있다.[65]

63) 양승규, 보험법, 2004, 193면.
64) Malcolm Clarke, The Law of Insurance Contracts (informa, 2009) 4-2.
65) 양승규, 전게서, 197~198면.

영국법상 피보험이익은 영국 해상보험법 제5조 제2항에 따라 피보험자와 보험의 목적 사이의 법률적 관계를 요하는 엄격한 입장을 유지하고 있으므로 인하여 보험실무의 편익에 지장이 된다는 비판이 있어 왔고, 2008년 1월 14일 영국 법개정위원회는 영국보험법 개혁의 하나로 피보험이익에 관한 보고서를 출간하였다.[66] 이에 따르면 피보험이익은 보험을 정의하고 도박을 금지하기 위한 기능을 하였지만 현재는 이를 위하여서는 피보험이익의 개념은 더 이상 효용은 없고 손해보상원칙으로 충분하다는 것이다. 이는 다양한 금융파생상품의 등장으로 보험과 금융파생상품과의 구별이 희박하여 지고 있고, 영국에서는 도박은 오늘날 광범위하게 용인되어 1994년 11월 이래 국민복권이 시행되고 있으며, 2005년 도박법(Gambling Act)은 1845년 게임법(Gaming Act)을 폐지하여(동법 제334조, 제335조) 도박계약이 법원에 의하여 집행되는 것을 허용하고 있는 점에 비추어 국가정책은 도박을 더 이상 금지하는 것이 아니라 이를 규제하는 것이며, 피보험이익이 방지하고자 하는 것은 게임 자체가 아니라 보험을 위장한 도박이었는데, 현재에는 2005년 도박법에 근거하여 설치된 도박위원회가 도박을 규제하는 상황에 의거한다.

또한 1984년 호주 보험계약법 제16조와 제17조는 피보험이익의 개념을 수정하였다.

2. 영국법상 손해보험에서의 피보험이익

가. 개관

영국해상보험법 제5조 제1항은 해상사업에 이해관계를 가지고 있는 자에게 피보험이익을 인정하고, 제2항은 특별히 보험목적에 대하여 법률상 관계(legal relation)가 있는 경우에 피보험이익을 인정한다.

영국판례는 피보험이익이 인정되기 위해서는 보험목적에 대하여 법률적 관계가 있어야 한다는 Macaura v. Nothern Assurance Co.사건[67]의 판시를 따르고 있지만, 상업적 편의를 중시하는 완화된 판례도 나타나고 있다.

---

66) Law Commission, Insurance Contract Law Issues Paper 4 Insurable Interest, 14 January 2008.
67) [1925] A.C. 619.

나. 영국에서의 피보험이익의 개혁

(1) 요약

영국에서는 해상보험 이외의 손해보험의 경우에는 피보험이익이 없더라도 계약을 집행할 수 있게 되었다. 즉, 2007년 9월 1일부터 시행되는 2005년 도박법(Gambling Act) 시행으로 "게임이나 도박에 의한 계약은 무효이고, 도박에 기초한 결과의 대가로 타인에게 제공하거나 또는 도박에 이겨서 획득하였다고 주장되는 금전 또는 유가물을 청구하는 소송은 제기하거나 유지될 수 없다"고 규정하던 1845년 게임법(Gaming Act) 제18조가 폐지되어 계약이 도박에 관련한 것이라는 사실이 있더라도 계약을 집행할 수 있게 되었다. 이는 다양한 파생금융상품의 출현과 관련이 있다. 그러나 1906년 영국 해상보험법 제4조 제2항과 그리고 동법 4조 1항에 의하여 "피보험이익이 없거나 이를 취득할 가망이 없는 경우에는 게임 또는 도박계약으로 간주되고," 무효이다. 또한 1909년 해상보험(도박보험)법상 피보험이익이 없는 보험계약을 체결하는 것은 범죄행위이다.

2008년 1월 14일 영국 법개정위원회는 영국보험법 개혁의 하나로 피보험이익에 관한 보고서를 출간하였다. 이에 따르면 피보험이익은 보험을 정의하고 도박을 금지하기 위한 기능을 하였지만 현재는 이를 위하여서는 피보험이익의 개념은 더 이상 효용이 없고 손해보상원칙으로 충분하다는 것이다.

(2) 2가지 사례

피보험이익 폐지와 관련하여 2가지 사례를 들 수 있다. 첫째의 사례는 "오염물질을 배출하는 자에게 지역사회에 50만 달러를 기부하도록 하는 것이 강하게 요청되는 지역에서 영업을 하는 정유회사가 이 기부를 하는 것은 법률상의 의무가 아니라 자연채무이다. 정유회사가 이 위험을 부보할 수 있는가?"이다. 이에 대하여 (1) 2005년 도박법 이전에는 회사가 이러한 계약을 체결하는 것이 어려웠으며 정유회사가 자발적인 기부에 대하여 피보험이익을 인정하기 어렵지만, (2) 더 이상 피보험이익을 요건으로 하지 않는 오늘날 이 문제는 제기되지 않는데, 손해보상의 원칙상 정유회사는 손해를 입기만 하면 되고, 계약에서 특별히 언급되어 있지 않는 한 자연채무의 결과 입은 손해는 손해보험상 보상하는 손해는 아니지만 정유회사와 보험자가 공동체에 기부하는 50만 달러를 담보하는 보험이 허용되는가에 대하여 법개정위원회는 긍정한다.

둘째의 사례는 "어머니가 자신의 이름으로 가정용물건을 보험에 들었다. 그러나 방 하나에는 대학에 간 아들이 소유하는 물건으로 채워져 있었다. 이 물건의 가액은 보험계약의 보험금액에 포함되어 있다. 가옥과 물건이 모두 소훼된 경우 어머니는 아들의 재산에 대하여 보상을 받을 수 있는가?"이다. 이에 대하여 (1) 이전에는 현행법상 보험계약을 체결할 때 어머니가 아들의 대리인으로 행위를 하거나 수치인으로서 물건의 보전을 위한 피보험이익을 가지는 것으로 볼 수 있고, 두 경우 어머니에게 아들의 물건에 대한 피보험이익이 인정될 수 있었지만, (2) 2005년 도박법상 손해보상의 원칙만이 적용되므로 법개정위원회는 아들의 물건에 대하여 훼손을 담보하는 보험계약을 직접 체결하는 것이 가능하다고 한다.

(3) 보험의 정의와 피보험이익

피보험이익은 감독이나 기타 목적으로 보험을 정의하는데 필요하지 않고, 금융감독청은 보험을 도박, 그리고 금융파생상품과 같은 금융계약과 구별하는데 불필요하다고 본다.

(4) 손해보험상 피보험이익의 폐지

영국법상 보통법상의 손해보상의 원칙 이외에 피보험이익 개념은 불필요하다는 논거로는 첫째, 사고발생 시에 요구되는 피보험이익을 법률상 요구할 필요성을 찾기 어렵고, 손해보상의 원칙에 따르면 법률상의 권리임을 요구하는 영국법상의 피보험이익보다도 위험과 보험범위를 보다 정교하게 정의할 수 있다고 한다. 즉 보험계약자가 입은 손해가 보험계약상의 손해에 해당하기만 하면 보험계약은 유효한 것으로 하고, 그 금액을 지급하도록 하는 것이 양 당사자에게 확실하다고 한다.[68)]

3. 호주법상의 피보험이익

1984년 호주 보험계약법 제16조와 제17조는 피보험이익의 개념을 수정하였다.[69)] 동법은 피보험자가 보험계약상 보험금청구를 위한 충분한 이익이 있는가

68) Law Commission, Insurance Contract Law Issues Paper 4 Insurable Interest, 14 January 2008, para 7.44 p. 56.

여부를 위한 경제적 손해기준을 채용하고 있다. 피보험이익을 정의할 필요성은 사라지고 피보험자가 보험사고의 발생에 의하여 손해를 입었는지 여부가 문제로 되었다. 동법에서 규율되는 계약에서 피보험이익이 폐지되었지만, 당사자가 사고발생 시에 보험목적에 대한 피보험이익을 가지지 않은 경우에는 그 계약은 게임이나 도박으로 무효이다.[70] 비록 보험계약을 체결할 때 이익을 가질 것을 요건으로 하지는 않지만, 피보험자는 적어도 이익을 취득할 가능성을 가져야 한다.

Ⅳ 해상적하보험에서의 피보험이익[71]

1. 적하보험에서 피보험이익의 의의

적하보험에서 피보험자는 항해사업이나 보험목적사이의 법률상의 관계를 가져야 하고(영국 해상보험법 제5조 제2항), 적하보험자에게 피보험이익은 2가지 측면에서 중요하다. 첫째, 피보험자가 운송사업에 대하여 피보험이익을 가진다는 것은 적하가 적절하게 포장되었고, 적격한 해상·항공·육상운송인이 고용되었다는 추정을 받는다는 것이다. 둘째, 피보험이익의 존재로 인하여 보험자는 2중 지급의 위험을 피할 수 있게 된다. 적하가 매도된 경우 피보험자가 매수인이든 매도인이든 입은 손해만을 보상받을 수 있다는 점에서 특히 중요하다.[72]

2009년 영국의 협회적하보험약관 제11조는 피보험이익에 대하여 다음과 같이 규정하고 있다.

---

69) 호주보험계약법 제16조는 "피보험이익은 요구되지 않음"이라는 제목아래 "보험계약을 체결할 때 피보험자가 보험목적에 대하여 이익을 가지지 않았다는 이유만으로는 일반 보험계약은 무효가 아니다"라고 규정한다. 제17조는 "손해발생 시에 법률상의 이익은 요구되지 않음"이라는 제목아래 "보험목적물이 멸실 또는 훼손되어 보험계약상의 피보험자가 금전적 또는 경제적 손해를 입은 경우에, 보험자는 손해발생 시에 피보험자가 보험목적상 법률상의 이익이 없다는 이유만으로 면책되지 않는다."라고 규정한다.

70) Kyriaki Noussia, Insurable Interest in Marine Insurance Contracts: Modern Commercial Needs versus Tradition, 39 Journal of Maritime Law and Commerce 91, 2008.

71) 이는 해상적하보험상의 피보험이익, 법학논총 제28집 제2호(2011), 한양대학교 법학연구소, 66~77면을 수정하였음.

72) John Dunt, Marine Cargo Insurance, (2nd ed., informa, 2016), p. 59.

11.1 이 보험에서 보상받기 위하여서는 피보험자는 손해발생시에 보험의 목적에 대하여 피보험이익을 가져야 한다.

11.2 제1항에 따르는 것으로 하고, 보험계약이 체결되기 이전의 손해라고 하더라도 피보험자가 그 손해를 알고 있었고, 보험자가 모르고 있었던 것이 아닌 한, 보험기간 중에 발생한 손해에 대하여 피보험자는 보상받을 권리가 있다.

이에 협회적하보험약관이 보험계약의 내용으로 되면 명시적으로 피보험이익이 요건으로 되고, 그러하지 아니하면 손해보상원칙에 근거하여 피보험이익이 묵시적으로 요구된다.

2. 적하보험상 피보험이익에 대한 영국법원의 태도

보험계약이 체결되어 보험료가 지급된 경우에는 영국 법원은 피보험이익이 존재하지 않는다는 보험자의 주장은 기술적인 반대에 불과하고 현실적 가치가 없다고 하여 피보험이익을 부정하는데 매우 소극적이다.[73] 적하보험에서 법원은 피보험이익의 증명력이 통상적으로 기대되는 것보다 약한 경우에도 피보험자에게 유리하게 판단한다.[74]

3. 해상적하보험에서의 피보험이익

가. 영국해상보험법상의 피보험이익의 요건

(1) 피보험이익의 정의

모든 사례에 적용될 수 있도록 피보험이익을 정의하는데 영국법원은 어려움을 표해왔다.[75] 판례상 피보험이익의 정의는 협의와 광의로 나누어 볼 수 있다.

(가) 협의의 정의

영국해상보험법상 피보험이익이라 함은 피보험자가 보험의 목적에 대하여 가지는 법률적 관계이고(동법 제5조 제1항), 손해나 이익의 기대로는 피보험이익

73) Iglis v. Stock [1884] 12 QBD 564 at 571사건에서 브랫(Brett M.R)판사의 견해임.
74) Wünsche Handelsgesellschaft International GmbH v. Tai Ping Co. Ltd[1998] 2 Lloyd's Rep 8사건.
75) Feasy v. Sun Life Assurance Corporation of Canada [2003] 1 Lloyd's Rep. 637 at para 66.

을 인정되지 않는다. 이는 Lucena v. Craufurd사건의 엘든판사의 의견을 따른 것으로 Macaura v. Nothern Assurance Co.사건[76] 등에서 적용되었다.

(나) 광의의 정의

최근의 Feasy v. Sun Life Assurance Corporation of Canada사건에서 월러(Waller)판사는 "손해보험의 경우 통상적으로 이해되는 바와 같이 피보험자가 보험의 목적에 대하여 법적 관계를 가져야 하는 것이 요건은 아니고, 항해사업에 이익을 가지는 자가 항해사업에 법률적 관계를 가지는 것으로 충분하다."고 하여 광의의 정의 방식을 택하였다.

나. 2가지 유형의 피보험이익의 대상

"피보험자가 항해사업 또는 위험에 처한 부보재산에 대하여 법률적 관계가 존재하고, 그 결과 부보재산이 안전하거나 예정대로 도착함으로 이익을 얻거나 부보재산의 멸실·훼손·억류로 인하여 손해를 입거나, 부보재산에 대하여 배상책임을 지는 경우에, 그 항해사업에 이해관계를 가지는 것이다(영국해상보험법 제5조 제2항)." 이 규정은 피보험이익의 대상을 (1) 위험에 처한 부보재산, (2) 항해사업의 2가지로 분류한다.

(1) 위험에 처한 부보재산에 대한 경제적 이익

피보험자는 손해발생시에 보험목적에 대한 소유권을 가지거나 위험이 존재하여야 한다.[77] Iglis v. Stock사건[78]에서 설탕의 대한 소유권은 가지지 않았지만

76) [1925] A.C. 619; 이 사건의 사실관계는 다음과 같다. 삼림의 소유자가 심어 있는 나무를 자기가 단독주주로 되어 있는 회사에 양도하였다. 나무가 보험사고인 화재로 소훼되어 보험금을 청구하였지만 기각되었다. 그 이유는 담보권자가 아닌 채권자 또는 단독주주는 회사에 대하여 법률적 관계가 없기 때문에 피보험이익이 존재하지 아니한다는 것이었다.

77) Lucena v. Craufurd[1806] 2 B&P (NR) 269, HL; Anderson v. Morice [1876] 1 App.Cas 713; Iglis v. Stock [1885] 10 AC 263; Piper v. Royal Exchange Insurance [1932] 44 Ll. L. Rep. 103; National Oilwell(UK) v. Davy Offshore Limited [1993] 2 Lloyd's Rep. 582; Wünsche Handelsgesellschaft International GmbH v. Tai Ping Co. Ltd[1998] 2 Lloyd's Rep 8; Feasy v. Sun Life Assurance Corporation of Canada [2003] Lloyd's Rep. IR 637(CA); O'Kane v. Jones(The Martin P) [2004] 1 Lloyd's Rep. 389.

78) [1884] LR 12 QBD 564.

손해발생시에 설탕의 손해의 위험이 존재하였던 매수인에게 피보험이익이 인정되었다.

더욱 어려운 쟁점은 피보험자가 손해발생시에 소유권이나 위험이 존재하지 않았지만 영국해상보험법 제5조 제2항의 "부보재산의 안전으로 이익을 얻거나 부보재산이 멸실하여 손해를 입는 경우"와 같은 지위에 피보험자가 있는가를 결정하는 것과 관련하여서이다. 선박보험사건인 O'Kane v. Jones(The Martin P) 사건[79]은 적하보험에 적용될 수 있고,[80] 소유권이나 위험보다 적은 이익이 피보험이익이 될 수 있는 지위를 요약하고 있다. Martin P호사건[81]의 쟁점은 추정전손인 선박의 관리자가 피보험이익을 가지는지 여부이었다. 관리자는 선박에 대한 지분이나 소유권도 없었고 선박에 대한 실제적으로나 추정적으로 소유하지도 않았다. 법원은 관리약정상 선박의 의장과 관리책임을 지고 있었고, 선박이 멸실하면 수수료를 상실할 위험이 있기 때문에 관리자에게 피보험이익을 인정하였다.

(2) 사업의 손해

(가) 적하보험에서 사업의 손해의 담보

적하보험은 통상적인 형태의 적하만이 아니라 사업의 손해를 담보한다. Wilson v. Jones사건[82]에서 아일랜드에서 뉴펀들랜드에 이르는 당시로서는

---

79) [2004] 1 Lloyd's Rep. 389.
80) John Dunt, op. cit., p. 61.
81) Martin P호 사건판결의 몇 주 전인 2003년 6월 23일 내려진 Feasy v. Sun Life Assurance Corporation of Canada사건은 Martin P호 사건판결에서 인용되어 있지 아니하지만, 판시는 Feasy사건과 동일한 취지이다. Martin P호사건은 Macaura v. Nothern Assurance Co.사건에서 예시된 협의의 피보험이익의 정의를 우회하고 있다(John Dunt, op. cit., p. 62). 시버리(Richard Siberry)판사는 다음과 같이 피보험이익의 지위를 요약하고 있다.
(1) 부보재산의 소유권은 피보험이익의 필요요건은 아니다.
(2) 상업적 편의는 피보험이익을 결정하기 위한 적절한 요소이다.
(3) 재산을 보관 또는 감독에 관한 책임에 노출된 자는 이에 대하여 책임보험에 들 수 있고, 보험사고로 인한 멸실 또는 훼손의 경우에 보험금액을 한도로 보상받을 수 있다.
(4) 적하의 법률적인 사용권한, 훼손 또는 파괴에 의하여 상실할 적하의 이익은 충분한 피보험이익이다.
(5) 적하의 멸실 또는 훼손으로 인하여 재산에 관한 작업을 수행할 기회나 그 작업에 대한 보수를 취득할 기회를 상실하는 자에게는 그 재산에 대하여 피보험이익이 인정된다.
82) [1867] LR 2 Ex. 139.

매우 투기적인 대서양 횡단 해저케이블매설사업을 수행하고 있던 Atlantic Telegraph Company의 주주는 사업이 성공하면 기대되는 자기주식에 대한 증가액 200파운드에 대하여 해상보험증권으로 보험에 들었는데, 케이블이 파괴되어 사업은 실패하였다. 윌스(Wills)판사는 이 보험은 케이블에 대한 보험이 아니라 피보험자가 사업의 성공에 대하여 가지는 이익에 대한 보험이라고 판시하였다.

(나) 사업의 손해와 이익의 손해

'사업의 손해'는 '이익의 손해'와 구별된다. 후자는 적하의 도착으로 인하여 얻을 희망이익(상법 제698조)과 같이 시장이 상승하거나 하락하는지 여부의 위험을 의미하고, 시장이 상승하면 피보험자가 이익을 얻고, 시장이 하락하면 손해를 입는 위험이다. 이에 반하여 전자는 통상 적하가 억류되어 시장에 도착하지 못하는 것을 의미하는 사업의 손해와 구별된다.

다. 정지조건부 이익 또는 해제조건부 이익

피보험이익은 정지조건부 또는 해제조건부일 수 있다(영국해상보험법 제7조 제1항). 매도인의 인도를 지연하는 등의 이유로 매수인이 적하의 수령을 거부하거나 매도인의 위험으로 처리하는 경우에도 적하의 매수인은 적하에 대하여 피보험이익을 가진다(영국해상보험법 제7조 제1항).

라. 희망이익의 피보험이익

시장에서 상승과 하락의 위험을 의미하는 이익의 보험은 따로 부보될 수 있다. 적하보험의 보험가액은 적하의 원가에 선적비용과 보험에 관한 비용(상법 제697조, 영국해상보험법 제16조 제3항)이다. C.I.F.매매에 관한 상사실무는 매수인의 희망이익을 담보하기 위하여 C.I.F.가격에 10%를 추가하는 것이 일반적이다.[83] 이 약정은 명목적 가액을 적하의 가액의 일부로 처리하기로 하는 것이고, 시장에서 가격하락을 부보하는 것은 아니다.[84]

---

83) 2010 Incoterms CIF A3(b)

84) John Dunt, op. cit., p. 64.

추가적인 명목적 이익은 보조금의 형태를 취할 수 있다. 그 예로는 육류에 대한 적하보험계약에 유럽연합회원국 이외로 수출하는 증거를 제시하면 지급받는 EC보조금이 추가로 담보된 Hibernia Foods plc v. McAustin (The Joint Frost)[85]사건을 들 수 있다.

매수인이 10%를 초과하는 희망이익을 추가보험으로 부보하고, 이를 매도인이 이를 알지 않기를 원하는 경우가 증액보험이다. 협회적하보험약관 제14조는 증액보험의 보험금청구에 관한 규정을 두고 있는데, 보험금은 주보험자와 증액보험자 사이의 총보험금액에 대한 증액보험금액에 대하여 차지하는 비율로 처리되는 것으로 한다.

마. 수치인의 지위

창고업자나 운송인과 같이 적하를 보관하고 있는 수탁자는 적하소유자를 위하여 적하의 멸실 또는 훼손의 경우에 적하소유자가 입는 손해를 담보하기 위하여 보험에 가입할 수 있다. 또한 수탁자는 적하소유자에 대한 손해배상책임을 담보하기 위하여 책임보험에 가입할 수도 있다. 수탁자가 협회적하보험약관이나 협회금속보관약관(Institute Metals Storage Clauses)을 보험계약의 내용으로 하는 해상보험계약은 책임보험이 아닌 적하보험으로 해석된다.[86] Hepburn v. A Tomlinson(Hauliers) Ltd사건에서 운송인(Tomlinson)이 전위험담보조건으로 담배의 수하물을 피보험자를 Tomlinson 이익을 “On: Tobacco &/or Manufactured Goods &/or Machinery the Property of the Imperial Tobacco Company”로 하여 부보되었다. 담배를 도난당하였지만 Tomlinson사는 Imperial Tobacco Company에 대하여 손해배상책임이 없었다. Tomlinson사가 Imperial Tobacco Company의 대리인이 아닌 수치인으로 보험금을 청구하였는데, 법원은 손해를 입은 적하 소유자에게 보험금청구권이 인정된다고 판시하였다.

---

85) [1998] 1 Lloyd's Rep. 310.
86) John Dunt, op. cit., p. 63.

바. 피보험이익의 존재시기

(1) 문제의 소재

해상보험상 중요한 원칙의 하나는 피보험자가 손해발생시에 피보험이익이 없으면 보상을 받을 수 없다는 것이다(영국해상보험법 제6조 제1항, 협회적하보험약관 제11조 제1항).

이것은 국제거래에서 소유권이 매도인에게서 매수인에게 이전하는 경우에 특히 중요하다. 아래에서는 첫째 CIF가격조건에서 소유권과 위험이 보험증권의 양수인에게 이전하기 전에 손해가 발생하는 경우 그 지위를 살펴볼 필요가 있다. 다음에는 CFR가격조건과 FOB가격조건에서 선측을 통과하기 이전에 발생한 손해에 대하여 매수인이 소급하여 보험보상을 받을 수 있는가에 대하여 영국과 우리 해상보험실무는 이를 부정하는 반면, 서울고법 1995. 3. 21. 선고 93나49149판결은 “C&F가격조건하에서 매수인은 선적 전에도 희망이익에 한하여서는 피보험이익을 가지므로 선적 전 사고에 있어서도 매수인인 수입자가 희망이익 상당 손해에 관하여는 보험금을 청구할 수 있다.”고 판시하였다. 이와 관련하여 소급보험의 문제의 하나로 최근 제정된 일본보험법상의 소급보험에 대한 규정과 함께 연구하는 것이 필요하다.

(2) CIF가격조건에서 매수인의 보험금청구권

적하가 CIF가격조건으로 매도되는 경우 위험은 지정된 선적항의 선적지점에서 매수인이 지정한 선박에 적재하였을 때 [87]소유권은 적하를 표창하는 서류와 상환하여 대금을 지급할 때 이전한다.[88] CIF가격조건에서 매수인은 선적시 위험의 이전 전에 발생한 적하의 멸실 또는 훼손에 대한 보험금청구권에 대하여 양수인으로서 이익을 가진다. 예컨대 컨테이너에 적입된 내륙운송 중에 훼손되고 무담보선하증권(clean bill of lading)이 발행된 경우에는, 선하증권과 상환으로 대금을 지급하는 CIF가격조건의 매수인은 적하가 매도인의 소유와 위험하에 있는 경우에 발생한 손해에 대하여 양수인으로 보험금을 청구할 수 있다. 이는 사고발생시에 피보험이익을 가진 매도인의 이름으로 매수인이 보험금을 청

87) 2000년 Incoterms에 선적항에서 선박의 난간을 통과할 때 위험은 이전하였지만, 2010년 개정 Incoterms에서 개정되었다.

88) Incoterms 2010 CIF Rule B(5).

구하는 것이다.[89]

이에 대하여 아놀드(Arnould)는 CIF가격조건의 매수인을 피보험자나 공동피보험자로 할 수 없다고 한다.[90] 반면 실무상으로는 CIF가격조건의 매수인은 피보험자로 하고 있고, 런던시장의 포괄예정보험담보(open cover)에서도 그러하다. 또한 2009년 개정 협회적하보험약관 제15조 제1항은 양수인이 피보험자를 위하여 또는 자기의 권리로서 보험금을 청구할 수 있음을 규정하고 있다.

(3) 소급보험

(가) 문제의 소재

오래전부터 특히 해상운송 중 생기는 적하의 손해를 보상하는 적하보험에서 이미 출하지를 출발하여 운송중인 적하를 보험의 목적으로 보험계약을 체결하고, 적하가 발송된 시점에 소급하여 효력을 소급하고자 하는 수요가 있었다. 이와 같은 소급보험의 경우 이미 보험사고가 발생하였으므로 손해발생시에 피보험자와 보험목적사이에 피보험이익의 존재가 인정되지 아니하지만, 영국 해상보험법을 비롯하여 우리나라 상법에서도 그 유효성을 인정하여 오고 있다. 2009년 4월부터 시행되고 있는 일본 보험법에서는 현행 우리상법 제644조와 도일한 내용의 규정을 두고 있었지만 이를 폐지하고 상세하고 종합적인 규율을 내용으로 하는 조항들을 신설하였다. 1982년 이래 해상적하보험에 관한 영국 협회적하보험약관 제11조 제2항은 “보험계약자는 보험계약이 체결되기 이전에 발생한 손해이어도, 피보험자가 손해를 알고 있었고, 보험자가 모르고 있지 아니하는 한, 이 보험에 의하여 담보되는 보험기간에 발생한 손해는 보상한다.”라고 하여 소급조항을 두고 있음에도 불구하고 동조항에서는 “이 보험에서 보상받기 위하여서는 피보험자는 손해발생시에 보험의 목적에 대하여 피보험이익을 가져야 한다.”는 내용의 ‘제11조 제1항에 따르고’라고 하고 있다. 한편 CFR가격조건과 FOB가격조건에서는 위험은 지정된 선적항의 선적지점에서 매수인지 지정한 선박에 적재하였을 때 매수인에게 이전하므로[91]그 이전에 발생한 손해에 대하여 매수인은 피보험이익을 가지지 아니하므로 보상을 받을 수 없는가가

89) John Dunt, op. cit. p. 66.
90) Arnould, Law of Marine Insurance and Average (15th ed., Sweet & Maxwell, 1961), vol 3 paras. 288 ~291.
91) 2010년 Incoterms FOB B(5).

문제된다. 이에 관하여 서울고법 1995. 3. 21. 선고 93나49149 판결은 CFR매매조건에서 매수인이 피보험이익을 가지기 이전인 선적전 손해에 대하여 매수인에게 피보험이익을 인정하고 있다. 이 판결은 해상적하보험에 관한 영국법과 실무에 반하는 것으로 해석되고 있다. 이에 우리판례의 입장을 해상보험에 관하여 우리나라 법원(法源)으로서의 지위가 인정되는 영국법과 정밀하게 검토하는 것이 요구된다. 여기서는 우리나라와 일본의 소급보험에 관한 법리를 검토한 후에 영국의 적하보험상의 소급보험에 관한 판례·학설·실무를 검토하여 우리법에의 시사점을 연구하는 것을 내용으로 한다.

(나) 우리 상법상의 소급보험

우리 상법은 소급보험의 효력을 인정하고, 보험사고의 객관적 확정의 효과에 관한 규율하고 있다(상법 제643조, 제644조). 새로 보험법을 제정한 일본에서는 소급보험에 관하여 우리와 동일하게 규율하였지만, 종래의 비판을 수용하여 상세한 규율을 하고 있다. 여기서는 일본 보험법상의 소급보험에 관한 내용을 검토하여 우리법의 개정방향을 제시하는 것을 내용으로 한다.

① 의의와 취지

소급보험이라 함은 보험기간의 시기(始期)를 보험계약의 체결전 시기(時期)로 소급하는 보험을 말한다(상법 제643조). 우리법상 승낙전 담보제도와 관련하여 급보험이라 함은 최초보험료를 납입하는 시점 이전을 보험기간의 개시시점으로 정하는 보험이다.

소급보험이라는 뜻을 정한 약관규정을 소급조항이라고 하고, 소급조항에 대하여서는 보험계약의 당사자 등이 보험사고의 발생 또는 불발생을 알고 있지 않으면, 유효라고 해석된다.

보험사고는 우연한 사고이어야 하지만, 보험계약 체결전에 이미 발생하거나 발생할 수 없음이 확정되어 있는 사실을 보험사고로 할 수 있는 것은 원래는 아니다. 그러나 객관적으로 확정되어 있는 사실을 보험사고로 하는 보험계약에서도 당해 보험계약자와 피보험자가 이 사실을 모르고 보험계약을 체결하는 경우에는 보험계약을 악용할 우려가 없기 때문에 소급보험의 유효성을 인정할 수 있다. 즉 보험사고의 우연성과 관련하여 보험계약 성립시에 보험사고의 발생 또는 불발생은 주관적으로 확정되어 있지 않기 때문에, 이 자에 대하여서는 주관적인 의미에서 보험사고의 우연성은 인정되고, 보험계약을 유효하다고 하여

도 보험계약자 등에게 부당한 이익이 생기지 않고, 폐해가 생길 우려가 없기 때문이다.[92]

② 소급보험의 유형

소급보험에는 2가지 경우가 있다. 즉 보험사고가 이미 발생한 경우와 발생할 수 없는 경우가 그것이다(상법 제644조).

③ 소급보험의 효과

ⓐ 원칙적 유효

보험계약의 체결전의 시기(時期)를 보험기간의 시기(始期)로 한 경우 계약당사다 피보험자가 보험사고가 이미 발생하였거나 발생할 수 없는 것임을 모두 알지 못하고 있는 경우에는 유효하다(상법 제644조 단서).

ⓑ 예외적 무효

소급보험의 경우 보험계약의 체결 당시에 계약당사자 쌍방과 피보험자가 보험사고가 이미 발생하였거나 또는 발생할 수 없는 것임을 안 때에는 그 계약은 무효이다(상법 제644조 본문). 이 때 보험계약자측은 보험금을 지급받을 수 없고, 보험자는 보험료를 반환할 책임도 없다(상법 제648조).

소급보험의 경우 보험자와 보험계약자, 그리고 피보험자가 보험사고가 이미 발생하였거나 발생할 수 없는 것임을 모두 알지 못하고 있는 경우에는 유효하다(상법 제644조 단서).

사. 해상적하보험에서의 소급보험

(1) 협회적하보험약관상 소급조항

국제거래에서 적하보험계약의 체결이 요구되는 경우 영국 국제보험협회(International Underwriting Association)의 협회적하보험약관 또는 이와 유사한 약관에 의하여야 하고,[93] 실제 전세계의 해상적하보험실무중 3/4 이상이 영국의 협회적하보험약관을 사용하고 있다.

협회적하보험약관에 소급조항이 삽입된 것은 1982년 개정약관에서 이고, 2009년 개정약관 제11조에서 다음과 같이 유지되고 있다.

제11조 ① 이 보험에서 보상을 받기 위하여서는 보험자는, 손해발생시에, 보

92) 岡田豊基, 전게서, 151面; 潘阿憲, 保險法概說, 中央經濟社, 2010, 23面.

93) 2011년 1월 1일부터 시행되는 2010년 Incoterms CIF A3(b).

험의 목적에 관하여 피보험이익을 가지고 있어야 한다.

② 제11조 제1항에 따르고, 보험계약자는 보험계약이 체결되기 이전에 발생한 손해이어도, 피보험자가 손해를 알고 있었고, 보험자가 모르고 있지 아니하는 한, 이 보험에 의하여 담보되는 보험기간에 발생한 손해는 보상한다.

이에 따르면 해상보험에서 소급보험의 경우 손해가 이미 발생한 사실에 대하여 보험계약자가 악의이고 보험자가 선의인 경우를 제외하고는 보험자는 보상책임을 진다. 그 예가 Wünsche Handelsgesellschaft International GmbH v. Tai Ping Co. Ltd사건[94]이다.

(2) 1982년 협회적하보험약관 개정 이전의 지위

1982년 개정 협회적하보험약관이 사용되기 이전의 SG보험증권에는 "(선박명)이라는 견고한 선박에 적재된 모든 상품 및 화물에 대하여 멸실여부를 불문하고 (출발항)에서 또는 그곳에서 담보되는 것으로 함"이라고 규정하였다. 또한 영국해상보험법 제6조 제1항은 "보험목적이 '멸실불문조건'으로 부보된 경우에는, 피보험자가 손해발생이후에 피보험이익이 취득되어도 보험계약 체결 당시에 피보험자가 손해발생을 알고 있었고 보험자가 이를 모르고 있었던 경우를 제외하고는 피보험자는 손해보상을 받을 수 있다."고 규정되어 있었다.

손해발생시 소유권을 가지지 않은 자가 "멸실불문조건"으로 부보된 적하에 대하여 보험금청구권이 있는가에 대하여 이에 Sutherland v. Pratt사건[95]에서

94) [1998] 2 Lloyd's Rep 8; 이 사건에서 버섯캔과 아스파라거스캔의 적하를 중국에서 독일로 운송하는 위험에 대하여 "중국의 공장에서부터(including from ex-factoty in P.R. of China)" 전위험담보조건으로 부보되었다. 협회적하보험약관(A) 제11조 2항과 같은 문언이 삽입되었고, 적하는 홍콩 인근의 센첸(Shenzhen)에서 콘테이너에 적입되어 홍콩까지는 바지선이나 트럭으로 운송되어 선박에 적재되었다. 보험계약은 컨테이너가 선박에 적재되기 전에 체결되었지만, 당사자가 손해의 발생사실을 알지 못하는 한 공장에서부터 발생하는 손해를 소급하여 보장하는 내용이었다. 손해는 중국내륙 공장에서 센첸으로 운송중에 발생하였다. 법원은 소급조항에 따라 피보험자는 보험계약의 성립전 중국에서 육상운송중 발생한 손해에 대하여 보험금청구권을 가진다고 판시하였다.

95) [1843] 11 M & W 296; 이 사건에서 봄베이에서 런던으로 운송되는 목화에 대하여 멸실훼손불문조건으로 부보되었다. 당사자는 알지 못하였지만, 원고가 적하를 담보로 금전을 대여하고 있었다. 당사자는 알지 못하였지만 원고가 담보로 제공받기 전에 이미 목화는 훼손되어 있었다. 원고의 보험금청구에 대하여 보험자는 원고가 피보험이익을 취득하지 이전에 손해가 발생하였다고 주장하였다. 법원은 원고의 보험금청구를 인용하였다. 방론에서 매수인이 체결한 보험계약상 선적 이전에 발생한 손해를 보상한다고 하였으면, 매수인이 손해발생시에 적하에 대하여 소유권이나 위험이 존재하지 않았어도, 매수인은

보험금청구권이 인정된 이래 Reinhart v. Hoyle & Sons Limited사건[96]에 이르기 까지 유지되었다.

호주 판결인 New South Wales Leather Co. Pty Limited v. Vanguard Insurance Co. Limited사건[97]은 SG보험증권과 1963년 개정 협회적하보험약관을 보험계약의 내용으로 한 사건으로 FOB매수인에게 선적이전에 발생한 손해에 대하여 손해발생 당시에 피보험이익이 없었지만 SG보험증권과 1963년 개정 협회적하보험약관에 근거하여 보험금청구권이 인정되었다.[98]

(3) 1982년 협회선박보험약관 개정 이후의 지위

1982년 협회적하보험약관 개정시에 영국해상보험법 제6조 제1항과 동일한 취지의 규정이 두어졌고, 이는 2009년 개정시에도 그대로 유지되어 있다. 이에 따라 Sutherland v. Pratt사건[99] 등의 판시는 폐기되었고, 협회적하보험약관 제11조를 보험계약의 내용으로 하는 경우 FOB매매조건이나 CFR매매조건에서 매수인에게 위험이 이전하거나 소유권이 이전되기 이전에 손해가 발생한 경우에 매수인은 피보험자로서 보험금청구권이 없다고 일반적으로 인정되고 있다.[100] 이는 우리나라의 해상적하보험실무와 동일하다.

보상받을 수 있다."고 하였다[Susan Hodges, Cases and Materials on Marine Insurance Law, (Cavendish Publishing Limited, 1999), p. 79; Dunt, op. cit., p. 67].

96) [1961] 1 Lloyd's Rep. 346; 이 사건은 멕시코산 적하가 C&F조건으로 매도되었는데, 매수인이 피보험이익을 취득하기 이전에 손해가 발생하였어도 매수인은 선적 이전에 입은 손해에 대하여 보험보상받을 수 있다고 판시되었다(Susan Hodges, op. cit., pp. 79~80).

97) [1990] 103 FLR 70; [1991] NSWLR 699; FOB매매조건로 컨테이너에 적입된 적하를 멸실불문조건으로 부보하였는데, 컨테이너에 적입된 적하는 선박에 실리기 전에 도난당하자 피보험자는 보험금의 지급을 청구하였지만 보험자는 손해발생시에 피보험자가 피보험이익을 가지지 않았다는 이유로 보험금지급을 거절하였다. 표준적인 FOB 계약상 적하에 대한 위험은 컨테이너가 선박의 난간을 통과한 때에 매수인에게 이전된다. 이에 따라 1심법원은 FOB조건의 매수인은 매도인의 창고에서 선박의 난간까지의 운송중인 적하에 대한 피보험이익을 가지지 않는다고 판시하였는데, 캐러더스(Carruthers)판사는 ICC (A)의 운송조항에 의하여 피보험이익이 없는 경우 그 이전의 시점까지 보험담보를 확장되지 않는다고 하여 보험금지급청구를 배척하였다. 이에 대하여 항소법원은 피보험자가 손해발생시에 피보험이익을 가지지 않았으므로 운송조항이 적용되지 않는다는 점은 받아들이되, 운송조항과 결합된 '멸실여부불문조항'에 의거 보험보상을 명하였다. .

98) John Dunt, op. cit., p. 69.

99) [1843] 11 M & W 296.

100) John Dunt, op. cit., p. 69.

(4) 시사점

구협회적하보험약관을 보험계약의 내용으로 하는 CFR매매조건에서 매수인이 피보험이익을 가지기 이전인 선적전 손해에 대하여 매수인에게 피보험이익을 인정하여 보험금청구권을 인용하는 서울고법 1995. 3. 21. 선고 93나49149 판결은 우리나라 대법원이 법원(法源)으로서의 효력을 인정하는 영국법을 바르게 적용하였는가가 문제된다.

해상적하보험에서 글로벌 스탠더드의 지위를 점하고 있는 영국법상 1982년 이래 협회적하보험약관 제11조에서는 소급보험의 유효성을 인정하되 피보험자가 손해발생시에 보험의 목적에 대하여 피보험이익을 가져야 하는 것을 전제로 한다. 이에 따라 영국의 학설과 실무는 Sutherland v. Pratt사건과 Reinhart v. Hoyle & Sons Limited사건의 판시를 폐기하고, FOB조건과 CFR조건의 경우 소유권이나 위험이 매수인에게 이전하기 전에 발생한 손해에 대하여서는 손해발생시 피보험자인 매수인에게 적하에 대한 피보험이익이 존재하지 아니한다고 하여 보험금청구권을 인정하지 아니한다.

서울고법 1995. 3. 21. 선고 93나49149 판결은 구 협회적하보험약관을 보험계약의 내용으로 하는 점에서 영국의 1982년 이전의 지위에 근거하여 판시하고 있으므로 이전의 영국법을 바르게 적용하였다고 보지만 그 적용범위는 영국법이 희망이익에 한정하지 않는 점에서 오류라고 본다. 다만 1982년 개정, 2009년 개정의 협회적하보험약관을 보험계약의 내용으로 하는 오늘날의 해상적하보험계약에서는 영국의 실무와 학설은 FOB매매조건이나 CFR매매조건에서 매수인에게 위험이 이전하거나 소유권이 이전되기 이전에 손해가 발생한 경우에 매수인은 피보험자로서 보험금청구권이 없으므로 서울고등법원의 판시는 더 이상 타당하지 않은 것으로 판단된다.

나아가 영국법상 피보험이익의 개념이 피보험자와 보험목적 사이의 법률적 관계를 의미하는 엄격하고 좁은 입장에서 Feasy v. Sun Life Assurance Corporation of Canada사건 등에서 Lucena v. Craufurd사건에서 소수의견인 로렌스(Lawrence)판사의 광의의 정의를 채택하는 것으로 방향을 전환하고 있고, 영국의 법률개정위원회가 손해보험에서 피보험이익의 요건을 폐지하는 결론을 내린 점 등과 관련하여 영국법의 변화를 예의주시하여야 할 것으로 판단된다.

제4장 영국의 개정 고지의무제도[101)]

I 2012년 소비자보험(고지의무)법과 2015년 보험법의 시행

보험법계약법상의 가장 중요한 기본개념이라고 할 고지의무제도는 영국의 1766년 Carter v. Boehm사건[102)]을 비롯한 영국법원의 판결과 최근의 영국의 2개의 보험법이 시행되기 이전 영국의 유일한 실정보험법인 1906년 해상보험법 제17조에서 제20조에 뿌리를 두고 있었다. 영국의 2012년 소비자보험(고지의무)법에서는 질문에 대한 답변의무로의 전환(자발적 고지의무의 폐지), 그간 프랑스보험법의 주요한 특징이었던 고지의무위반의 효과로서 비율적 보상원칙의 채용 등 획기적인 개혁이 있었고, 올해 8월 12일부터 시행되는 영국의 2015년 보험법은 해상보험 등 비소비자보험에 관하여 고지의무를 공정한 제공의무로 명칭의 변경·자발적 고지의무의 유지·비율적 보상원칙의 채용·유인의 원칙 채용[103)] 등 영국해상보험법상의 고지의무에 관한 규정을 개정하는 내용을 담고 있다. 특히 후자는 우리나라의 해상보험실무에서는 영국의 해상보험약관을 보험계약의 내용으로 하고 있고, 이 약관은 영국법 준거조항을 포함하며, 우리 법원은 영국을 해상보험법의 중심으로 인정하여 영국의 해상보험법과 실무를 우리의 법원(法源)으로 인정하여 고지의무에 관하여 영국법을 적용한 판결을 내리고 있다.[104)] 또한 2014년 법무부의 상법 보험편개정초안은 고지의무에 관한

---

101) 이 장에서는 영국의 개정고지의무제도에 관한 연구, 법학논총 제29권 제2호(2016), 국민대학교 법학연구소, 394~431면을 수정하였다.

102) (1766) 3 Burr 1905.

103) Pan Atlantic Insurance Co Ltd v. Pine Top Insurance Co[1995] 1 AC 501을 입법한 것임; 김재헌, "영국해상보험법상 고지의무위반에 대한 영국판례의 최근동향", 인권과정의 제259호(1998.3), 대한변호사협회, 8면~18면. 장한각, 영국해상보험법상의 고지의무-대법원 1996. 3. 8 선고 95다28779 판결, 한국해법회지 제19권 1호(1997.3), 한국해법학회, 79면-91면. 김현, 해상보험에서의 고지의무-대법원 1996. 3. 8. 선고 95다28779 판결, 저스티스 33권3호 (1996.3), 한국법학원, 180~194면.

104) 대법원 1986. 11. 25. 선고 85다카2578 판결, 대법원 1991. 5. 14. 선고 90다카25314 판결, 대법원 1996. 3. 8. 선고 95다28779 판결, 대법원 2001. 5. 15. 선고 99다26221 판결, 대법원 2005. 3. 25. 선고 2004다22711, 22728 판결.

조항을 신설하고 있고,[105] 2015년 보험법과 비교하여 이를 검토할 필요가 있다.

이 글은 영국의 2012년 소비자보험(고지의무)법과 2015년 보험법상 고지의무제도의 개혁내용을 검토하고, 그 시사점을 제시하는 것을 내용으로 한다.

Ⅱ 2012년 소비자보험(고지의무)법

1. 개정내용 개관

2012년 소비자(고지의무)법이 시행되기 이전에는 고지의무에 관해서는 1906년 영국해상보험법 제17조~제21조와 판례에 의해 규율되어 왔다. 소비자는 보험자에 대한 자발적인 고지의무를 부담하였다. 소비자는 보험료를 산정하거나 위험의 인수여부를 결정하는 신중한 보험자의 판단에 영향을 미치는 중요한 사항을 보험자에게 알릴 의무를 부담하였다. 보험자는 질문할 필요가 없었고, 보험자가 원하는 정보를 연구할 책임은 보험계약자가 부담하였다.

1906년 영국해상보험법은 법명칭이 나타내는 것과 같이 주로 해상사건에 관한 것이고, 18세기와 19세기에 주로 런던에서 면대면의 보험자와 보험중개사 사이에 발전된 원칙을 입법하였으며, 2차 세계대전 이후에 발전된 대규모 보험소비자 시장을 예견하지 못한 것이었다.[106] 자발적인 고지의무는 현대보험소비자시장의 현실에 맞지 않는다. 대부분의 소비자는 법상 고지의무를 진다는 것을 잘 알지 못하고, 비록 이를 알고 있더라도, 보험자가 무엇을 필요로 하는지 거의 알지 못한다. 그리고 소비자는 사항을 알리기 위해 전화하더라도 보험회

105) 제694조 (고지의무) ① 보험자가 계약을 체결할지 여부를 결정하거나 보험료를 산정하는 데 있어 영향을 미칠 사실은 이를 제651조에서 말하는 중요한 사항으로 본다. ② 보험계약자와 피보험자는 보험계약이 성립될 때까지 계속하여 새로운 소식과 변경된 사실을 탐지하여 보험자에게 보고하고 정정할 의무가 있다. ③ 사실에 대한 고지는 대체로 정확한 때에는 이를 부실한 고지로 보지 아니하고, 기대 혹은 믿음에 관한 고지는 선의로 행하여진 때에는 이를 진실한 고지라고 본다.

106) David Herzel, The Consumer Insurance(Disclosure and Misrepresentation) Act 2012, in Peter Tyldesley(ed), Consumer insurance law: disclosure, representation and basis of the insurance contracts, (Bloomsbury Professional, 2013), p. 180~181.

사 직원이 정보를 제대로 처리하지 못할 것으로 의심한다.[107] 반면 고지의무제도는 위험을 측정하여 보험계약을 체결할 것인가의 판단과 보험료의 설정 등을 하기 위한 것이기 때문에, 무엇이 위험의 측정을 위하여 필요한 "중요한 사항"에 해당하는가는 다수의 보험계약을 체결하여 다양한 정보를 가지고 있는 보험자측이 판단하도록 하는 것이 합리적이기 때문이다.[108]

영국 고지의무제도는 주관적 요건으로 중과실을 요건으로 하는 우리와 달리 과실을 요건으로 하므로[109] 소비자의 단순한 선의의 착오로 인한 경우에도 보험보장을 받지 못한다.

이에 따라 엄격한 고지의무 법제를 완화하기 위한 노력이 있어왔다. 1977년 엄격한 고지의무를 적용하여 보험금 지급을 거부하지 않는다는 내용의 보험자의 자율규제,[110] 금융청의 사기적인 고지의무를 제외하고는 과실로 인한 고지의무위반을 원인으로 보험금 지급을 거부할 수 없다는 영업행감독청(Financial Conduct Authority)의 행동규칙,[111] 자보험자가 질문을 하지 않은 경우에는 보험계약자에게 자발적 고지의무를 지우지 아니하는 금융옴부즈만 제도[112] 등이 그것이다.

2012년 소비자(고지의무)법은 1906법상의 다음과 같은 4가지 문제를 해결하는 것을 목적으로 하였다.[113]

첫째, 고지의무가 소비자에 대한 함정의 역할을 하는 문제이다. 소비자는 통상 고지의무가 존재하는 것을 알지 못하고, 고지하여야 함을 알고 있더라도 어떠한 사항을 알려야 하는지를 알지 못한다는 것이다. 이는 고지의무의 질문에 대한 답변의무화, 즉 자발적 고지의무폐지로 규정되었다.

둘째, 영국법상으로는 과실로 인한 경우에도 고지의무위반이므로, 보험계약자가 선의로 그리고 합리적으로 고지의무를 이행했음에도 불구하고 보험금 지급을 받지 못하는 문제이다. 이에 합리적 주의기준의 채용되었다.

107) David Herzel, op. cit., p. 180.
108) 坂本三郎 外, 新しい保険法, 金融財政事情研究所, 2008, 35面.
109) 박세민, 신중한 보험자기준에 대한 비판적 고찰-영국보험법의 해석을 중심으로, 보학학회지 제68집(2004), 한국보험학회, 33면.
110) 박세민, 영국법과 고지의무, 세창출판사, 2004, 341~357면.
111) Insurance Conduct of Business Soucebook, Rule 8.1.2(2).
112) 박세민, 영국법과 고지의무, 세창출판사, 2004, 358~365면.
113) David Herzel, op. cit., pp. 183.

셋째, 고지의무위반의 경우 보험자는 보험계약을 취소하는 효과만이 인정되는 점에서 고지의무위반의 효과가 지나치게 엄격하였다는 점이다. 이에 따라 고의나 중과실로 인한 고지의무위반이 아니면 고지의무를 이행하였더라면 지급받았을 보험료와 납입보험료와의 비율에 따라 보험금을 지급하는 비율적 보상원칙이 채용되었다.

넷째, 대부분의 보험계약자가 이해하지 못하는 불명료한 단어를 사용하여 청약서를 워런티로 전환하도록 하여 불명료한 사항이 존재하면 착오가 중요하지 아니한 경우에도 보험금 지급을 거부하지 못하도록 하는 문제이다. 이에 따라 계약의 기초조항이 폐지되었다.

2. 소비자보험과 비소비자보험의 구분

가. 2012년 소비자(고지의무)법상의 소비자보험

우리 상법 보험편은 보험계약자등의 불이익변경의 금지의 원칙이 적용되지 않는 비소비자보험의 기준을 "재보험 및 해상보험 기타 이와 유사한 보험(상법 693조 단서)"라고 한다.

2012년 소비자(고지의무)법의 적용대상은 소비자보험이고, 동법상 소비자보험은 "개인의 거래, 영업 또는 직업과 전적으로 또는 주로 무관한 목적아래 계약을 체결하는 소비자와 보험회사 사이에 체결되는 계약이다"(동법 제1조)이다.

소비자보험과 비소자보험은 2가지 차이점이 존재하고, 이에 따라 소비자보험상의 고지의무는 완화해서 규율하게 된다. 114) 첫째 소비자보험은 사회정책의 영향을 크게 받는 데 비하여, 비소비자보험은 그러하지 아니하다. 비소비자보험의 경우에도 산재보험과 같은 사회정책적 특성을 가지는데 경우가 있지만, 대부분은 사회정책이 거의 기능하지 않는 광범위한 영역을 보장한다. 반면 자동차보험과 같은 소비자보험은 장래에는 노인장기요양보험과 같이 전면적으로 강제보험으로 사회복화지될 가능성이 존재한다. 둘째, 소비자보험은 대규모시장을 대상으로 하고, 위험풀도 거대하며, 예상손해도 안정적이고 예측가능하다고 하여 포트폴리오보험으로도 불린다. 반면 비소비자인 즉 기업은 규모가 상이하고, 다양하고 광범위하게 노출되는 위험도 상이하다. 기업손해는 거대하고, 보

114) David Herzel, op. cit., pp. 182~183.

험자의 경험은 심하게 변동된다. 보험자는 모든 기업과정상의 위험을 알 것을 기대하기 어렵고, 이에 보험계약자에 대한 특수한 정보가 매우 중요하다.

나. 유럽보험계약법준칙과 일본 보험법상의 구별기준

유럽보험계약법준칙은 보험계약의 당사자 사이에 사적 자치가 적용되는 보험으로 (1) 자동차, 항공기, 선박, 기차에 대한 손해를 담보하는 보험, (2) 신용보험과 보증보험, (3) 보험계약자가 수치로 정한 기준을 초과하는 기업인 경우로서 화재, 원자력, 책임 등의 위험을 담보하는 보험을 들고 있다(유럽보험계약법준칙 제1-103조 제2항). 즉 유럽보험계약법준칙은 사적자치의 원칙이 적용되는 기준의 하나로 (1) 대형위험(자동차보험, 항공기보험, 선박보험, 기차보험, 신용보험, 보증보험), (2) 일정 규모의 기업[115]의 화재보험 · 원자력보험 · 책임보험을 들고 있다. 그 근거는 이와 같은 대형위험을 담보하는 데는 보험자와 보험계약자 사이에 협상력의 격차를 고려할 필요가 없다는 것이 들어지고 있다.[116] 이에 대하여서는 퐁텐느교수는 다음과 같은 이유로 유럽보험계약법준칙상의 기업보험의 기준을 비판한다. 첫째, 대규모기업이라고 하여 항상 보험약관을 협상할 수 있는 것은 아니고, 둘째, 대형위험이라고 하여도 예컨대 신용보험은 소규모의 기업이 가입하는 경우도 있기 때문이라고 한다. 이와 같은 경우를 포함하여 약관의 공정성 통제를 배제하는 것은 보험계약자 보호에 적절하지 않다는 점을 지적하고 있다.[117]

일본 보험법은 보험계약자 기타 보험계약자 측의 관여자의 보호를 위하여 특히 필요한 규정에 대하여서는 그 규정보다 보험계약자 등에게 불리한 것은 무효로 하는 상대적 강행규정성과 관련하여 상해보험과 상해질병 정액보험은 당연히 소비자보험으로 하지만, 손해보험중 ① 해상보험계약, ② 항공보험계약,

115) 보험계약자가 (1) 대차대조표상의 총액이 620만유로 (2) 총매상고가 1,280만유로 (3) 회계연도의 평균종업원수가 250명의 3가지 수치중 2가지의 기준을 초과하는 경우에 한함(유럽보험계약법준칙 제1-103조 제2항 c호).

116) Mandeep Lakhan, Report on Discussion Ⅰ, in Helmut Heiss and Mandeep Lakhan(edited), Principle of European Insurance Law: A model Optional Instrument, (sellier, 2011), p. 47

117) Marcel Fontaine, An academic view, in Helmut Heiss and Mandeep Lakhan(edited), Principle of European Insurance Law: A model Optional Instrument, (sellier, 2011), pp. 38~39.

③ 원자력보험계약, ④ 법인 기타 단체 또는 사업을 행하는 개인의 사업활동에 수반하여 생기는 손해를 보상하는 손해보험계약은 기업보험으로 한다(보험법 제36조). ①~③은 명확하지만, ④에 대하여서는 일본 보험법에서는 실질기준을 채용하여 사업활동에 수반하는 위험을 대상으로 하는 보험을 의미하는 실질기준을 채용한 것으로 이해되고 있다.[118)]

다. 논의의 시사점

우리 상법 제663조 단서에도 불구하고 구체적인 적용에 있어서 그 기준이 명확하지 않아 판례[119)]는 해상보험으로 분류되는 어선공제계약에 대하여 기업보험으로 보고 있지 않아 명확히 하는 것이 요청되고 있고, 우리 보험업법은 일반보험계약자[120)]에 대한 정의규정을 두고 있으며, 입법예고된 금융소비자보호기본법은 금융소비자[121)]에 대한 정의규정을 두고 있다. 영국의 2012년 소비자(고지의무)법상의 보험소비자의 정의는 우리법의 해석에 유용할 것으로 판단된다.

3. 자발적 고지의무의 폐지

2012년 소비자(고지의무)법 제2조에 따르면 피보험자의 자발적 고지의무가 폐지되고, 피보험자는 상당한 주의를 다해 보험자의 질문에 대하여 정확하고 충분하게 답변하면 된다. 이 새로운 의무가 2012년 법의 핵심이다.[122)] 소비자

---

118) 山下友信, 新しい保險法-總論的事項および若干の共通事項, ヅェリスト, No. 1364, 2008. 10. 1, 13面에서 山下友信교수는 예컨대 점포의 화재보험은 사업을 행하는 점포의 리스크에 대한 보험으로 주택에 대한 화재보험과는 달리 상품이 구성되는 인수판단이 행해지는 한 가끔은 영세한 점포의 사업에 대한 보험도 4호에 해당한다. 이에 대하여 업무용자동차에 대한 자동차보험이어도 자가용자동차(보험료율의 차이가 있어도)와 동일한 보험상품으로 구성되어 인수되는 경우에는 4호에 해당한다고 한다.

119) 대법원 1996. 12. 20. 선고 96다23818 판결.

120) 보험업법상 전문보험계약자는 보험계약에 관한 전문성, 자산규모 등에 비추어 보험계약의 내용을 이해하고 이행할 능력이 있는 자로서 다음 각 목의 어느 하나에 해당하는 자(동법 제2조 19호), 일반보험계약자는 전문보험계약자가 아닌 보험계약자(동법 제2조 20호)이다.

121) 2016년 6월 28일 입법예고된 금융소비자보호기본법상 전문금융소비자란 금융상품에 관한 전문성, 소유자산규모 등에 비추어 금융상품 계약에 따른 위험감수능력이 있는 금융소비자로서 다음 각 목의 어느 하나에 해당하는 자를 말한다(동법 제2조 7호)라고 하고, 금융소비자란 금융상품계약체결등에 관한 금융상품판매업자 또는 금융상품자문에 관한 금융상품자문업자의 거래상대방을 말한다(동법 제2조 6호).

122) David Herzel, op. cit., p. 186.

가 자발적으로 정보를 제공하는 경우에, 소비자는 상당한 주의를 다해 정보가 오도하지 않도록 하여야 한다.

동법에 따르면 보험계약이 변경되는 경우에도 적용된다. 갱신의 경우에 대해서는 명시적인 언급이 없지만, 갱신은 새로운 계약으로 취급되기 때문에, 이 의무가 적용된다.

소비자가 이전에 제공한 정보를 확인하거나 수정하도록 요청받은 경우가 문제된다. 대부분 보험계약의 갱신의 경우에 발생하는 것으로 동법은 이와 같은 상황에서 보험자의 질문에 대하여 답변하지 아니하면 고지의무위반에 해당한다고 규정한다.[123]

답변의무는 (1) 청약단계에 보험자가 알고자 원하는 사항에 대하여 주의를 집중하도록 하고, (2) 그러나 원하는 사항을 질문하거나 질문하지 않는 것을 보험자가 자유롭게 선택할 수 있으며, (3) 청약자에게 알릴 것이 요구되는 정보에 대한 명확한 식별이 가능하여 진다는 등의 이점이 있음이 지적되고 있다.[124]

4. 상당한 주의의무

2012년 소비자(고지의무)법 제3조는 소비자가 상당한 주의를 기울였는지 여부를 결정하는데 적용되는 기준은 객관적인 것으로 합리적인 소비자라고 규정한다(동조 제3항). 달리 말하면 특별한 기술이나 지식을 갖지 않은 평균적인 소비자로부터 기대되는 것이 주의기준이다.[125]

동법 제3조 제2항은 소비자가 합리적으로 행위했는지 여부를 결정하는데 고려되는 기준을 예시하고 있다. 보험계약의 유형, 보험자가 제공하는 매매자료, 보험자의 질문이 얼마나 명백한가, 대리인이 소비자의 대리인인식 여부 등이

---

123) 2012년 소비자(고지의무)법 제2조 제3항

124) Law Commission, Insurance Contract Law: Misrepresentation, Non-Disclosure and Breach of Warranty by the Insured, (TSO, 2007), para 4.20 p. 78; 박은경, 중국보험법의 주요개정내용과 그 시사점, 중국법연구 Vol. 13(2010), 한중법학회, 137면. 박은경, 2014년 보험편 고지의무조항에 관한 비판적 고찰, 상사판례연구 제27권 제3호(2014), 한국상사판례학회, 41면. 이윤석, 보험계약상 최대선의의무와 고지의무-최근 영국가계보험법 입법안을 중심으로, 한양법학 제32권(2010), 263~287면. 한기정, 고지의무의 수동화-자발적 고지의무에서 수동적 응답의무로, 비교사법 제16권 제3호(2009), 325~363면. 장덕조, 영국의 보험계약법 개정동향과 최대선의, 보험학회지 제82집(2009), 한국보험학회, 133~154면.

125) David Herzel, op. cit., p. 187.

그것이다. 동법 제3조 2항 d호는 갱신의 경우 보험자가 회신의 중요성과 회신하지 아니하는 결과 등을 얼마나 명확히 통지했는가를 고려요소로 하고 있다. 이는 영국에서 보험계약의 갱신시 보험자는 보험계약자가 이전에 제공한 사항이 변경되었으면 통지하라고 요구하는 갱신청약서를 송부하는 것이 일반적이고, 소비자가 답변하지 않으면 보험은 자동적으로 갱신되는 것으로 처리하는 것이 보통이다. 이 때 소비자가 편지를 읽지 아니하는 부주의로 고지의무를 위반하기 쉬운 점을 고려하여 상원에서 추가로 삽입된 것이다.[126] 개정법에 따르면 법원은 보험자가 회신의 중요성과 회신하지 아니하는 결과 등을 얼마나 명확히 통지했는가를 고려하게 된다.

5. 보험자의 유인

동법 제4조에 따르면 보험자는 고지의무 위반과 보험계약 체결 사이에 유인이 있었음을 증명하여야 한다. 이는 Pan Atlantic Insurance Co Ltd v. Pine Top Insurance Co사건[127]에 따라 발전된 유인에 관한 판례법을 입법한 것이다.[128]

6. 비율적 보상원칙의 채용

동법은 프랑스보험법[129]과 같이 비율보상원칙을 채용하고 있다.

(1) 보험계약자가 고의 또는 중과실로 의무를 위반한 경우, 보험자는 보험계약을 취소하여 모든 보험금청구를 거부할 수 있고, 이미 수령한 보험료를 반환할 필요가 없다(동법 제5조 제2항, 부록1 제2항). 또한 보험계약자의 고의 또는 중과실에 대해서는 보험자가 증명책임을 진다(동법 제5조 제4항).

(2) 보험계약자의 고의 또는 중과실이 인정되지 않는 경우에는, 보험계약자의 의무위반이 없었을 경우, 보험자가 내렸을 판단에 따라 구제수단이 다르다. 구체적으로는 보험계약자에게 고지의무위반이 없었더라면, 보험자가 보험계약을 체결하지 않았을 경우에는, 보험계약을 취소하고, 모든 보험금지급을 거부할 수

126) Hansard(HL), 20 December 2011, vol 733, col 1746.
127) [1995] 1 AC 501; 양승규·한창희, 전게서, 142~147면.
128) David Herzel,, op. cit., p. 188.
129) 한창희, "고지의무의 입법적 연혁과 최근동향", 상사법연구 제28권 4호(2010), 한국상사법학회, 171면.

있지만, 수령한 보험료를 반환해야 한다(부록1 제6항). 다음으로 보험자에게 고지의무위반이 없었더라면, 보험자가 다른 조건으로 보험계약을 체결하였을 경우에는, 보험자는 당해 보험계약이 당해 다른 조건을 포함한 것으로 할 수 있다(부록1 제5항). 그 다른 조건이 추가보험료를 부과하는 경우에는 보험자는 고지의무가 이행되었더라면 받았을 보험료에 대한 실제보험료의 비율로 보험금을 감액해서 지급한다(부록1 제7항). 보험자가 청구했을 보험료가 1,500파운드이고 실제로 수령한 보험료가 1,000파운드이면 소비자는 보험금의 3분의 2를 지급받게 된다.[130)]

7. 계약의 기초조항의 폐지

개정전에는 보험자가 청약서에 소비자가 제공된 정보를 보장한다고 하거나 정보가 계약의 기초를 이룬다고 하여 고지의무를 워런티로 변경하는 것이 가능하였다. 동법 제6조는 고지의무를 워런티로 변경할 수 없도록 한다.

Ⅲ 2015년 보험법상의 공정한 제공의무

1. 개정내용 개관

2015년 보험법상 1906년 해상보험법의 고지의무와 표시의무(동법 제18조, 제20조)가 공정한 제공의무(공정한 정보제공의무) 로 통합되고(2015년 보험법 제3조), 1906년 해상보험법 제17조의 최대선의의무에 관하여 위반의 경우 취소의 효과가 삭제되었으며(2015년 보험법 제14조 제3항 a호), 1906년 해상보험법 제18조, 제19조, 제20조가 삭제되었고, 위반의 효과로서 2012년 소비자보험(고지의무)법과 같이 고의·중과실의 경우 비율적 보상원칙이 도입되었다.

개정내용은 다음과 같은 7 가지이다.

첫째, 1906년 제18조에서 제20조까지의 고지의무가 영국판례[131)]가 발전시킨

130) David Herzel, op. cit., p. 190.
131) CTI v. Oceanus [1984] 1 Lloyd's Rep LR 476; Crane v. Hannover Ruckversicherung AG [2008] EWHC 3165(Comm); [2010] Lloyd's Rep IR 93; Garnet Trading and Shipping v. Baominh Insurance Corporation [2011] EWCA

공정한 제공의무로 대체되었다(2015년 보험법 제3조 제3항 a호. 제3조 제4항).[132] 이 공정한 제공의무는 (1) 보험자가 피보험자가 알고 있거나 알아야 하는 모든 중요한 사실을 고지할 것을 요구하는데(2015년 보험법 제3조 제4항 a호), 여기서 핵심특징은 '중요한 사항'과 피보험자가 '알고 있거나 알아야 하는 사항'이고, (2) 이와 같은 의무를 이행하지 아니하였더라도 신중한 보험자가 인수를 결정하기 전에 추가정보요청을 필요한 것으로 인식하기에 충분한 정보를 보험자에게 제공한 경우에는 제공의무를 이행한 것으로 보는 것을 내용으로 한다(2015년 보험법 제3조 제4항 a호).[133] 이와 같은 원칙을 만일에 대비한 고지원칙(fall-back disclosure rule)이라고도 한다.[134]

둘째, 보험계약자가 다량의 정돈되지 않은 정보를 제공하여야 하는 데이터덤핑을 시정하고자 신중한 보험자에게 합리적으로 명백하고 접근가능한 방법으로 고지하도록 되었다(2015년 보험법 제3조 제3항 b호). [135]

셋째, 1906년 해상보험법 제19조에 따르면 보험중개사가 알고 있는 정보를 고지하지 않으면 보험계약자의 고지의무위반으로 확대되어 있었다. 즉 보험중개사가 알거나 알아야 하는 사항도 고지대상이었다. 2015년 보험법에서는 보험계약자가 알아야 하는 사항에 보험중개사와 같은 보험계약자 이외의 자가 보유하는 이용가능한 정보로서 합리적인 조사를 통해 밝힐 수 있는 정보를 포함하되(2015년 보험법 제4조 제6·7항), 피보험자 이외의 자와의 영업관계를 통해 보험중개사 등 대리인이 취득한 내밀한 정보는 알고 있는 것으로 하지 않는 예외로 하고 있다(2015년 보험법 제6조 제3항.[136]

넷째, 중요한 사실에 관하여 판례에 의해 확립된 3가지 예, (1) 위험에 관한 특별하거나 비일상적인 사실, (2) 피보험자로 하여금 보험을 추구하도록 한 특

Civ 773.

132) Law Commission, Report No. 353, 3 July 2014, Insurance Contract Law: Business Disclosure; Warranties; Insurers' Remedies for Fraudulent Claims; and Late Payment(Law Comm: Final Report Disclosure and Warranties-Executive Summary), para 2.11.

133) House of Lords, 15 January 2015 Insurance Bill-Explanatory Notes, paras 45~46.

134) John Dunt, Marine Cargo Insurance, (2nd ed., informa from Routledge, 2016), p. 101.

135) Law Commission, 앞의 각주 132, para 2.20.

136) Law Commission(Executive Summary), 앞의 각주 132, para 2.26.

별한 관심, (3) 당해 유형의 위험의 공정한 제공으로 취급되어야 하는 것으로 일반적으로 이해되는 종목의 보험과 활동영역과 관련한 사항을 규정한다(2015년 보험법 제7조 제4항).[137]

다섯째, 1906년 해상보험법 제18조 제3항에 따르면 보험자가 알고 있거나 알고 있는 것으로 추정되는 사항은 고지의무가 면제되고, 보험자가 통상적인 업무수행과정 중 알아야 하는 일반적인 주지사항이나 지식 또는 사항은 보험자가 알고 있는 것으로 추정된다. 보험자는 대규모 조직이고, 그 정보는 다수의 자에게 분산되어 있으며, 승계되는 시스템상의 과거의 보험금 청구파일에 담긴 정보는 보험자의 결정에 이용되지 않을 수 있는 점을 감안하여 2015년 보험법상 보험자가 알고 있거나 알아야 하거나 아는 것으로 추정되는(동법 제3조 제5항 b호~d호) 3가지를 명확히 하였다.[138] 즉, (1) 인수결정에 참여한 한 명 이상의 개인에게 알려진 사항만 보험자가 알고 있는 것이고(2015년 보험법 제5조 제1항), (2) 보험자는 (a) 보험자의 피용인 또는 대리인에게 알려져 있고 보험자에게 전달되어야 하는 것이 합리적인 것(2015년 보험법 제5조 제2항), (b) 관련정보가 보험자에게 보유되어 있고, 보험자가 용이하기 이용가능한 경우에, 보험자가 알아야 하는 사항이며, (3) (a) 주지의 사항, 그리고 (b) 그리고 당해 종목의 보험을 제공하는 보험자가 합리적으로 보아 당해 활동영역에서 피보험자에게 통상적인 영업과정에서 알고 있는 것으로 기대되는 것은 보험자가 인식하는 것으로 추정된다(2015년 보험법 제5조 제3항).

여섯째, 공정한 제공의무위반의 효과로서 고의 또는 중과실이 아닌 경우 비율적 보상원칙이 채용되었다(2015년 보험법 제8조).[139]

일곱째, 공정한 제공의무는 임의규정, 즉 당사자간의 합의로 변경가능한 규정임을 전제로 하지만 피보험자의 입장을 불리하게 하는 조항(불이익조항)을 두고자 하는 경우에는 투명성요건을 충족하도록 하였다. 먼저, 보험계약이 체결되기 이전에 보험자는 그 조건에 피보험자가 주의하도록 충분한 절차를 취하는 것이 필요하다(2015년 보험법 제17조 제2항). 구체적으로는 보험자가 어느 조항을 변경하는가 그리고 대신 어떠한 계약내용으로 하는가를 보험계약자에 대하여 명확히 할 필요가 있다고 생각된다.[140] 또한 그 조건은 명확하고 그 효과에 관

137) Law Commission(Executive Summary), 앞의 각주 132, para 2.27.
138) Law Commission(Executive Summary), 앞의 각주 132, para 2.31.
139) Law Commission(Executive Summary), 앞의 각주 132, para 2.34.

하여 분명하고 의의가 없을 것이다(2015년 보험법 제17조 제3항).[141] 그리고 두 요건을 충족하는지의 판단은 당해 피보험자의 성격과 거래의 상황을 고려하여 행한다(2015년 보험법 제17조 제4항).

2. 공정한 제공의무의 내용

2015년 보험법 제3조는 "보험계약이 체결되기 이전에, 보험자에게 위험에 대한 공정한 제공을 하여야 한다"라고 규정한다. 공정한 제공의무는 피보험자가 보험자에게 첫째, 중요한 사항을 제공하거나 둘째,[142] 이와 같은 의무를 이행하지 아니하였더라도 중요한 사항을 명확히 하기 위해서는 추가질문이 필요하다고 신중한 보험자가 인식하기에 충분한 정보를 보험자에게 제공할 의무이다. 즉, 공정한 제공의무는 피보험자는 알거나 알아야 하는 모든 중요한 사항을 보험자에게 제공하여야 하고, 그러하지 않더라도 신중한 피보험자가 추가질문을 하는데 충분한 정보를 제공한 경우에는 제공의무를 이행한 것으로 보는 것을 말한다(2015년 보험법 제3조 제4항 b.호). 보험자는 피보험자가 고의 또는 중과실로 공정한 제공의무를 위반하는 경우 또는 고의 또는 중과실이 없어도 위반하지 않았더라면 보험계약을 체결하지 않았을 것임을 보험자가 증명한 경우에는 보험계약을 취소할 수 있다(2015년 보험법 제8조 제1항, 부록 1 제2항. 제4항). 보험자가 다른 조건으로 보험계약을 체결하였을 경우에는 보험계약은 합의되었을 조건으로 변경되고, 추가보험료를 청구하였을 경우에는 비율적 보상이 행해진다(2015년 영국보험법 제8조 제1항, 부록1 제5항, 제6항).

140) 稲田行祐, 英國再保険法の基礎知識一門一答, 保険毎日新聞社, 2015, 174面. 稲田行祐는 the duty of the fair presentation를 공정한 정보제공의무라고 번역하고 있다.

141) Law Commission(Executive Summary), 앞의 각주 132, para 2.24.

142) 이는 과거의 판례내용을 참고한 조문으로 평가된다. 즉 과거의 판례에서는 보험자가 보험계약서에 명시적으로 고지가 불필요하다고 한 경우는 물론, 보험자가 아무런 질문을 하지 아니한 경우 당해 다른 중요한 사항에 대해서는 고지받기를 포기한 것으로 취급되었다. 예컨대 재보험계약사건인 Wise Underwriting Agency Ltd v. Grupo Nacional Provincial SA [2004] Lloyd's Rep. IR 764에서 원수보험자가 재보험자에 대하여 원수보험의 대상물로서 탁상시계라고 기재되었지만 실제로는 로렉스시계를 포함한 손목시계가 보험목적물이었다. 원수보험자는 재보험자가 로렉스시계와 같은 고급품이 포함되어 있을 가능성에 대하여 아무런 질문을 하지 않았기 때문에, 재보험자는 당해 사항에 대하여 고지를 받을 권리를 포기하였다고 주장하였다. 稲田行祐, 전게서, 169面.

공정한 제공의무는 보험계약자의 단독의 의무가 아닌 보험계약자와 보험자의 쌍방적 또는 공동의 의무인 점이 특색이다.[143] 공정한 제공의무의 이행방법으로 중요한 사실의 고지와 보험자가 추가 질문하기에 충분한 사실의 고지라는 2가지가 택일적으로 허용되기 때문에 보험계약자가 인식하거나 인식해야 하는 모든 중요한 사실을 고지해야 하는 전통적인 의무는 불필요한 원칙이 되고 말았다. 즉 공정한 제공의무는 보험계약자가 시작하고 보험계약자가 지지만, 장래의 계약이 합리적이고 공정한 결과가 되도록 양당사자의 협력이 필요하고, 보험자는 마냥 앉아 있기만 해서는 안되고 필요한 정보를 위해서는 추가 질문을 해야 한다.

공정한 제공의무와 관련해서 (1) 고지의 시기, (2) 보험자와 피보험자의 인식, (3) 중요한 사실의 판단기준과 유인의 필요성, (4) 구제수단 등이 문제된다.

3. 고지의 시기

(가) 포괄예정보험

대부분의 적하보험은 포괄예정보험[144]으로 처리되는데, 확정통지가 성격상 행정절차에 불과하고 보험자가 여하한 경우에도 승인할 수밖에 없는 경우를 제외하고는, 개별인 확정통지마다 공정한 통지의무가 인정된다.[145]

(나) 계속담보의 경우

이에 관하여서는 적하가 계속담보되는 경우[146]와 유사한 조항이 적용되는 경우[147] 피보험자가 담보의 확장 또는 변경을 신청할 때 공정한 제공의무가 부활하는지가 문제된다. "피보험이익, 선박, 항해의 기재상의 생략 또는 착오의 경우 추가보험료지급을 조건으로 계속담보된다"라고 규정하는 1963년 1월 1일자 협회전위험담보약관 제4조에 관한 두 개의 판례는 피보험자는 보험자에 대하여 선의의무를 진다고 하였고,[148] 이 원칙은 보험계약이 변경되는 경우 공정한 제

143) John Dunt, op. cit., p. 74.
144) 양승규·한창희, 전게서, 33면.
145) John Dunt, op. cit., p. 75.
146) 협회적하보험약관(1963.1.1.) 제4조. 협회적하보험약관(19821.1.) 제10조
147) 협회적하보험약관(19821.1.) 제9조 협회적하보험약관(2009.1.1.) 제9조, 제10조 제1항.
148) Overseas Commodities Limited v. Style [1958] 1 Lloyd's Rep 546; Liberian Insurance Agency Inc v. Mosse [1977] 2 Lloyd's Rep 560.

공의무는 변경을 신청한 위험에 대한 변경에 적용된다고 규정하는 2015년 보험법 제2조 제2항에서 확인되었다.[149]

또한 공정한 제공의무위반의 효과는 원래의 계약에 미치는가 아니면 계속담보된 확장 또는 변경부분에만 미치는가가 문제된다. Mercandian Continent호 사건[150]에서 롱모어판사는 원래의 위험이 아닌 변경부분에 미친다고 하였다.

4. 피보험자의 인식

2015년 보험법 제3조 제4항 (a)호는 "피보험자가 알고 있거나 알아야 하는 모든 중요한 사항"을 고지하여야 한다고 하고, 제7조 제2항은 "사항은 피보험자에 대해 통지된 사항 또는 피보험자가 수령한 사항을 포함한다고 규정하고 있다.

보험중개사 등을 이용하거나 피보험자가 회사인 경우 보험중개사 등 또는 회사의 임직원 등이 알고 있거나 알아야 하는 사항을 피보험자가 알고 있거나 알아야 하는 사항으로 인정할 것인가가 문제된다.

공정한 제공의무는 고지와 관련하여 두 가지 택일적인 요소를 가진다. 2015년 보험법 제3조 제4항은 보험계약자는 인식하거나 인식해야 하는 모든 중요한 사실을 고지하거나, 또는 그러하지 않더라도 신중한 보험자가 중요한 사항을 밝히고자 추가 질문이 필요하도록 예고하기에 충분한 제공을 하면 된다. 종래에는 1906년 해상보험법 제18조 제1항에 따라 보험계약자는 보험계약자가 인식하고 있는 모든 중요한 사항을 고지하여야 하고, 고지의무의 면제에 관한 동법 제18조 제3항 c호에 따라 보험자가 불고지된 중요한 사항이 존재할지 모른다는 것을 주의하도록 위험의 요약서를 제공하였지만, 보험자가 추가 정보에 관한 질문을 하지 않았으면 보험자는 고지를 포기한 것으로 간주되었다. 이와 같이 재구성된 공정한 제공의무는 제18조 제1항과 포기의 면제에 관한 제18조 제3항 c호의 재구성이다.

"피보험자는 자신의 조직이나 보험중개사, 대리인이 보유하든 피보험자가 이용가능한 정보를 조사하여 합리적으로 밝혀져야 하는 것을 알아야 한다"고 규

149) John Dunt, op. cit., p. 75.
150) [2001] 2 Lloyd's Rep 563.

정하는 2015년 보험법 제4조 제6·7항에 의거 동법 제19조 a항은 폐지되었다.

2015년 보험법 제4조 제6·7항은 보험중개사와 같은 보험계약자의 대리인이 알고 있거나 알아야 하는 사항에 대한 고지의무위반을 이유로 보험자가 보험계약을 취소하거나 비율적 보상을 하고, 피보험자는 보험중개사에 대한 구상만을 할 수 있다는 것이 불합리하다는 법률개정위원회의 비판을 수용한 것이다.[151] 이에 따라 보험중개사 등 대리인만의 착오로 고지되지 아니한 경우 공정한 제공의무위반으로 하는 보험계약은 무효이고, 피보험자가 새로운 원칙에 따라 고지되지 아니한 중요한 정보를 알았어야 하지 아니하는 한 피보험자는 보상받게 된다.[152]

동법 제4조 제6항과 제7항은 보험계약자에게 이용할 수 있는 합리적인 정보조사(조사가 질문 또는 다른 수단에 의해 행해지든)로 합리적으로 밝혀질 수 있는 것을 피보험자는 인식해야 한다라고 규정하고 있다. 보험계약자는 고지할 정보를 서류, 기록보관소, 전자적 조사만이 아니라 다른 사람에게 질문을 하는 등 적극적으로 조사해야 한다. 고지의무가 면제되는 보험자의 인식(제5조 제3항)은 보험계약자보다 협소하다. 그 이유는 고지의무는 보험자가 아니라 보험계약자가 일차적으로 지기 때문이다. 보험계약자가 합리적 조사의무를 진다고 하여 푸아로(Poirot)와 같은 탐정일 필요는 없고, 합리적인 기업인으로 행위하면 족하다.

5. 보험자의 인식

"보험자가 알고 있거나 알고 있는 것으로 추정되는 사항은 고지의무가 면제되고, 보험자가 통상적인 업무수행과정 중 알아야 하는 일반적인 주지사항이나 지식 또는 사항은 보험자가 알고 있는 것으로 추정된다"는 1906년 해상보험법 제18조 제3항 b호에 대해 법률개정위원회는 복잡하고 그 의미가 명확하지 아니하다는 견해를 제시하였다.[153] 2015년 보험법은 보험자의 인식을 보험인수에 관여한 자의 인식을 기준으로 하고 있다. 구체적으로는 (1) 인수결정에 참여한 한 명 이상의 개인에게 알려진 사항만 보험자가 알고 있는 것이고,[154] (2) 보험

151) John Dunt, op. cit., p. 78.
152) John Dunt, op. cit., p. 78.
153) Law Commission(Executive Summary), 앞의 각주 132, para 2.31.
154) 2015년 보험법 제5조 제1항.

자는 (a) 보험자의 피용인 또는 대리인에게 알려져 있고 보험자에게 전달되어야 하는 것이 합리적인 것,[155] (b) 관련정보가 보험자에게 보유되어 있고, 보험자가 용이하기 이용 가능한 경우에, 보험자가 알아야 하는 사항이며, (3) (a) 주지의 사항, 그리고 (b) 그리고 당해 종목의 보험을 제공하는 보험자가 합리적으로 보아 당해 활동영역에서 피보험자에게 통상적인 영업과정에서 알고 있는 것으로 기대되는 것은 보험자가 인식하는 것으로 추정된다.[156] 보험자의 인식에 관한 이 원칙은 보험자는 국제석유무역영업상의 최근의 발전을 알고 있는 것으로 기대된다고 하여 보험자에게 지식과 전문성의 점증하는 고도의 기준을 부과한 Glencore International AG v. Alphina Insurance Company Limited사건[157]의 판시를 입법한 것이다.[158] 새로운 원칙은 보험자가 알아야 하는 것에 관한 1906년 해상보험법 제18조보다 진전된 것이 없다고 주장될 수 있지만, 보험자의 의무를 명확히 하고 지표를 제시하는 이점이 있다.[159]

6. 중요한 사실과 유인

가. 1906년 해상보험법상의 지위

(1) 중요한 사실과 유인

1906년 해상보험법 제18조 제2항은 "신중한 보험자가 보험료를 정하거나 보험의 인수 여부를 결정함에 있어서 그 판단에 영향을 미치는 모든 사실은 중요한 사항이다"라고 규정하고 있었다. 이 조항은 위험을 인수하는 실제보험자를 언급하고 있지 않지만, 판례는 2가지 기준을 적용하고 있었다. 첫째, 보험자는 고지되지 않은 사실이 중요하다는 것, 즉 신중한 보험자의 판단에 영향을 미쳤다는 것을 증명하여야 하고, 둘째, Pan Atlantic Insurance Co Ltd v. Pine Top Insurance Co사건[160]에 따라 실제보험자가 고지의무위반으로 위험을 인수하도록 유인되었음을 증명하여야 한다는 것이 그것이다. 둘째 기준에 관해서는 보험자는 적어도 고지의무위반이 없었더라면 보험계약을 체결하지 않았을

155) 2015년 보험법 제5조 제2항.
156) 2015년 보험법 제5조 제3항.
157) [2004] 1 Lloyd' Rep 111.
158) John Dunt, op. cit., p. 79.
159) John Dunt, op. cit., p. 79.
160) [1995] 1 AC 501.

것임을 증명하여야 하지만,[161] 그것이 보험계약을 체결한 유일한 효과적인 원인임을 증명할 필요는 없다.[162] 실무상 중요한 사실의 증명은 용이하기 때문에 중요한 사실의 기준이 유인이라는 다른 요건에 의하여 완화된 것이다.[163]

(2) 고지의무의 면제

1906년 해상보험법 제18조 제3항은 질문이 없으면 고지의무가 면제되는 사항을 열거하고 있다. 위험을 감소시키는 모든 사항(제18조 제3항 a호), 보험자가 알거나 알고 있는 것으로 추정되는 모든 사항(제18조 제3항 b호), 보험자가 통지를 받을 권리를 포기한 모든 사실(제18조 제3항 c호), 명시 또는 묵시의 워런티가 있기 때문에 고지할 필요가 없는 모든 사실(제18조 제3항 d호)이 그것이다.

나. 2015년 법상의 중요한 사항과 유인

(1) 중요한 사항과 유인

중요한 사항에 대해서는 변경이 없다. 2015년 보험법 제7조 제3항은 1906년 해상보험법 제18조 제2항과 제20조 제2항과 같다.[164] 새로 도입된 2015년 보험법 제3조 제3항 b호는 신중한 보험자에게 '합리적으로 명백하고 접근가능한 방법으로' 고지하도록 하고 있다. 이 요건은 내용이 아니라 제공의 형식에 관한 것이고, 다량의 정돈되지 않은 정보나 지나치게 간단·모호하게 보험자에게 제공되는 것을 방지하기 위한 것이고, 1906년 해상보험법상은 '합리적으로 명백하고 접근 가능한 방법으로' 고지되지 않아도 고지의무위반이 아니었지만, 새 원칙은 명백하고 접근 가능할 필요가 있다는 지표로서의 이점이 있다. 다만 2015년 보험법 제7조 제1항은 "공정한 제공은 하나의 서류 또는 구두제공일 필요가 없다"라고 규정하고 있는 점에 비추어 해상적하보험실무에 큰 영향이

---

161) Assicurazioni Generali SpA v. Ad Insurance Group (BSC) [2003] Lloyd's Rep IR 131.

162) 양승규·한창희, 전게서, 145면.

163) John Dunt, op. cit., p. 80.

164) 2015년 보험법 제7조 제3항에 "보험료를 정하는데 또는 위험을 인수할지여부를 경정함에 있어서 신중한 보험자의 판단"이라는 문언 대신 "위험을 인수할지 또는 다른 조건으로 인수할지 여부를 판단하는 신중한 보험자의 결정"이라고 규정되었지만, 이는 공정한 제공의무위반의 경우 새로 도입된 비율적 구제수단 때문이고, 중요한 사실에 대해 실질적인 변경은 없다; John Dunt, op. cit., p. 81.

없을 것이라는 견해가 유력하다.[165)]

2015년 보험법에서는 중요한 사실에 대한 3가지 예를 들고 있다(2015년 보험법 제7조 제4항). 3가지 중 시장에서 공정한 제공의무로 처리되어야 한다고 일반적으로 이해되고 있는 것이라고 하는 3번째 기준이 가장 중요하다. 보험자, 보험계약자, 보험중개사 등이 이 골격에 살을 붙여 기준을 개발할 것이 기대된다.[166)]

2015년 보험법은 공정한 제공의무위반에 대한 구제수단으로 유인을 요건으로 하였다. 보험자는 (a) 위반이 없었으면 보험계약을 체결하지 않았거나 (b) 다른 조건으로 체결하였을 것을 증명한 경우에 한하여 공정한 제공의무에 대해 구제수단을 가진다(2015년 보험법 제8조 제1항).게 보험금 지급을 거부할 수 있다. 이는 Pan Atlantic Insurance Co Ltd v. Pine Top Insurance Co사건[167)]에 따라 발전된 유인에 관한 판례법을 입법한 것이다.

(2) 고지의 면제

1906년 해상보험법 제18조 제3항에는 보험자가 질문하지 않으면 고지의무가 면제되는 사항을 규정하고 있었는데, 2015년 보험법 제5조는 이를 유지하고 있다.

위험을 감소시키는 사항(2015년 보험법 제3조 제5항 a호)은 공정한 제공의무가 면제되는데, 요트가 안전한 장소에 정박되어 있어 위험에 선박이 처해지지 않은 것이고,[168)] 보험자가 알고 있는 사항(2015년 보험법 제3조 제5항 b호)도 그러하다. 면제사유로 알고 있는 것으로 추정되는 사항, 보험자가 포기한 사항, 명시·묵시의 워런티이어서 고지가 필요 없는 사항을 검토한다.

(가) 알고 있는 것으로 추정되는 사항

알고 있는 것으로 추정되는 사항[169)]은 두 가지 유형으로 분류될 수 있다. 첫째는 당해 영업종목의 보험자로서 알아야 하는 것, 둘째, 신문이나 인터넷자료와

165) John Dunt, op. cit., p. 81.
166) Law Commission(Executive Summary), 앞의 각주 132, para 2.28.
167) [1995] 1 AC 501.
168) John Dunt, op. cit., p. 81.
169) 2015년 보험법 제3조 제5항 c호, 제5조 제3항.

같은 public domain상의 사항의 인식이 그것이다. 두 유형은 특정한 영업종목의 보험자가 신문이나 인터넷자료로부터 인식한 것으로 추정되는 점에서 중복될 수 있다.[170] 영업종목의 보험자의 인식에 관련한 Glencore International AG v. Alphina Insurance Company Limited사건[171]에서 Glencore는 전세계에 걸쳐 영업하는 유수한 원유상품거래회사이었고, Glencore는 Fujairah소재 정유와 석유저장회사인 MTI와 약정을 맺고 원유 등을 공급하고, Alpina보험사에 원유제품의 적하에 대하여 포괄예정보험에 가입하였다. 1998년 MTI가 파산하였고, 저장시설에 보유중인 석유가 정량보다 크게 적음이 밝혀졌다. Glencore는 MTI가 횡령한 적하에 대해 미화 350만달러의 보험금 지급을 청구하였고, Alphina는 Glencore와 MTI의 비일상적인 관계상의 특징의 고지의무위반을 주장하였고, 포괄예정보험상 피보험자가 하나 이상의 위험한 영업행위에 관한 계획을 고지하여야 하는가 아니면 보험자가 염두에 두어야 하는 가능성의 범위내의 계획이라면 보험자가 아는 것으로 추정되어 고지의무가 면제되는가 여부가 쟁점이었다. 무어빅판사는 "보험자가 적하에 대해 포괄예정보험의 인수시 영위하는 그 유형의 영업과정중 발생할 수 있는 모든 범위의 사항을 알아야 한다. 이는 피보험자가 고지의무를 지지 않는다는 의미는 아니지만, 신중한 보험자가 아는 것으로 추정되는 사항의 범위는 매우 광범위하고, 피보험자의 고지의무는 이에 상응해서 제한된다"고 판시하고, 나아가 "성공적인 상품무역업자는 발생하는 시장기회를 이용하여야 하고, 영업수행방법상 창의적이어야 할 준비가 되어 있어야 한다. 무역업자가 포괄예정보험의 가입을 청약하면 보험자는 그것을 알고 있어야 한다"고 하여 보험자패소판결을 내렸다. 이 판시가 2015년 보험법상 "당해 영업분야에서 피보험자에게 당해 종목의 보험을 제공하는 보험자가 통상의 영업과정에서 알고 있는 것으로 기대되는 것이 합리적인 경우"라는 문언으로 규정되었다.

용이하게 이용할 수 있는 인터넷정보의 추정적 인식의 문제는 홍콩사건인 Hua Tyan Developments Ltd v. Zurich Insurance Co Ltd(The Hofeng 7)에서 다투어졌다. 원목의 적하가 부보되었는데, Hofeng 7호는 보험증권상 중량이 1만톤으로 기재되어 있었지만 실제로는 8960.13톤이었고, 인터넷으로 쉽게 확인 가능하였다. 홍콩1심 법원의 충(Chung)판사는 해상보험 거래에서 선

170) John Dunt, op. cit., pp. 97~98.
171) [2004] 1 Lloyd's Rep 111.

박의 명세는 용이하고 쉽게 접근가능하기 때문에 고지의무 위반이 아니라고 하였고, 이 점은 대법원에서도 유지되었다.

영국에서 공간된 자료에 대한 추정적 인식의 쟁점은 Morrison v. Universal Marine Insurance Co사건[172]에서 배론 브람웰판사는 보험자는 Lloyd's List에 포함된 사항에 대해 피보험자의 고지의무를 면제하는 것은 보험자에게 어렵고 불필요한 부담을 지우는 것이라고 하였고, 전자자료에 관한 Sea Glory Maritime Co v. Al Sagr National Insurance Co(The M/V Nancy)[173]에서 약간 수정되어 유지되었다. Nancy호는 화재안전설비에 관한 결여로 인해 항만통제국에 4번 억류되어 되었는데 이것이 고지되지 않았다. 이 사실은 웹사이트에 가입하면 쉽게 확인 가능하였지만 보험자는 가입하지 않은 상태이었다. 블레어판사는 전자적 데이터베이스는 신문과 같은 하드 카피상의 정보와 같이 취급될 수 없는데, 온라인상의 정보는 필요할 때 불러내야 하기 때문이다라고 하였다. 적하보험 실무상 적하를 운송하는 선박에 관한 자료와 같은 인터넷상의 정보는 보험자가 불러내야 하는 것은 일반적인 실무라고 할 수 없고 사실관계에 따라 결정된다고 하는 견해가 유력하다.[174]

(나) 보험자가 포기한 사항

2015년 보험법에서도 보험자가 질문하지 않으면 정보를 포기한 사항에 대해 고지의무를 면제한다(2015년 보험법 제3조 제5항 e호). 보험자가 제한적인 정보를 요구하거나 보험중개사에게 위험 또는 위험의 특정한 측면에 관하여 추가 질문이 없다고 하는 경우를 예로 들 수 있는데 이는 실무상 크게 문제되지 않는다.[175] 실무상 일반적으로 문제되는 경우는 보험자가 제공된 정보에 기하여 추가질문을 해야 하는데 질문을 하지 않고도 보험자가 후일 보험계약을 취소하고자 하는 경우 피보험자가 고지면제를 주장하는 때이다. 2015년 보험법 제3조 제4항 b호는 고지되지 않은 경우 중요한 사실을 밝힐 목적으로 신중한 보험자의 추가질문을 필요로 하는 충분한 정보를 제공하는 경우에도 공정한 제공의무를

172) (1872-73) L. R. Ex 40.
173) [2013] EWHC 2116 (Comm); [2014] 1 Lloyd's Rep 14; 정해석·정영석, 영국 해상보험법상 고지의무와 워런티 위반에 관한 최근 판례 동향-SEA GLORY 사건의 보험금을 중심으로, 법학논총 제32권 제1호(2015), 한양대학교 법학연구소, 128~146면.
174) John Dunt, op. cit., p. 101.
175) John Dunt, op. cit., p. 101.

이행한 것으로 보는 것으로 하는 만일에 비한 고지원칙(fall-back disclosure)을 설정하여 이 어려움을 해결하였다.[176] WISE(Underwriting Agency) Ltd v. Grupo National Provincial SA사건[177]에서 고지의무위반이었다고 판시되었지만 2015년 보험법이 시행된 이후에는 피보험자가 충분한 정보를 제공하지 않았어도 신중한 보험자가 인수결정하기 전에 추가정보요청이 필요한 것으로 인식하기 충분한 정보를 보험자게 제공하면 공정한 제공의무위반이 아니다.[178]

(다) 명시·묵시의 워런티이어서 고지가 필요 없는 사항

2015년 보험법에서는 명시·묵시의 워런티이어서 고지가 필요 없는 사항은 면제사유에서 제외하고 있으므로 명시·묵시의 워런티를 충족하면 공정한 제공의무위반은 아니다. 2015년 보험법상 (1) 워런티 위반과 손해 사이에 인과관계를 요구하여 인과관계불문의 원칙을 폐기하고, (2) 워런티 위반의 치유를 허용하여 치유된 후에 발생한 손해에 대해서는 보험자가 손해배상책임을 지는 것으로 워런티제도가 변경되었기 때문이다.[179]

이에 따라 워런티검정인이 위험의 중요한 측면을 제대로 검사하지 못한 경우 보험자는 워런티 위반이나 공정한 제공의무위반을 주장할 수 없고, 보험금을 지급해야 한다.[180]

(3) 보험자에 대한 추가질문 경고

만일에 대비한 고지원칙(fall-back disclosure rule)을 규정하는 2015년 보험법 제3조 제4항 b호이 고지의무제도개정의 핵심이다.[181] 만일에 대비한 고지

176) John Dunt, op. cit.,, p. 101.

177) [2004] 2 Lloyd's Rep 483. 이 사건에서 멕시코 칸쿤 소재 사치품의 소매상이 피보험자이었고, 적하는 탁상시계(clocks)로 기재되었지만 손목시계(watctes)의 단순 오역이었다. 피보험자의 창고밖에서 컨테이너가 도난당하였고 손해액은 미화 817,797달러이고 이중 700,390달러는 롤렉스시계의 가액이었다. 항소법원은 다수의견으로 손목시계에 의심을 가질 근거는 없다고 하여 보험자승소판결을 하였다. 이에 대하여 릭스(Bernard Rix)판사는 소수의견으로 신중한 보험자라면 탁상시계에 주의하였어야 하고, 손목시계에 대하여 부보하지 않으려 했으면 회중시계에 손목시계가 포함되어 있는가를 질문했어야 하며, 칸쿤의 면세점에서는 회중시계는 판매되지 않을 것이기 때문에 신중한 보험자라면 회중시계에 주의했어야 하며 질문을 하지 않은 것은 고지받기를 포기한 것이라고 주장하였다. 제3조 제4항 b호는 릭스판사의 판시를 채택한 것이다.

178) John Dunt, op. cit., p. 102.

179) John Dunt, op. cit., p. 102.

180) John Dunt, op. cit., p. 102.

원칙은 피보험자가 중요한 사실을 고지하지 않아도 신중한 보험자가 인수를 결정하기 전에 추가정보요청을 필요한 것으로 인식하기에 충분한 정보를 보험자에게 제공한 경우에 작동된다. 모든 중요한 사실의 고지가 필요하거나 가능하지 않다는 것을 인정하는 판례의 입장을 반영한 것이다.[182] 예컨대 생산물책임보험에 가입하고자 하는 밸브제조업자가 밸브제조회사라고만 기재하고 그 밸브가 석유화학기업에서 사용되는 것을 기재하지 않았다면, 밸브의 하자로 커다란 손해가 발생하여 고액의 보험금청구가 있는 경우 보험계약자의 성격과 그 고객을 기재하지 않았기 때문에 공정한 제공의무를 이행한 것으로 인정되기 어렵다. 그러나 특수한 밸브제조업자라고 기재하였으면 신중한 보험자라면 특수한 밸브의 의미를 질문하도록 하였을 것이고, 주요한 석유화학기업을 모두 기재하였다면 신중한 보험자는 밸브가 작동하지 않으면 발생할 위험에 대해 추가질문의 필요성을 인식할 것이기 때문에 공정한 제공의무의 기준을 충족한다.

7. 공정한 제공의무 위반의 효과

1906년 해상보험법상 고지의무위반의 경우 보험자는 보험계약을 취소할 수 있었는데(동법 제17조, 제20조), 이는 보험계약자의 과실의 경우에도 적용되므로 지나치게 가혹하다는 비판이 있었다. 손해배상청구권도 인정되지 않았다.[183] 2015년 보험법에서는 소비자보험과 같이 공정한 제공의무를 위반하는 경우 비율적 보상원칙이 채용되었다.

(1) 보험계약자가 고의 또는 중과실로 의무를 위반한 경우, 보험자는 보험계약을 취소하여 모든 보험금청구를 거부할 수 있고, 이미 수령한 보험료를 반환할 필요가 없다(동법 제8조 제2항, 부록1 제2항). 또한 보험계약자의 고의 또는 중과실에 대해서는 보험자가 증명책임을 진다(동법 제8조 제6항).

(2) 보험계약자의 고의 또는 중과실이 인정되지 않는 경우에는, 보험계약자의 의무위반이 없었을 경우, 보험자가 내렸을 판단에 따라 구제수단이 다르다. 구체적으로는 보험계약자에게 공정한 제공의무위반이 없었더라면, 보험자가 보험

181) Law Commission, Final Report No. 353, Insurance Contract Law: Business Disclosure; Warranties; Insurers' Remedies for Fraudulent Claims; and Late Payment, para 7.34.

182) Law Commission(Final Report No. 353), 앞의 각주 132, para 7.34.

183) John Dunt, op. cit., p. 86.

계약을 체결하지 않았을 경우에는, 보험계약을 취소하고, 모든 보험금지급을 거부할 수 있지만, 수령한 보험료를 반환해야 한다(부록1 제4항). 다음으로 보험자에게 공정한 제공의무위반이 없었더라면, 보험자가 다른 조건으로 보험계약을 체결하였을 경우에는, 보험자는 당해 보험계약이 당해 다른 조건을 포함한 것으로 할 수 있다(부록1 제5항). 또한 그 다른 조건이 추가보험료를 부과하는 경우에는 보험자는 고지의무가 이행되었더라면 받았을 보험료에 대한 실제보험료의 비율로 보험금을 감액해서 지급한다(부록1 제6항).

8. 공정한 제공의무의 임의규정성-투명성요건

가. 내용

2015년 보험법의 규정은 임의규정이다. 따라서 당사자간의 합의로 변경가능한 규정임을 전제로 하지만, 피보험자의 입장을 불리하게 하는 조항(불이익조항)을 두는 경우에는 투명성요건을 충족할 것을 요구한다. 공정한 정보제공원칙보다 피보험자에게 불리한 해상보험계약상의 조건은 제17조상의 투명성요건이 충족되지 아니하는 한 무효이다.[184]

즉 해상보험계약상의 조건이 2015년 보험법상 공정한 제공의무보다 보험계약자에게 유리하면 유효하지만, 불리하면 (1) 보험계약이 체결되기 이전에 보험자는 그 조건에 피보험자가 주의하도록 충분한 절차를 취할 것, (2) 그 조건은 명확하고 그 효과에 관하여 분명할 것의 2가지 투명성요건을 충족하는 경우에 한하여 유효이다(2015년 보험법 제17조 제2·3항).

2가지의 투명성요건의 충족여부를 결정함에 있어서는 당해 유형의 피보험자의 특성, 거래의 상황을 고려하여야 한다(2015년 보험법 제17조 제4항). 투명성 요건 중 첫 번째 요건은 피보험자 또는 그 대리인이 보험계약이 체결될 때 또는 변경될 때 불리한 조건을 실제로 알고 있었으면 보험자가 이를 충족하지 못하였다고 주장할 수 없다(2015년 보험법 제19조 제5항).

나. 평가

국제보험시장이 새로운 공정한 제공의무위반에 대한 배제를 허용하는 기회에

184) 2015년 보험법 제17조 제1항

어떻게 반응할지는 명확하지는 아니하다. 그러나 배제를 위해서는 투명성을 확보할 부담을 보험자가 지고, 이는 보험자로서는 상당히 불편하고 피보험자가 주의하도록 하는데 보험자에게 비용이 들 가능성이 있다. 그러나 새로운 공정한 제공제도는 1906년 해상보험법보다 보험계약자에게 훨씬 나은 표지를 제공하고 피보험자에게 더욱 명확하여, 전체적으로 보험자에게 이익이 될 것으로 기대되고 있다.[185]

Ⅳ 맺음말

영국보험법상 고지의무제도는 1766년 Carter v. Boehm사건[186]에서 맨스필드경에 의하여 확립되어 살머스경이 주도한 1906년 영국해상보법 제정시 동법 제17조에서 제20조에 규정되었고, 고지의무에 관하여 2012년 소비자보험(고지의무)법과 2015년 보험법이 제정되기 이전에는 판례법주의국가인 영국에서는 1906년 해상보험법이 보험법에 관한 유일한 성문법이었기 때문에 이 규정이 해상보험만이 아니라 일반보험에서도 중요한 법원(法源)으로 기능하여 왔다. 그러나 영국 의 1906년 해상보험법상의 고지의무제도는 주관적 요건으로 고의·중과실을 요건으로 하는 우리와 달리 과실로 인한 경우에도 고지의무위반이고, 고지의무위반의 효과로서 손해배상이 허용되지 않는 등 지나치게 보험계약자에게 불리한 원칙이라고 하여 판례, 보험업계의 자율규제, 영국 법률개정위원회 등에 의해 개정논의가 있어왔고, 드디어 2012년과 2015년에 걸쳐 소비자보험과 비소비자보험으로 나누어 입법되었으며, 비소비자보험에 관한 2015년 보험법은 2016년 8월 12일부터 시행되고 있다. 영국의 새로운 고지의무제도는 최근의 선진국의 고지의무개정과 궤를 같이하는데, 프랑스에서는 1989년 12월 31일 보험법이 개정되어 질문에 대한 답변의무(보험법 제112-3조), 고의의 고지의무위반이 아닌 경우 비율적 보상원칙(보험법 제113-8조 제11-3-99조)이 채용되었고,[187] 독일에서는 2009년 보험계약법개정으로 답변의무(보험계약법 제

185) John Dunt, op. cit., p. 90.
186) (1766) 3 Burr 1905.
187) Yvonne Lambert-Faivre et Laurent Leveneur, Droit des assurances, 12 ed. (Dalloz, 2005), no 314, 353.

19조)와 비율적 보상원칙(보험계약법 제26조)이 입법되었으며, 일본에서는 2008년 보험법이 제정되어 질문에 대한 답변의무(보험법 제4조, 제37조, 제66조)로 전환되었으며, 2009년 개정 중국보험법[188]에서도 동일하다(보험법 제16조).

2012년 소비자보험(고지의무)법은 소비자보험에 대하여 자발적 고지의무를 폐지하고 질문에 대한 답변의무로 하고, 고지의무위반의 효과로서 비율적 보상원칙을 채용하는 등 획기적인 내용을 담고 있다. 먼저 동법은 소비자보험에 대하여 "개인의 거래, 영업 또는 직업과 전적으로 또는 주로 무관한 목적아래 계약을 체결하는 소비자와 보험회사 사이에 체결되는 계약(동법 제1조)"이라고 하는데 일본 보험법이 비소비자보험을 "법인 기타 단체 또는 사업을 행하는 개인의 사업활동에 수반하여 생기는 손해를 보상하는 손해보험계약(보험법 제36조)이라고 하는 점에 비추어 우리 보험업법상의 일반보험계약자,[189] 금융소비자보호기본법안의 금융소비자,[190] 상법 제662조의 단서에서 기업보험을 의미하는 "해상보험, 재보험 기타 이와 유사한 보험"[191]과 관련하여 유용한 해석기준이라고 판단된다. 다음으로 동법상의 질문에 대한 답변의무에 대해서는 우리상법 제651조에 영국을 비롯한 선진 보험국가가 대부분 채용한 점에 비추어 이를 도입할 필요가 있다고 판단된다.

2015년 보험법상의 고지의무에 관한 개정과 관련해서는 그간 걸작이라고 칭송되었던 1906년 해상보험법에 대해 제정시 찰머스경이 참조한 2.000여개의 판례에 대해서도 정확한 입법화라고 할 수 없다고 하고, 앞으로 1906년 해상보험법에서의 이탈이 가속화될 것[192]이라고 하는 비판에서 보다시피 그 파장에

188) Johanna Hjalmarsson and Dingjing Hwang(edited), Insurance law in China, (informa law Routledge, 2015), p. 103.

189) 보험업법상 전문보험계약자는 보험계약에 관한 전문성, 자산규모 등에 비추어 보험계약의 내용을 이해하고 이행할 능력이 있는 자로서 다음 각 목의 어느 하나에 해당하는 자(동법 제2조 19호), 일반보험계약자는 전문보험계약자가 아닌 보험계약자(동법 제2조 20호)이다.

190) 2016년 6월 28일 입법예고된 금융소비자보기본법상 전문금융소비자란 금융상품에 관한 전문성, 소유자산규모 등에 비추어 금융상품 계약에 따른 위험감수능력이 있는 금융소비자로서 다음 각 목의 어느 하나에 해당하는 자를 말한다(동법 제2조 7호)라고 하고, 금융소비자란 금융상품계약체결등에 관한 금융상품판매업자 또는 금융상품자문에 관한 금융상품자문업자의 거래상대방을 말한다(동법 제2조 6호).

191) 대법원 1996. 12. 20. 선고 96다23818 판결은 해상보험에 해당하는 어선공제계약에 대해 "형 어선을 소유하며 연안어업 또는 근해어업에 종사하는 다수의 영세어민들을 주된 가입대상자로 하고 있어 공제가입자들의 경제력이 미약하여 공제계약 체결에 있어서 공제가입자들의 이익보호를 위한 법적 배려가 여전히 요구된다"는 이유로 소비자보험으로 취급하였다.

주의를 기울일 필요가 있다고 생각된다. 동법에서는 첫째, 1906년 해상보험법상의 고지의무를 공정한 제공의무로 변경하고, 둘째. 만일에 대비한 고지원칙(fall-back disclosure rule)이라 하여 중요한 사실을 고지하지 않아도 신중한 보험자가 추가질문이 필요하다고 인식하기에 충분한 정보를 제공하면 되도록 하여, 보험계약이 합리적이고 공정한 결과가 되도록 양당사자의 협력이 필요한 공동의무 또는 쌍방적 의무가 되었으며, 셋째, "피보험자는 자신의 조직이나 보험중개사, 대리인이 보유하든 피보험자가 이용가능한 정보를 조사하여 합리적으로 밝혀져야 하는 것을 알아야 한다"고 규정하는 2015년 보험법 제4조 제6·7항에 의거 1906년 해상보험법 제19조 a항은 폐지되었으며, 보험계약자는 고지할 정보를 서류, 기록보관소, 전자적 조사만이 아니라 다른 사람에게 질문을 하는 등 적극적으로 조사해야 하고, 고지의무가 면제되는 보험자의 추정적 인식(제5조 제3항)은 보험계약자보다 협소하다. 넷째, 판례상의 유인의 원칙이 입법되었고, 다섯째, 고지의무가 면제되는 사항 중 보험자가 알고 있는 것으로 추정되는 사항에 대하여 인터넷자료 등 퍼브릭 도메인상의 정보에 관한 해석기준으로 "당해 활동영역에서 피보험자에게 당해 유형의 보험을 제공하는 보험자가 통상적인 영업과정에서 아는 것으로 기대되는 것은 보험자가 아는 것으로 추정된다(2015년 보험법 제5조 제3항)고 되었고, 다섯째, 공정한 제공의무위반의 효과로서 비소비자보험과 같이 비율적 보상원칙이 채용되었고, 여섯째, 공정한 제공의무를 임의적 규정으로 하여 투명성요건을 충족하면 그 내용이나 효과를 수정할 수 있도록 하였다.

2015년 보험법상의 공정한 제공의무에 관해서는 해상보험분야에서 영국의 법률과 실무는 우리나라의 법원(法源)인 특수한 영역이므로 개정내용을 면밀히 살필 필요가 있다. 특히 1906년 해상보험법 제19조 a항과 같은 취지의 내용을 규정하고 있는 상법 제646조는 보험계약자에게 지나치게 불리한 점에서 2015년 보험법 제4조 제6·7항을 참조하여 "대리인에 의하여 보험계약을 체결한 경우에 대리인이 안 사유는 보험계약자가 조사하여 밝혀져야 하는 것이 상당한 경우에 한하여 본인이 안 것과 동일한 것으로 한다"고 개정할 필요가 있다.

192) Robert Merkin and Sarah Derrington, op. cit., para 1.129, p. 40.

제5장 영국에서 보험자의 신의성실의무

I 서언

근래 자살재해보험금과 관련하여 대법원은 표시상의 오류를 주장한 보험자의 주장을 기각하고 보험금을 지급할 것을 명하였지만, 소멸시효가 완성한 경우에는 보험금 지급의무가 없다고 하였고, 금융감독원의 보험업법에 근거한 제재를 둘러싸고 보험자가 보험금을 지급하기로 결정하는 과정에서 부지급결정이 번복되면서 보험자의 신의성실의무의 인정필요성이 부각되었다. 또한 보험은 자력으로 감당할 수 없는 위험을 짊어지기 위해 존재하므로 이 위험을 적시에 적절한 과정으로 완화할 필요가 있다. 이에 상거래에서는 현금과 거래를 계속할 능력이 중요하다. 예기하지 못한 사고로 인해 금전적 손해가 발생하고 영업을 중단하게 되면 그 손해의 전보가 지연되면 기업가는 커다란 손해를 입고 보험계약자는 파산할 수 있다.[193] 영국에서는 "해상보험계약은 최대선의에 기초한 계약이고, 만일 일방당사자가 최대선의를 준수하지 않았을 경우 상대방은 그 계약을 취소할 수 있다"는 영국해상보험제17조의 규정이 "해상보험계약은 최대선의에 기초한 계약이다"라고 개정되었고, 2016년 기업법상 "보험자가 보험계약상 보험금을 청구한 경우에는 보험자는 상당한 기간안에 보험금을 지급해야 한다는 것은 모든 보험계약의 묵시적 조건이다"는 제13A조, 소비자보험의 경우에는 불이익변경이 금지되지만, 기업보험의 경우에는 임의규정으로 규정하는 제16A조의 규정이 신설되었다.

193) Andrew Tettenborn, Late payment of claims: better, but by no means perfect, in Malcolm Clarke and Bariş Soyer(edited), The Insurance Act 2015-A new regime for commercial and marine insurance law, (informa from Routledge, 2016), para 6.1.

Ⅱ 영국의 2015년 보험법상의 신의성실의무

1. 서언

보험법상의 신의성실의무는 쌍방적 의무이고,[194] 보험계약자가 보험자에 대하여 지는 신의성실의무와 같이 보험자는 보험계약자와의 거래에서 성의성실의무를 진다는 것은 오래전에 확립된 것으로 이는 영국해상보험법 제17조에 기원하는 것으로 전통적으로 인정되고 있다.

영국해상보험법 제17조는 위반의 효과로서 보험계약의 취소만을 규정하고 있었기 때문에 많은 어려움이 초래되었다. 보험계약체결 이전에 보험자의 신의성실의무위반이면 특히 신의성실의무위반은 부보재산에 손해가 발생한 이후에 문제가 되기 때문에, 보험계약자가 보험계약을 취소하는 것은 대부분의 경우 실효성이 거의 없었다. 그리고 보험계약체결 이후 신의성실의무가 존재하는가에 대해서는 다툼이 있었다. 취소의 효과는 가혹하다고 자주 간주되었고, 법원은 보험계약체결이후의 신의성실의무의 범위를 제한하기 위해 창의적인 해석기법을 적용하기도 하였으며,[195] Manifest Shipping Company Ltd v. Uni-Polars Shipping Company Ltd and Others, The Star Sea사건[196]에서 사기적인

194) Carter v. Boehm [1766] 3 Burr 1905사건에서 맨스필드판사는 "보험자가 선박의 항해를 부보한 경우 보험자가 선박의 도착을 사적으로 인지하였고, 보험료를 반환하지 않기 위해 거짓행위가 있는 경우와 같이, 보험자가 묵비한 경우에는 보험계약은 보험자에 대하여 동일하게 무효이다"라고 유명한 판시를 하였다.

195) Bariş Soyer, The insurer's duty of good faith: is the path now clear for the introduction of new remedies, in Malcolm Clarke and Bariş Soyer(edited), The Insurance Act 2015-A new regime for commercial and marine insurance law, (informa from Routledge, 2016), para 3.1.

196) [2001] 2 W.L.R. 170, 186에서 Star Sea호는 선장인 Kollakis와 두 아들 소유로 동인은 Centaurus호와 Kastora호도 소유하고 있었던바, 이 3척의 선박은 이들이 이사인 Kappa Ltd에 의하여 관리되고 있었다. Centaurus호와 Kastora호는 화재에 의하여 멸실되었는데 Kastora호를 조사한 전문가의 보고서는 Kastora호의 제동기(dampers)가 작동하지 않아 엔진룸이 정상적으로 밀폐되지 않아 화재방지시스템이 작동되지 않음으로 인하여 화재가 확대되었다고 되어 있었다. 그 후 Star Sea호는 화재로 인하여 추정전손이 되었지만 제동기에 하자가 있음이 발견되었다. Kastora호의 보고서는 보험자에게 제출되지 않았지만 재판 때까지 Kollakis 아들 형제들도 확인하지는 못하고 있었다. 피보험자의 보험금 청구에 대하여 보험자는 위의 보고서를 알리지 않은 것은 사기로서 최대선의의무위반이라고 주장하였다. 법원은 피보험자가 선의이고 최대선의의무를 위반한 것은 아니라고 하여 피보험자의 보험금 청구를 인용하였다. 쟁점의 하나는 보고서를 본 전문적 지식을 가진 이사(Nicholadis씨)가 사기적으로 보험금을 청구하는 피보험자로

신의성실의무위반의 경우에만 취소할 수 있다고 판결되었다. K/S Merc-Skandia XXXⅡ v. Certain Lloyd's Underwriters(The Mercandian Continent)사건[197]에서 선의의 상대방이 타방당사자의 위반행위가 계약법상의 의무위반에 해당하는 경우에만 취소의 효과가 발생한다고 판시하였다. 이는 통상 보험계약 체결후 신의성실의무를 준수할 필요성은 계약상의 채무와 관련된 것으로 전제하고, 계약상 사기의 경우에 취소권이 인정되는 경우와 동일하게 취급하는 것이다. 이에 따라 취소의 가혹함을 개선하기 위한 판례가 계약체결후 보험자의 신의성실의무의 범위를 중대하게 제약하는 결과가 되었다.

2015년 보험법의 개정으로 "해상보험계약은 최대선의에 기초한 계약이다"라고 되었고, 2015년 보험법 이전의 보험자의 신의성실의무에 관한 판례와 일반법원칙을 검토하고, 영국에서 보험자의 신의성실의무의 장래의 발전에 대한 평가현황을 살펴볼 필요가 있다.

2. 보험계약 체결 이전의 보험자의 신의성실의무

가. 문제의 소재

2015년 보험법개정이전에도 영국에서는 보험계약자가 보험계약을 체결하도록 유인되었을 때 보험계약의 체결단계에서 보험자측의 중요한 부실표시를 수용하는 지위에 있다. 예컨대 Derry v. Peek사건[198]에서와 같이 보험자가 보험계약자와 보험계약의 체결을 유인하기 위해 사기적인 부실표시를 한 경우에는 사기로 인한 불법행위의 요건을 충족한다.[199] 보험자의 사기적 부실표시로 인해 보험계약을 체결한 보험계약자가 후일 효용성이 없는 보험계약임을 발견한 경우 보험계약자는 다른 보험계약을 체결한 이익을 상실했다는 전제아래 보험목적에 손해가 발생한 경우에 수리비용 또는 복구비용을 청구할 권리를 가진다.[200] 법규상으로도 2016년 부실표시법상 과실로 인한 부실표시의 경우에도 보험계약자는 손해배상을 받을 수 있고, 손해배상액은 사기로 인한 불법행위로

행위하였는가 여부이었는데, 그는 피보험자가 아니라고 판시하였다.

197) [2001] EWCA Civ 1275; [2001] 2 Lloyd's Rep 563.

198) [1889] 14 App Cas 337.

199) Bariş Soyer, op. cit., para 3.2.

200) Dadourian Group International v. Simms [2006] EWHC 2973 (Ch); [2006] ALL ER 351.

인한 경우와 같으며,[201] 손해배상액은 보험계약자의 관점에서 보험계약자에게 유리하게 산정된다. 따라서 2015년 보험법의 개정으로 보험자가 고의 또는 과실로 보장의 성격에 관하여 부실표시를 한 경우에 현행법에 대한 변경은 없는 것으로 해석되고 있다.[202]

다만 예컨대 보험자가 보험계약상 보험계약자에 관한 정보를 보유하거나 보험계약자에게 효용이 없는 보험상품을 인지하면서도 다양한 이유로 판매하는 경우, 보험자가 묵비를 선택함에 의하여 보험계약체결 이전에 신의성실의무위반인가 나아가 보험계약자는 어떠한 구제수단을 가지는가가 문제된다. 이에 관하여 논의의 계기가 된 Bank Financière de la cité v. West Gate Insurance Co Ltd사건[203]을 살펴보고, 2015년 보험법개정에 따라 최대선의의무위반의 경우 취소의 문구가 삭제되었는바 그 해석논의에 관하여 살펴볼 필요가 있다.

나. Bank Financière de la cité v. West Gate Insurance Co Ltd사건

(1) 사실관계

사기행위자인 발레스테로는 스위스컨소시움은행으로부터 그가 지배하는 4개의 회사에 9500만 스위스프랑의 담보로써 무가치한 보석을 담보로 2625만 스위스프랑의 대출을 받고, 발레스테로의 회사의 파산을 보장하기 위해 3700만 스위스프랑을 보험가액으로 하는 신용보험에 가입하였다. 은행들은 보험중개회사에 이 보험의 체결을 위탁하고, 이 회사의 직원인 리는 제2와 제3의 보험회사를 위해 1980년 6월 전액에 보험증권이 발행되기 이전에 커버노트를 발행하는 등 사기행위를 여러 번 하였다. 1980년 5월한 보험자의 피용인이 리의 사기사실을 인식하였지만, 이를 은행에 알리지 아니하였다. 은행들은 신용보험에 가입한 것을 확인한 후에, 1980년 10월과 1981년 3월 8000만 프랑의 대출을 계속하였다. 이 대출에 대한 보험가입요청에 가입이 어렵게 되자 리는 커버노트를 발행하였다. 1983년 리와 보험중개사에 대하여 과실과 사기를 이유로 각각 손해배상을 청구하였고, 이 청구는 보험중개사가 가입한 책임보험의 한도로 지급되었다. 은행은 보험회사에 보험금을 청구하였지만, 보험자는 “보험자는 보험

201) Royscot Trust Ltd v. Rogerson [1991] 2 QB 297 (CA).
202) Bariş Soyer, op. cit., para 3.2.
203) [1987] Lloyd's Rep 69; [1990] 1 QB 655(CA); [1991] 2 AC 249(HL).

계약자의 사기, 기도된 사기, 표시오류, 기망에 직접 또는 간접으로 기인한 보험금 청구에 대해서 책임을 지지 않는다"는 조항을 들어 지급을 거부하였다. 이에 은행은 보험자가 인지하고 있던 리의 사기행위에 관한 정보를 제공하지 않았다는 전제아래, 만일 추가한 제공이 있었으면 은행은 추가보험에 가입하지도, 리가 소속한 보험중개사도 이용하지 않았을 것이라고 하고, 1980년 10월과 1981년 3월 사이의 대출에 대한 손해배상을 청구하였다.

(2) 소송의 경과

1심은 손해배상의 청구를 인용하였지만, 항소법은 기각하였다. 1심 법원과 항소법원은 계약체결 이전단계에서 보험자는 보험계약자에게 특정한 사항을 알릴 것이 기대되고, 1906년 해상보험법 제17조가 그 근거이지만, 동조항은 의무의 범위에 대해 침묵하고 있기 때문에 보험자의 계약체결의전의 단계에서의 제공의무의 범위를 분석하는 것이 필요하였다.

중요한 사실의 기준이 문제되었다. 1심 법원의 스테인판사는 개방적인 입장을 취하여 계약체결단계에서 보험자의 신의성실의무는 공정한 신뢰와 거래의 일반적인 원칙의 예이고 보험자는 보험계약을 체결하지 여부에 관한 보험계약자의 평가과정에 영향을 미치는 모든 사실을 알려야 한다고 하였다. 이 기준을 적용하여 스테인판사는 리가 보험계약체결에 핵심적 역할을 하였고, 은행은 거래와 관련한 은행의 정부를 깊이 신뢰하였기 때문에 리의 사기를 알리지 않은 것은 계약체결이전 제공의무를 위반하였다고 결론지웠다. 스테인판사의 판시는 중요한 사실에 위험의 성질에 관한 사실, 계약조건의 권고, 특정상품의 시장상태에 관한 안내를 포함할 정도로 그 범위가 매우 넓고, 이는 보험중개사와 같은 독립대리인의 의무에 해당하며, 보험계약자의 고지의무에서의 중요한 사실과 조화되지 않는다는 점이 문제이었다.[204)]

항소법원은 중요한 사실에 관하여 보다 정밀한 기준을 적용하였는데, 보험자

---

204) 영국법원은 반복하여 계약체결이전의 단계에서 보험자의 제공의무는 보험시장의 상태, 특히 특정한 상품유형에 관하여 보험자가 직면하는 손해에 관한 권고를 제공하는 것은 기대되지 않는다고 하였다(Bariş Soyer, op. cit., para 3.2, 각주 15); 릭스판사는 Norwich Union Life Insurance Society of Quershi [1999] Lloyd's Rep IR 263, at 272사건에서 보험계약자가 행한 투자에 대한 투자에 대하여 보험자가 제공의무를 부과하는 것은 보험자를 금융자문가로 변경한다고 하였다. 이 사건의 항소법원도 같은 취지의 판시를 하였다.

는 계약체결이전에 "신중한 보험계약자가 보험자에게 위험의 보장을 요구할지 여부결정에 고려하는 보험계약상 보험금 지급의 가능성 또는 위험의 성질"에 관한 모든 사실을 알릴 의무가 있다고 하였다. 이에 해당하는 것은 인수할 위험에 관한 사가의 존재, 보험자가 인식하고 있고 이후 단계에서 의거할 수 있는 항변, 보험자가 인식하고 있는 보험목적의 상태에 관한 정보,[205] 외국의 위법성(예컨대 외국선박을 보장하는 인질보험자가 당해 국가에서는 인질에 대한 석방금지급이 이법이라는 사실을 알리지 않은 것이 그 예이다), 보험계약상 보험금 지급에 영향을 미칠 수 있는 법률개정안 등이 이에 해당한다.[206] 항소법원은 1906년 해상보험법 제17조는 손해배상에 대해 규정하고 있지 않다고 하여 손해배상청구를 기각하였다.

(3) 2015년 개정보험법 개정에 대한 시각

2015년 보험법에 따라 "해상보험계약은 최대선의에 기초한 계약이다"라는 1906년 해상보험법 제17조가 보험자의 신의성실의무위반의 경우 손해배상청구를 기각한 Bank Financière de la cité v. West Gate Insurance Co Ltd사건에 대해 어떠한 영향을 미치는지가 문제된다.

영국법상 보험자의 신의성실의무의 근거는 형평법이 아니라 보통법이었고,[207] Bank Financière de la cité v. West Gate Insurance Co Ltd사건에서 항소법원과 상원은 보험계약 체결이전의 단계에서 보험자의 신의성실의무에 대한 중요한 사실의 기준을 설정하였지만 손해배상청구를 기각하였다.

1906년 해상보험법 제17조에서 취소의 삭제로 인해 보험자의 신의성실의 의무가 다음과 같은 변화가 발생했다고 고찰되고 있다.[208]

첫째, 2015년 보험법의 개정으로 보험계약자의 과실로 인한 정당한 제공의무위반의 경우 비율적 보상의 원칙이 채용되어 제대로 고지되었으면 지급하였을 보험료를 실제보험료와 비교해 보험금이 산정되지만(2015년 보험법 제8조와 제1 부록1 제6항), 2015년 보험법의 개정으로 보험자의 신의성실의무의 근거만 규정되었을 뿐 고지의무위반의 효과와 같은 내용이 규정되어 있지 않다. 보험

205) Carter v. Boehm [1766] 3 Burr 1905.
206) Bariş Soyer, op. cit., para 3.2.
207) Bariş Soyer, op. cit., para 3.2.
208) John Birds, modern insurance law, (Sweet & Maxwell, 2016), para 8.1.

계약 체결이전 보험자의 신의성실의무위반의 경우 지급한 보험료에 대한 비율적 반환을 인정한다고 하더라도 보험계약자에게는 별로 도움이 되지 못한다. 이에 따라 2015년 보험법의 개정으로 보험계약자에게 보험자에 대한 손해배상청구권이 인정될 가능성이 존재한다.[209]

둘째, 보험자의 신의성실의무위반으로 인한 손해배상책임을 인정한 뉴질랜드[210] 등의 사례가 존재한다.

3. 보험계약 체결 이후의 보험자의 신의성실의무

가. 보험자의 신의성실의무의 기능

(1) 의의

영국보험법상 당사자는 보험계약 체결이후에도 신의성실의무를 진다.[211] 영국법원은 보험자가 계약상 재량권을 행사할 있는 경우, 자의성, 변덕없이, 남용없이 합리적으로 재량권을 행사할 신의성실의무를 진다고 판시하였다. Groom v. Grocker사건[212]에서 책임보험자는 보험금 청구와 방어의무의 행사에 있어서 보험계약자의 이익을 고려할 묵시적인 의무가 있다고 판시하였다. 스코틀랜드의 Fargnoli v. GA Bonus plc 사건[213]에서 펜로즈판사는 쌍방적 신의성실의무에 따라 보험자는 보험금 청구단계에서 객관적으로 유효하여 보험자가 인정하여야 하거나 또는 보험자가 인지하고 위조의 증거를 제시하는 것이 금지되는 보험금 청구의 해결을 위한 책임일 인정하는데 신의성실의무에 위반하여 지체해서는 안된다고 판시하였다.

(2) 근거

보험자의 신의성실의무의 근거는 보통법이고 1906년 해상보험법 제17조가

---

209) 존 버즈는 보험자의 신의성실의무가 상당히 발전할 잠재력은 있지만, 무엇이 초래될지 정확히 예측하기 어렵다고 한다(John Birds, p. cit., para 8.3.; Bariş Soyer, op. cit., para 3.2).

210) Stuart v. Guardian Royal Exchange Assurance Co of New Zealand Ltd (No 2) [1988] 5 ANZ Ins Cas 60~844.

211) The Star Sea [2001] UKHL 1; [2003] 1 AC 49; The Mercandian Continent [2001] EWCA Civ 1275; [2001] 2 Lloyd's Rep 563.

212) [1939] 1 KB 194.

213) [1997] CLC 653, at 670~671.

아니므로 2015년 보험법상 제17조의 개정은 별다른 영향이 없다고 해석되고 있다.[214)]

나. 보험자의 해지권 등의 제한사유로서 신의성실의무

(1) 의의

영국판례는 보험자가 보험계약체결후의 단계에서 비합리적으로 행위하는 것을 방지하기 위하여 신의성실의무를 사용하고 있다. 그 근거로는 "해상보험계약은 최대선의에 기초한 계약이다"라고 규정하는 1906년 해상보험법 제17조가 들어지지는 않고, 보통법이나 형평법에 기초한 것으로 인정되고 있다.[215)] 다만 2015년 보험법상 보험계약자의 고지의무의 경우 해지권이 제한되고 비율적 보상이 인정되는 점과 2015년 보험법상 1906년 해상보험법 제17조에서 취소의 문귀가 삭제된 것이 쌍방적 신의성실의무를 발전시키는데 긍정적인 결과가 있을 것으로 해석되고 있다.[216)]

(2) 내용

다수의 영국판례는 보험자가 위반의 효과를 주장할 때 신의성실의무를 위반하면 보험자가 보험계약의 해지권 등을 행사할 수 없다고 판시하고 있다.

처음 논의를 촉발한 것은 Strive Shipping Corporation v. Hellenic Mutual War Risks Association (Bermuda) Ltd(The Grecia Express)사건에서 콜만판사이었고, 계속적인 신의성실위무에 기하여 보험자는 보험계약자의 고지의무위반을 이유로 보험계약을 해지하는데 제한받을 수 있고, 보험계약자가 갱신이전 이전의 해상사고와 보험계약자 사이에 관련이 있다는 의심스런 사실을 고지하지 않았다는 이유로 보험계약의 해지를 주장하였지만, 콜만판사는 이전의 손해는 의문이 없고 따라서 중요한 사실이 아니라고 하여 보험금 지급이 명해졌다. 콜만판사는 방론으로 보험계약체결시에 중요한 사실의 고지의무위반이 있더라도 해지를 주장할 때 고지되지 아니한 사실이 진실이 아님이 증명되었음에도 보험계약을 해지할 수 있도록 하는 것은 계속적 신의성실의무에 반한다고

---

214) Bariş Soyer, op. cit., para 3.3.1.
215) Bariş Soyer, op. cit., para 3.3.2.
216) Bariş Soyer, op. cit., para 3.3.2.

하였다.217)

Drake Insurance plc v. Provident Insurance plc사건218)에서 보험계약자인 싱박사의 고지의무위반이 문제되었는데, 보험계약을 갱신할 때 싱박사는 보험중개사에게 기명피보험자인 부인의 자동차사고를 고지하지 않았는데, 그 사고는 제3자의 과실이었지만 싱박사의 부인에게 유리하게 해결되지 이전까지 보험중개사의 컴퓨터에 과실사고로 기록되어 있었다. 싱박사는 보험중개사에게 속도위반범칙금사실을 고지하지 않았고, 부인에게 유리하게 해결되었다. 보험자의 등급시스템에 따르면 싱박사부인의 무과실이었으면 싱박사의 범칙금부과사실은 아무 영향이 없을 터이었다. 보험자는 범칙금부과사실을 인지하고 보험계약의 해지를 구하였지만, 항소법원은 이전의 사고는 박사부인의 과실이 아니었고, 보험료를 산정하는데 제외되어야 하며, 범칙금만으로는 보험료에 영향이 없다는 이유로 보험자의 주장을 기각하였다. 릭스판사와 클라크판사는 박사부인의 사고는 무과실사고 이었고 보험자는 범칙금만으로는 보험계약을 체결하도록 유인되지 않았을 것이므로 보험계약을 해지할 수 없다고 하고, 나아가 부과실사실을 인지하고도 보험자가 보험계약을 해지하고자 하는 것은 계속적인 신의성실의무 위반이다고 하였다. 이에 반하여 필판사는 보험자의 계속적인 신의성실의무는 그 사고에 대해 업데이트할 수 있도록 보험자가 질문하는 것이고, 해지 이전에 질문이 행해졌음을 증명하는 것이 신의성실의무의 내용이라고 하였다.

Brothers Aeguradona Colseguros SA(No 2)사건219)에서는 신중한 보험자가 인지하고자 원하였던 사실이 보험자가 취소를 구하는 시점까지 진실이 아닌 것으로 중명되지 않았으면, 계속적 신의성실의무의 근거를 이루는 특정한 정보의 부정확함을 인지하지 못한 경우에는 보험자의 신의성실의무위반을 적용할 수 없다고 판시하였다.

영국 형평법상 비양심의 원칙이 적용되기 위한 2가지 요건은 주장자의 열위와 상대방의 양심적 행위인데, 보험자는 협상력과 정보력에서 우위에 있는 점에서 보험자가 신의성실의무에 반하는 보험자가 자력구제수단에 의거하고자 하

217) Malcolm Clarke, "Recession: A bridge too far for insurance good faith," [2012] LMCLQ 611에서 비양심이라는 형평법상의 개념을 적용하는 것이 증명되는 경우, 법원은 해시주징을 배척할 수 있다고 하였다.

218) [2003] EWCA Civ 1834; [2004] 1 Lloyd's Rep 268.

219) [2003] EWCA 335 (Comm); [2003] EWCA Civ 705; [2003] 1 Lloyd's Rep 268.

는 경우에 이 원칙이 적용된다. 보통법상으로도 공정한 거래원칙을 위반한 보험자가 그 상황에서 해지권이 발생하지 않음을 인지하면서 해지권을 행사하는 경우, 누구나 거래를 하는 상대방에 대해 신의에 좇아 행위해야 한다는 보통법의 기본원칙이 적용되어, 보험자는 해지권이 제한된다.[220]

영국법상 보험자가 보험의 목적을 오기한 것을 후일 발견하여 이를 기화로 보험금 지급을 거부하는 경우 법원이 개입이 허용된다.[221] 또한 보험자는 우월한 협력을 이용하여 보험계약자에게 불리하도록 해결하는 것이 금지된다.[222]

4. 시사점

근래에도 보험자의 신의성실의무의 도입을 위해 해상보험계약은 최대선의에 기초한 계약이다라고 규정하는 1906년 영국해상보험법 제17조와 같은 조항을 두는 것이 바람직하다[223]는 논의가 있고, 재해자살보험금의 지급과 관련하여 보험자가 소송을 제기한 결과 소멸시효가 완성한 사건에 대하여 보험자의 신의성실의무반이 문제될 수 있는바, 영국법의 추이를 살펴볼 필요가 있다고 생각된다.

Ⅲ 영국의 기업법상 보험자의 보험금 지급지체의 효과

1. 서언

보험거래에서 각국이 영국과 관련이 없는데도 불구하고 영국법을 준거법으로 선택하는 이유로는 영국보험법이 일반적으로 현실적이고, 실용적이며, 기업친화적이라는 점이 들어진다.[224] 반면 영국보험법상 비합리적이고 잘못되었으며 경직된 사항으로 보험금 지급지체의 문제로서 최근 2015년 보험법과 2016년 기업법상 개혁이 이루어진 바, 그 내용을 살펴보고 우리법에의 시사점을 검토

---

220) Bariş Soyer, op. cit., para 3.3.2.
221) AF Wakinson & Co Ltd v. Hullet [1938] 61 LlLR 145.
222) Royal Boskaris Westminster NV v. Mountain [1917] LlLR 523 at 600사건에서 릭스판사의 논평참조.
223) 박세민, 보험법, 박영사, 2017, 36면.
224) Andrew Tettenborn, op. cit., para 6.1.

하고자 한다.

2. 개정배경

보험은 자력으로 감당할 수 없는 위험을 부담하기 위해 존재하므로 이 위험을 적시에 적절한 과정으로 완화할 필요가 있다. 이에 상거래에서는 현금과 거래를 계속할 능력이 중요하다. 예기하지 못한 사고로 인해 금전적 손해가 발생하고 영업을 중단하게 되면 그 손해의 전보가 지연되면 기업가는 커다란 손해를 입고 보험계약자는 파산할 수 있다. 그러나 영국보통법은 이를 무시해왔다.

2008년 Sempra Metals Ltd (Formerly Metallgesellschaft Ltd) v. Inland Revenue Commissioners사건[225]에서 채무이행의 지체에 손해배상책임이 인정되었지만, 2015년 보험법시행 이전까지는 보험금 지급지체의 경우 법률상의 지연이자를 제외하고는 보험금 지급지체로 인한 손해배상은 실제손해가 이자손해보다 다액인지, 예견 가능한지, 보험자의 과실여부를 묻지 않고 거부되었다.

그 이유로는 다음 2가지 원칙이 들어졌다.[226]

첫째, 보험금 지급지체로 인한 일차적인 손해배상을 보험자에게 청구할 수 없다는 것이고, 둘째는 손해배상액은 계약조건으로 정해져야 한다는 것이다.

이는 1991년의 Italia호 사건[227]과 1996년의 Sprung v. Royal Insurance (UK) Ltd사건[228]의 지도적 판례에 따른 것이었다. 전자의 경우 전손청구를 받은 보험자가 천공의 근거없는 의심에 기초하여 3년 6월 동안 보험금 지급을 지체했지만, 허스트판사는 개입된 기간의 이익손실 또는 선박가액의 인프레이션을 인정하지 않았다. Sprung사건에서는 강도가 리버풀중소기업재산을 훼손하여 보험자는 3년 6월 후 복구비용을 지급하였는데, 항소법원은 talia호 사건에 따라 상실이익과 기업매각기회상실로 인한 손해로 청구한 7만5천판운드의 지급을 기각하였다.

이후 2005년의 Normhurst Ltd v. Dornoch Ltd사건[229]과 Tonkin v. UK

225) [2007] UKHL 34, [2008] 1 AC 561.
226) Andrew Tettenborn, op. cit., para 6.1.
227) [1992] 2 Loyd's Rep 281.
228) [1997] CLC 70.
229) [2004] EWHC 567 (Comm), [2005] Lloyd's Rep IR 27; 보험자가 화재손해와 재산의 실제복구기간동안의 이익상실손해도 보상한다고 약정하였지만, 지급지체책임은 인정하지 않았다.

Insurance Ltd사건[230]에서 반복되었다. 이 2 판결은 그 이유를 이해하기 곤란한데도 보험금 지급지체시 손해배상책임을 인정하지 않는 판례의 개선이 요구된다는 것을 시사하였다.

3. 개정사항

2015년 보험법은 보험금 지급지체에 관하여 규정하지 않았지만, 2016년 기업법은 법률개정위원회의 제안대로 2015년 보험법 제13A조[231]와 제16A조[232]를 삽입하였다. 그 개정목적은 상당한 기간안에 보험자가 보험금을 지급하도록 하고, 지체하면 예견 가능한 손해배상책임을 부담하도록 하는 것이다. 소비자보험의 경우에는 불이익변경금지의 원칙이 적용되어 수정할 수 없지만, 기업보험의 경우에는 고의적이고 악의적인 경우를 제외하고는 포기가 명확할 것을 조건

---

230) [2006] EWHC 1120 (TCC) [2006] 2 All ER Comm) 550; 보험자가 신속히 지급한다고 약정하였지만 지체책임을 인정하지 않았다.

231) 제13A조 보험금 청구에 관한 묵시적인 조건
(1) 보험계약자가 보험계약상 보험금 청구를 하는 경우에 보험자가 상당한 기간안에 보험금을 지급하는 것은 모든 보험계약상의 묵시적 조건이다.
(2) 상당한 기간은 보험금 청구를 조사하고 산정하기 위한 상당한 기간을 포함한다.
(3) 상당함이 무엇인가는 모든 관련 상황에 의거하지만, (a) 보험의 유형 (b) 보험금 청구의 규모와 복잡함 (c) 법령상의 원칙과 지침의 준수 (d) 보험계약자가 통제할 수 없는 요소를 고려한다.
(4) 보험자가 보험금 청구를 다툴 수 있는 상당한 근거가 존재함을 증명하는 경우에는 (a) 보험자는 분쟁이 계속중인 동안 보험금을 지급하지 아니하는 것만으로 제1항의 묵시적 조건을 위반하는 것이 아니고, (b) 보험금 청구를 취급하는 보험자의 행위는 그 조건이 위반되었는가를 결정하는 요소일 수 있다.
(5) 제1항의 묵시적 조건위반에 이용할 수 있는 구제수단은 (a) 보험금 지급을 강제할 권리 (b) 보험금에 대한 이자에 추가되고 독립한 것이다.

232) 제16A조 소비자보험과 비소비자보험상 보험금 청구의 묵시적 조건의 임의규정성
(1) 소비자에 대해 제13A조에서 규정된 사항보다 불이익하게 하는 소비자보험계약 또는 기타 계약의 조건은 무효이다.
(2) 비소비자보험에서 제13A조의 묵시적 조건의 고의 또는 중과실의 위반에 관한 보험계약자에 대해 규정된 지위보다 불이익하게 하는 비소비자보험계약 또는 기타 계약의 조건은 무효이다.
(3) 제2항의 악의 또는 중과실은 (a) 보험자가 알거나 (b) 위반인지 여부에 주의하지 아니하는 때이다.
(4) 제17조의 조건이 충족되지 아니하는 한 비소비자보험에서 제13A조에서 규정된 지위보다 불이익하게 하는 소비자보험계약 또는 기타 계약의 조건은 무효이다.
(5) 본조에서 계약은 그 변경을 포함한다.
(6) 본조는 보험계약에 의거한 보험금 청구의 해결계약에는 적용되지 아니한다.

으로 허용하는 임의규정이다.[233)]

4. 개정내용

가. 적시에 보험금을 지급할 묵시적 조건

개정중점은 상당한 기간안에 보험금을 지급할 묵시적 조건을 규정하는 제13A조이다. 보험금 지급지체시 손해배상책임을 명확히 규정하지는 않았지만, 제13A조 제5항은 명확히 이를 인정하고 있다고 해석되고 있다. 문리적 해석에 따르면 법령상의 묵시적 조건이 있더라도 보통법상 Tonkin v. UK Insurance Ltd사건[234)]에 따라 손해배상이 허용되지 않는다고 해석할 수 있지만, 의회가 보험금 지급지체시 손해배상을 금지하는 원칙을 폐기한 것으로 해석되고 있다.[235)]

나. 상당한 기간안에 지급할 의무(2015년 보험법 제13A조 제2항, 제3항)

적시에 지급할 의무는 모든 보험계약상의 묵시적인 법령상의 조건이고, 모든 보험금은 상당한 기간안에 지급되어야 한다. 상당한 지연이 무엇인가는 사실관계에 따라 다르다. 천만파운드의 보험금 청구에는 5천파운드 보다는 정밀한 조사가 필요할 것이다. 석면책임의 재보험은 매우 복잡하여 소훼된 건물에 대한 빌딩보험보다 분류하는데 시간이 더 걸릴 것이다. 상세한 조사가 필요한 보험금 청구는 손해액산정에 시간이 더 걸릴 것이다. 단순한 트럭의 전손사건보다는 피보험자의 보상손해에 대한 다툼이 있는 경우에 시간이 더 걸릴 것이다. 피보험자의 자금세탁의 쟁점이 있는 경우에는 고려요소가 된다. 제13A조상의 보험의 유형, 보험금 청구의 복잡성, 법령상의 원칙의 영향이 그 예이다.

다음과 같은 쟁점이 존재한다.[236)]

첫째, 상당한 기간의 개념은 애매하기 때문에 보험금이 상당한 기간안에 지급되었는가를 결정하는데 있어서 보험금 청구의 성질과 복잡함, 조사와 평가의

233) Andrew Tettenborn, op. cit., para 6.1.
234) [2006] EWHC 1120 (TCC) [2006] 2 All ER Comm) 550; 보험자가 신속히 지급한다고 약정하였지만 지체책임을 인정하지 않았다.
235) Andrew Tettenborn, op. cit., para 6.3.1.
236) Andrew Tettenborn, op. cit., para 6.3.2.

필요성, 피보험자가 제공하는 필수적인 협력의 정도 등과 같은 객관적인 상당한 기간만이 고려되는가 아니면 지체에 대해 과실이 있는 경우라는 넓은 기준이 고려되어야 하는가가 문제된다. 후자의 근거로는 제13A조는 "모든 관련상황", "보험자의 통제 밖의 요소"를 규정하는 점에서 보험자측의 과실을 참조하는 점이 지적되고 있다.237) 반면 전자의 근거로는 제13A조 제4항은 보험자가 보험금 지급을 합리적으로 다투는 경우에 책임을 면제하고 있고, 보험금 지급에 대해서 다투는 것은 귀책사유 있는 지급지체에 거의 해당하지 않기 때문에 이 항변은 의미가 없게 되는 것을 근거로 한다.

둘째, 보험자가 고용한 독립손해사정사가 무능력하여 필요서류를 3번이나 작성하여 보험금 지급이 지체되는 경우와 같이 독립한 수급인, 그 피용자의 상당하지 않은 지체에 대해 보험자는 책임을 진다.238)

다. 보험금 청구분쟁(제13A조 제4항)

법률개정위원회는 보험금에 대한 분쟁으로 인하여 지체하는 경우 손해배상책임에서 제외하는 것을 제안하였고, 2015년 보험법 제13A조 제4항은 보험자가 선의이고 합리적인 근거아래 보험금 청구에 대하여 다툰다는 것을 증명하는 경우에는, 보험금 청구를 처리하는 보험자의 행위가 합리적이라는 조건아래 책임이 없다고 규정하고 있다. 보험금이 분할가능하고, 일부만의 분쟁이 합리적이면 나머지에 대한 지체에 대해서는 책임이 발생할 수 있다.239)

이 요건은 보험계약자가 상당하지 않은 기간 안에 행해진 지체가 있었음을 증명한 경우에만 적용되지만, 증명책임은 보험자가 진다.240)

제13A조 제4항 2호는 보험금 청구를 취급하는 보험자의 행위는 그 조건이 위반하였는지 여부를 결정하는데 적절한 요소일 것을 요구한다. 이에 따라 보험금 청구가 합리적으로 다투어지는 경우에만 적용되고, 보험자가 보험금을 지

237) Law Commission, Insurance contract law: business disclosure, warranties, insurer's remedies for fraudulent claims, and late payment, No 353(2014), para 28.37.

238) Photo Production Ltd v. Securicor Transport Ltd [1980] AC 827, 843; Woodland v. Swimming Teachers Association [2013] UKSC 66, [2014] AC 537 at 7.

239) 제13A조 제4항 a호는 분쟁이 계속되는 경우에만 보험자는 제1항의 묵시적 조전에 위반하지 아니한다고 규정한다.

240) 제13A조 제4항은 보험자가 합리적인 근거를 증명할 것을 규정한다.

급받지 못하는 기간을 증가시키는 귀책사유가 있음에도 불구하고 이 조항을 근거로 책임을 면하지 못하도록 하는 것이 필요하다.241) 또한 보험계약자의 요청에 있음에도 불구하고 거부의 합리적인 명세서를 보험자가 제공하지 않거나 방해 행위로 인한 지급지체가 예로 들어진다.242)

실제로 소송이나 중재가 개시된 경우에는 책임을 다투는 것이 합리적인 경우에는 책임이 면제된다. 소송이 제기되면 분쟁을 해결하는 전문가인 법원의 판단에 맡겨야 한다는 입장도 있지만,243) 2015년 보험법 제13A조 제4항에 따르면 보험자의 면제항변은 제한적으로 인정되고, 이 조항이 적용되지 않으면 보험자는 책임을 지게 된다.244)

라. 손해배상책임

상당한 기간 안에 지급이 지체되었음이 증명되면, 법률개정위원회에 따르면 일반계약법상의 일반원칙에 따라 손해배상액이 산정된다.245) 또한 인과관계, 과실상계의 기준이 적용된다.246)

손해배상액에 관하여서는 다음과 같은 쟁점이 존재한다.

첫째, 차용액에 대한 이자가 증명되면 보상액에 포함된다. 다만 2015년 보험법의 시행으로 복리로 지급을 청구하거나 일반적인 이익의 보상을 청구하는 경우가 있을 수 있다. 호주에서는 복리보상이 허용된다.247) 이 판결을 영국법원이 따를지에 대해서는 의문이 있지만 일실수익에 대한 청구는 Sempra Metals Ltd (Formerly Metallgesellschaft Ltd) v. Inland Revenue Commissioners 사건248)에 따라 인정되지 아니한다고 해석되고, 이에 대한 영국법원의 판단이 기대된다고 한다.249)

---

241) Andrew Tettenborn, op. cit., para 6.3.3.
242) Andrew Tettenborn, op. cit., para 6.3.3.
243) Star Sea [2001] UKHL 1, [2003] 1 AC 469.
244) Andrew Tettenborn, op. cit., para 6.3.3.
245) Law Commission, Insurance contract law: business disclosure, warranties, insurer's remedies for fraudulent claims, and late payment, No 353(2014), para 28.54.
246) Andrew Tettenborn, op. cit., para 6.3.4.
247) Tropicus Orchids Flowers & Foliage Pty Ltd v. Territory Insurance Office [1898] 148 FLR 441.
248) [2007] UKHL 34, [2008] 1 AC 561.

둘째, 뉴질랜드판례는 예견 가능한 정신적 손해의 배상을 인정하고,[250] 궁핍하여 보험금을 지급받기 전에 자동차를 수리하지 못한 경우 미수리된 자동차의 사용으로 인한 손해배생책임을 인정한 스코틀랜드판례가 있으며,[251] 전자에 대해서는 의문이 있지만 후자는 영국에서도 수용할 수 있다고 한다.[252]

셋째, 소송이 제기된 경우에는 지체로 인한 손해배상액을 결정하는 법원은 소송과 관련된 비용을 무시하는데 주의하여야 한다.[253]

넷째, 책임보험의 피해자는 계약당사자가 아니기 때문에 제13A조가 적용되지 않지만, 피보험자가 파산한 경우에는 보험자의 보험금 지급책임은 피해자에게 이전되기 때문이 적용된다.[254]

마. 손해배상책임의 독립성

제13A조 제5항은 보험계약에서 규정하고 있는 이자청구권 등과는 별개임을 규정하고 있다. 이에 따라 보험계약에서 명시적으로 이자를 지급한다는 규정하는 경우에도 보험계약자의 손해가 이자보다 다액인 경우에는 손해배상책임을 진다.[255] 또한 보험계약자가 지급지체로 인한 손해배상을 일부만 지급받은 경우에는, 손해액의 나머지 부분에 관해 재판이전의 이자청구권을 가진다.[256]

바. 임의규정

임의규정에 관한 제16A조에 따르면 소비자보험의 경우에는 불이익변경금지의 원칙이 적용되지만, 기업보험의 경우에는 적시의 지급위반임을 보험자가 인지하고 있거나 보험자가 위반 여부에 관하여 주의하지 아니하는 경우를 제외하고는 명확한 문언을 사용하여 보험금 지급지체에 관하여 2015년 보험법과 달

249) Andrew Tettenborn, op. cit., para 6.3.4.
250) Gaunt v. Gold Star Insurance Company Ltd [1991] 2 NZLRv 341.
251) Davidson v. Guardian Royal Exchange Assurance Ltd [1979] 1 Lloyd's Rep 406.
252) Andrew Tettenborn, op. cit., para 6.3.4.
253) Seavision Investment SA v. Evenett, The tiburon [1992] 2 Lloyd's Rep 26, 34.
254) Law Commission, Insurance contract law: business disclosure, warranties, insurer's remedies for fraudulent claims, and late payment, No 353(2014), paras 28.12~28.13
255) Andrew Tettenborn, op. cit., para 6.3.5.
256) Fast Ferries One SA v. Ferries Australia Pty [2000] 1 Lloyd's Rep 534, 542.

리 정하는 즉 임의규정화가 허용된다.

이에 관하여서는 2가지 쟁점이 문제된다.[257]

첫째, 어느 자를 인지한 보험자의 범위에 포함시킬 것인가의 문제이다. 단순한 독립한 수급인은 이에 해당하지 않는다. 독립한 수급인의 행위로 인해 손해가 발생했더라도 이는 보험자의 인지에 해당하지 않기 때문이다.

둘째, 아무 근거 없이 조사를 지연하는 것을 인지하고서 보험금 지급을 고의로 지연하는 경우에는 임의규정으로 한 경우에도 보험자의 책임이 면제되지 않는다. 상당한 기간의 개념은 본질적으로 애매한 기준이기 문에 견해가 크게 다를 수 있다. 인지는 상당하지 않음만이 아니라 단순한 지연사실에도 확대 해석되기 때문에 실무상 이와 같은 인지는 드물고 존재하여도 증명이 거의 불가능하고 한다.[258]

5. 시사점

가. 현행법의 입장

보험자는 보험금액의 지급에 관하여 약정기간이 있는 경우에는 그 기간 내에 약정기간이 없는 경우에는 제657조 제1항의 통지를 받은 후 지체 없이 지급할 보험금액을 정하고 그 정하여진 날부터 10일내에 피보험자 또는 보험수익자에게 보험금액을 지급하여야 한다(상법 제658조). 약정기한이 없는 경우에 "보험사고발생의 통지를 받은 후 지체 없이 지급할 보험금액을 정하고 그 정하여진 날부터 10일내에" 지급하게 되어 있으므로, 보험사고의 확정과 보험금액의 확정을 위한 기간이 경우에 따라 장기간이 소요될 경우(특히 보험자가 손해조사기간을 고의로 늦추는 경우) 보험계약자 등에게 심히 불리한 결과를 초래하는 문제가 있다. 나아가서 보험금의 지급을 지체한 경우의 효과를 명확히 하는 개정필요성을 검토할 필요가 있다.

257) Andrew Tettenborn, op. cit., para 6.3.6.
258) Andrew Tettenborn, op. cit., para 6.3.6.

나. 영국 이외의 비교법적 검토

(1) 일본

일본 보험법은 기한을 정한 경우와 정하지 않은 경우로 나누어 규정하고 있다. 보험급여의 기한이 약정되어 있는 경우에도 보험급여의 확인을 위하여 필요한 상당한 기간을 보험급여의 기한으로 하여 보험금 지급이 부당하게 지체되는 것을 금지하고 있는 점에서 보험계약자를 두텁게 보호하고 있다.

ⓐ 기한을 정한 경우

보험급여를 할 기한이 약정되어 있는 경우에도 당해 기한이, 보험사고, 보상손해액, 보험자의 면책사유 기타 보험급여를 행하기 위하여 확인하는 것이 보험계약상 필요한 사항의 확인을 위하여 상당한 기간을 경과한 날 후인 경우에는, 당해 기간을 경과한 날을 보험급여를 행할 날로 한다(보험법 제21조 제1항, 제52조 제1항, 제82조 제1항).

ⓑ 기한을 정하지 않은 경우

보험급여를 할 기한을 정하지 않은 경우에는, 보험자는, 보험급여의 청구가 있은 후, 당해 청구에 관한 보험사고와 보상손해액의 확인(생명보험의 경우에는 보험사고의 확인)을 위하여 필요한 기간을 경과할 때까지는 지체책임을 지지 않는다(보험법 제21조 제2항, 제52조 제2항, 제82조 제2항).

(2) 호주

호주는 1989년 보험금 지급지체의 책임을 인정하였다.[259)]

(3) 카나다

카나다에서는 보험금 지급지체가 신의성실의무를 위반하는 경우 손해배상이 허용된다.[260)]

259) Hungerfonds v. Walker [1989] 171 CLR 129, 149; Tamania v. Shaw (No 2) [2002] TASSC 12 Tas R.1

260) 702535 Ontario Inc v. Non-Marine Underwriters [2000] 184 DLR (4th) 687.

다. 시사점

현재 생명보험실무상 보험자는 보험금 지급기일까지의 이자를 지급하고, 보험금 지급지연의 경우 그 사유가 없음을 알았거나 알 수 있었는데도 소를 제기하여 보험계약자 등에게 손해를 가한 경우에 한하여 손해배상책임을 진다.[261) 보험자의 보험금 지급지체의 경우 손해배상책임을 인정하는 2016년 기업법의 개정사항(2015년 보험법 제13A조, 동법 제16A조는 소비자보험에는 불이익변경이 금지되지만 기업보험에는 임의규정으로 하고 있음)은 우리나라 보험실무의 개선에 유익할 것으로 판단된다.

261) 보험금청구서류를 접수한 날부터 3영업일 (보험금 지급사유의 조사나 확인이 필요한 때에는 접수 후 10영업일) 이내에 보험금을 지급하고, 그 지급시기 7일 이전에 그 사유와 회사가 지급하여야 할 금액을 계약자 또는 보험수익자에게 알려야 하며, 보험금을 지급할 때 보험금 지급일까지의 기간에 대한 이자를 지급한다(2015.8.31.자 생명보험표준약관 제7조). 또한 회사는 보험금 지급거절 및 지연지급의 사유가 없음을 알았거나 알 수 있었는데도 소를 제기하여 계약자, 피보험자 또는 보험수익자에게 손해를 가한 경우에는 그에 따른 손해를 배상할 책임을 진다(2015.8.31.자 생명보험표준약관 제40조 제2항).

제6장 영국의 2015년 보험법상 워런티[262)]

I 서언

보험목적은 보험계약자 측이 지배·관리하고 있기 때문에 보험기간 중에도 보험사고발생의 가능성이 증가하지 않도록 할 의무가 있다. 따라서 상법상 보험기간중 객관적으로 위험이 현저하게 변경·증가하거나(상법 제652조) 또는 보험계약자측이 스스로 위험을 증가하도록 한 경우(상법 제653조)에는, 보험자는 전자의 경우에는 그 통지를 하지 아니한 때, 후자의 경우에는 그 사실을 안 날로부터 1월 안에 보험계약을 해지할 수 있다.

반면 영국보험법에서는 우리를 포함한 대륙법계와는 달리 위험의 개시후에 보험자의 동의없이 위험의 성질을 변경하는 것이 허용되고,[263)] 이는 워런티로 규율되었는데, 영국법상 워런티는 인과관계와 위반의 치유의 불인정 등과 같은 특징으로 인하여 영국해상보험법상 가장 문제 많은 제도로 여겨져 많은 학자들은 그 개정필요성을 제기해 왔다.[264)] 영국의 워런티제도가 너무 엄격하여 독일, 노르웨이 등과 비교하여 영국해상보험업계의 경쟁력을 저하시킨다는 비판에 비추어 2015년 보험법에 의하여 워런티제도가 대폭 개정되어 2016년 8월 12일부터 시행되고 있다.

---

262) 이 장은 한창희, 영국의 2015년 보험밥상의 워런티, 법학논총 제30권 제1호(2017), 국민대학교 법학연구소, 321면~372면을 수정하였음.

263) Bariş Soyer, Risk control clauses in insurance law: law reform and the future, 2016 Cambridge Law Journal 109.

264) 예컨대 유럽보험계약법 준칙 제4조 제1항은 보험계약자나 피보험자가 보험사고가 발생하기 이전에 특정한 행위를 이행하거나 이행하지 않을 것을 요구하는 조항을 예방적 조치라고 하고, 동조 제2항은 "예방적 조치를 충족하지 아니하는 경우에 보험자가 보험계약을 해지할 수 있도록 하는 조항은, 그 위반이 고의 또는 중과실로 행해지지 않는 한 무효이다."고 하고 있다.: Jurgen Basedow & John Birds & Malcolm Clarke & Herman Cousy & Helmut Heiss & Leander Loaker, Principles of European Insurance Contract Law, (2 expended edition, ottoschmidt, 2016). 한창희, 워런티 관련 대법원 2010. 9. 9. 선고 2009다105388 판결의 연구, 보험학회지 제92집(2012), 한국보험학회, 58~62면.

대법원은 오랜 기간 동안에 걸쳐 해상보험업계의 중심이 되어 온 영국의 법률과 관습을 우리의 법원(法源)으로 인정하고 있으므로[265] 개정된 영국의 워런티제도에 대한 정확한 이해가 긴요하다.

근래 영국에서는 작년부터 시행중인 워런티제도에 대한 긍정적 평가와 부정적 평가 등이 다양하게 제시되고 있다.[266]

265) 판례(대법원 1996. 10. 11. 선고 94다60332 판결)는 "워런티는 위험의 발생과 관련하여 중요한 것이든 아니든 불문하고 정확하게(exactly) 충족되어야 하는 조건(condition)이고, 워런티 위반이 있는 경우 설사 보험사고가 워런티 위반과 아무런 관계없이 발생하였다고 하더라도 보험자는 보험증권에 명시적 규정이 있는 경우를 제외하고는 자동적으로 그 워런티 위반일에 소급하여 그 보험계약상의 일체의 책임을 면한다."고 하였다. 또한 대법원 2015. 3. 20. 선고 2012다118846, 118853 판결은 이 사건 선박보험증권에 "항해구역: 인도양 중 협회담보약관이 정한 구역 내(Trading Limit: Indian Ocean within I.W.)"라고 기재되어 있고, 협회담보약관(Institute Warranties) 제5조가 "케르겔렌(Kerguelen), 크로제(Croset) 도서 또는 남위 50도 이남의 수역"으로 항해하지 않을 것을 규정하고 있는 사실 등 을 인정한 다음, 이 사건 선박이 남위 50도 이북의 인도양 해역에서 항해하기로 정한 것은 영국법상의 워런티(warranty) 조항에 해당하고, 외국적 요소가 있는 이 사건에서는 약관규제법이 적용되지 아니하며, 이 사건 선박보험에서 해상보험업계의 일반적 관행에 따라 영국법 준거약관을 사용하고 있고 그것이 대한민국의 공익이나 공서양속에 반한다거나 피고의 이익을 부당하게 침해하는 것이라고 볼 수 없으므로, 이 사건 선박보험과 관련된 모든 법률관계의 준거법은 영국법이라고 하여 영국법상 워런티 조항의 내용과 효력, 그 위반의 효과 등이 적용된다고 하였다.

266) 박은경, 워런티(Warranty) 위반에 관한 국내 판례 연구, 해사법연구 제15권 제2호(2003), 155~184면; 김찬영, 해상보험에 있어 담보특약 법리의 변화와 그 시사점에 관한 연구, 한국해법학회지 제37권 제2호(2015), 한국해법학회, 323~366면; 정완용, 해상보험법상 보험자 면책사유와 담보특약에 관한 고찰-개정방안을 중심으로, 한국해법학회지 제37권 제1호(2015), 한국해법학회, 303~330면; 박세민, 담보범위와 면책사유에 관한 수협어선보험약관과 1983 협회선박기간보험약관의 비교분석, 한국해법학회지 제38권 제1호(2016), 한국해법학회, 231~274면; 이정원, 2015년 영국보험법상 워런티의 의의와 법률 효과에 대한 고찰, 저스티스 150호(2015), 112~137면; 이정원, 영국보험법상 워런티의 한국법상 의의, 한국해법학회지 제38권 제2호(2016), 한국해법학회, 401~434면; 이제현, 선박보험에서 담보(warranty)의 법리적 해석에 관한 연구, 무역보험연구 제17권 제2호(2016), 137~164면; 정영석·정해석, 영국 해상보험법상 고지의무와 워런티 위반에 관한 최근 판례 동향-SEA GLORY 사건의 보험금을 중심으로, 법학논총 제32집 제1호(2015), 한양대학교 법학연구소, 127~147면; 한낙현·정준식, 해상보험계약상 담보특약(Warranty)의 실무적 적용에 관한 연구, 무역연구 제11권 4호(2015), 한국무역연구원, 257~281면; 황현영, 해상보험에서 담보특약과 약관규제법의 적용- 대법원 2015. 3. 20. 선고 2012다118846(본소), 2012다118853(반소)판결, 한양법학 제26권 4집(2016), 한양법학회, 323~347면.

Ⅱ 전통적인 워런티제도와 영국법원의 가혹함 완화노력

학계와 법원에서는 오랫동안 보험워런티에 관한 법률제도가 가혹하다는 비판을 받아왔고, 가장 현저한 문제는 기술적인 위반이 있거나 손해발생 전에 위반이 치유되었더라도 보험자는 면책이며, 위반의 효과로서 자동적인 면책은 대부분의 워런티의 기능이 보험계약의 성립후 위험의 변경을 방지하는 것이고, 대부분의 경우 위험의 증가는 지속적인 영향이 없다는 점이었다.

2015년 보험법은 워런티제도를 크게 변경하고 있는데, 여기서는 전통적인 워런티제도를 고찰하고자 한다. 그 이유는 이 분석이 도입된 변경의 영향을 평가하는데 도움이 되고, 새로운 제도는 2015년 보험법 제17조의 투명성요건을 충족하면 임의규정으로 할 수 있는 표준원칙이므로 기존의 제도를 이용할 수 있기 때문이다. 이어서 그간의 워런티제도를 개혁하기 위한 노력을 소개하고자 한다.

1. 전통적인 워런티의 성질과 효과

(1) 워런티의 성격

(가) 엄격충족의 원칙

영국에서 이 원칙은 1778년의 Pawson v. Watson, Hore v. Whitmore사건[267]에서 Mansfield경에 의하여 설정되어 영국해상보험법 제33조 제3항에 규정되었고, 해상보험계약에 있어서 워런티는 엄격하고 정확하게 충족되어야 한다는 것이다. De Hahn v. Hartley사건[268]에서 부보선박에 50명 이상의 선원을 승선하고 항해하여야 한다는 워런티에 대하여 출항시에는 46명이 승선했지만 바로 직후 6명이 추가 승선하였지만, 보험자는 면책이었다.

(2) 중요성 불문·인과관계불요의 원칙

담보위반사실이 부보위험에 영향을 미쳤는지 여부를 묻지 않고 그 위반이 있으면 보험자는 책임을 면한다는 것으로 워런티 위반과 손해 사이의 인과관계는

267) [1778] 2 Cowp 785.
268) [1786] 1 TR 343.

요구되는 않는다는 것이다. 이는 첫째 명시적 워런티보장이 부당하거나 비현실적이라도, 워런티는 모든 것을 보장한다는 것이다.[269] 둘째, 워런티사고가 일반적으로 중요한 사실에 관한 경우에도, 보험계약자에 의한 특정한 위반이 당해 사건에 중요한 효과를 미쳤는가는 무관함을 의미한다.[270]

(3) 위반의 치유는 인정되지 않음

워런티 위반이 있으면 손해발생 전에 그 위반이 치유되어 워런티가 충족되었다는 항변은 허용되지 않는다(영국해상보험법 제34조 제2항). 부보선박이 의도된 항해를 개시했을 때 워런티된 수의 선원이 승선하지 않았지만 사고가 발생한 구간에서 항해하기 전에 워런티된 수의 선원이 보강된 경우에도 면책이라고 한 De Hahn v. Hartley사건의 판결이 조문화한 것이다.

(4) 워런티 위반의 효과

워런티 위반의 효과는 실제 그 위반한 경우에만 발생한다. 즉 항해제한워런티는 부보된 선박이 금지된 지역을 항해하는 때 위반이 성립하고, 위반하고자 하는 의사만으로는 위반이 아니다.

워런티 위반은 보험자의 중요한 항변사유로서 입증책임은 보험자가 진다.[271] 다만 특정한 사실이 발생하면 위반이고 피보험자가 그러하지 않았음을 입증한다는 것과 같은 입증책임을 전가하는 문언을 보험증권상 삽입할 수 있다.

워런티 위반의 효과에 관하여는 영국해상보험법은 보험자는 워런티 위반일로부터 책임을 지지 않지만 그 이전에 발생한 책임에 대하여서는 영향이 없다(제33조 제3항)라고만 규정하는데, 이에 관하여는 동법 시행후 75년이 지나서야 비로소 Good Luck 호 사건[272]에서 Goff판사에 의하여 명확히 해석되었고, 판례(대법원 1996. 10. 11. 선고 94다60332 판결)는 "영국 해상보험법상의 워런

---

269) Farr v. Motor Traders Mutual Insurance [1920] 3 KB 669, at 673에서 뱅크스판사에 의함.

270) Bariş Soyer, warranties in marine insurance, (3rd ed., Routledge Talor & Francis Group, 2017), para 5.10.

271) Bond Air Services v. Hill [1955] 2 QB 417.

272) Bank of Nova Scotia v. Hellenic Mutual War Risks Association(Bermuda) Ltd [1991] 2 Lloyd's Rep 191.

티 위반이 있는 경우 설사 보험사고가 워런티 위반과 아무런 관계없이 발생하였다고 하더라도 보험자는 보험증권에 명시적 규정이 있는 경우를 제외하고는 자동적으로 그 워런티 위반일에 소급하여 그 보험계약상의 일체의 책임을 면한다"라고 하여 Good Luck호 사건에서의 Goff 판사의 판시를 반영하고 있다.

2. 워런티제도의 효과를 완화하기 위한 영국법원의 노력

보험법상 워런티제도가 엄격하고 치유를 허용하지 않으며 균형을 잃은 결과를 야기하여 보험계약자의 합리적인 기대를 저버린다는 점을 고려하여 영국법원은 이 원리의 엄격성을 개선하기 위한 다양한 해석원칙을 채용하였다. 2015년 보험법상 당사자는 새로운 제도를 채용하지 않아도 되는 임의규정이기 때문에, 당사자가 전통적인 제도를 채용하는 경우 법원은 유사한 원칙을 사용하는 경우도 있을 것이다.[273] 특히 자동적인 면책이 가혹한 결과를 초래한다고 판단되는 경우가 그 예이다.

가. 협소한 해석채용

법원이 당해 조건이 약속적 워런티임을 진정하더라고 그것이 위반하였다거나 그 상황에는 적용되지 않도록 워런티의 요건을 엄격하게 해석한다.[274] 보험계약의 문언이 불명확한 경우에는 이를 신뢰한 보험자에게 불리하게 해석한다는 작성자불이익의 원칙과 부합한다. Muller v. Thompson사건[275]에서 특정한 적하를 운송하는 내용의 워런티는 다른 적하를 추가로 운송하는 것을 배척하는 것은 아니라고 하였다. Hide v. Bruce사건[276]에서 부보선박이 20개의 총을 가지고 부보항해를 개시한다는 명시적 워런티는 20개의 총이 적재되었으면 20개의 총을 작동하기에 필요한 사람이 없더라도 충족되었다고 하였다. Hussain v. Brown사건[277]에서 청약서에 부보재산에 침입자경보를 갖추도록 하였는데, 계약체결시에는 사실이었지만 보험계약자가 요금을 지출하지 않아서 경보가 중단된 사건에서 항소법원은 청약서상의 워런티는 현재의 사실에 관한 것이었지 장

273) Bariş Soyer, op. cit., para 5.44.
274) Bariş Soyer, op. cit., para 5.45.
275) [1911] 2 Camp 610.
276) [1793] 3 Doug KB 213.
277) [1996] Lloyd's Rep IR 542.

래에 대한 약속은 아니었기 때문에 위반하지 않았다고 판시하였다.

나. 보험계약의 분리

보험계약이 명확히 분리된 위험을 보장하는 경우에는 법원은 별개의 계약이라고 해석하여 하나의 위에 대한 보험이 다른 위험에 적용되는 조항위반으로 무효가 되지 않도록 한다.[278] Printpak v. AGF Insurance사건[279]에서 보험계약자는 영업재산에 대해 보험에 들었고, 보험계약상 다수의 조항 각각은 다른 보장형식을 취하였다. 각 위험에 대한 조건은 별개의 부록에 규정되었는데, Section A는 특히 화재로 인한 적하의 멸실 또는 훼손을 보장했고, Section B는 강도를 보장하였다. Section B에는 강도경보가 작동할 것이 워런티로 되어 있었는데, 화재사고로 인한 멸실에 대해 항소법원은 보험계약은 분리가능하고 워런티는 Section A가 보장하는 화재위험에는 적용되지 않으므로 보험금 청구권이 인정된다고 하였다.

해상보험에서는 다양한 위험이 하나의 보험계약으로 보장가능한데, 예컨대 보험약자가 동일회사소유의 다양한 선박에 대한 보험에 든 경우, 각 선박이 별개의 위험이고, 한 선박에 대한 워런티 위반이 다른 선박의 보장에 영향이 없다고 주장될 수 있다.[280]

다. 다른 계약상 지위의 채용

법원은 문제된 조건을 다른 계약상의 지위에 해당한다고 하여 워런티제도의 적용을 하기도 한다.[281] 카나다 대법원판결인 Century Insurance Co of Canada v. Case Existological Labatories Ltd(the Bamcell Ⅱ)사건[282]에서 "매일 밤 10시에서 아침 6시까지 경비원이 승선하여 비상시 모든 장비를 닫을 것을 워런티한다"고 한 경우에 낮에 공기밸브를 열고 이후 닫지 않은 피용인의

278) Bariş Soyer, op. cit., para 5.47.
279) [1999] 1 Lloyd's Rep 627.
280) Bariş Soyer, op. cit., para 5.48. Sugar Hut Group v. Great Lakes Reinsurance (UK) Plc [2010] EWHC 2636 (Comn); [2011] Lloyd's Rep IR 198사건에서 재산이 하나의 보험계약으로 부보되었는데, 재산에 대한 워런티 위반은 모든 재산에 영향을 미친다고 하였다.
281) Bariş Soyer, op. cit., para 5.49.
282) [1983] 2 SCR 47.

과실로 선박이 침몰하였는데, 법원은 보상받을 수 있다고 하였다. 이와 같은 창조적인 해석형태는 워런티와 위험을 기술하는 다른 조항과의 구별을 어렵게 하고 법률상 불확실성과 혼란을 초래한다는 점이 지적되고 있다. 2015년 보험법상 워런티위반은 보장정지의 효과가 인정되기 때문에 법관이 이와 같은 극단적인 방법을 취할 필요성은 감소될 것이다.[283)]

라. 워런티제도를 제한하는 계약상, 법령상 장치의 사용

서호주의 대법원판결인 Allison Pty Ltd v. Lumley General Insurance Ltd (Pilban Pilot)사건[284)]에서 워런티 위반이 손해를 감경하기 위한 보험계약자의 합리적인 노력임을 증명하는 경우에는 워런티 위반이 면제되는 경우가 그 예이다. 이 영국해상보험법 제78조 제4항은 보험계약자는 손해를 방지 또는 경감하기 위한 모든 합리적인 조치를 취할 의무가 있고, “사정변경에 의하여 워런티가 그 계약에 적용될 수 없는 경우에, 워런티불충족이 면제될 수 있다.”는 영국해상보험법 제34조 제1항이 넓게 적용될 수 있다.[285)]

Ⅲ 2015년 보험법상 워런티의 개정내용

1. 개관

보험에서 워런티제도에 대한 주요한 비판은 당해 손해와 전혀 관련없는 기술적 위반이나 손해 이전에 치유되었음에도 보험자는 면책이라는 것이었다. 워런티 위반시 자동면책의 효과는 지나치게 엄격한 것으로 고찰되었는데, 워런티의 주요한 기능이 보험계약이 성립한 후 위험이 증가되는 것을 방지하기 위한 것이고, 대부분의 경우 위험의 증가는 지속적인 효과가 없다는 점에서이다.[286)] 예컨대 부보재산에 도난경보기를 작동시킨다는 조건이 붙은 워런티의 경우에 그

283) Bariş Soyer, op. cit., para 5.50.
284) [2006] WASC 104.
285) Bariş Soyer, op. cit., para 5.51.
286) Bariş Soyer, Risk control clauses in insurance law: law reform and the future, 2016 Cambridge Law Journal 111.

위반이 있으면 위험은 명백히 증가하지만, 증가가 단지 일시적으로만 지속하거나 보험자에게 현저한 결과를 초래하지 아니하는 경우에는 치유를 인정하지 않고 피보험자에게 보험금 청구권을 인정하지 않는 것의 정당성을 인정하기 어렵다는 것이었다.

2015년 보험법상 워런티의 주요한 개정내용은 다음과 같다.

첫째, 동법 제10조는 워런티 위반의 경우 보험자의 책임은 정지되지만, 치유되면 다시 보장이 개시하는 것으로 규정한다.

둘째, 동법 제11조는 보험계약의 조건의 준수가 (1) 특정한 종류의 손해, (2) 특정장소에서의 손해, (3) 특정 시점에서의 손해의 위험을 감소하게 하는 경우에는, 보험계약자가 그 조건의 부준수가 손해가 발생한 상황에서 실제 발생한 손해의 위험을 증가하게 하지 아니하였음을 증명한 경우에 보험자는 책임을 면하지 못한다고 규정한다. 우리 상법 제655조 단서와 같은 결과를 도출한 것으로 판단된다. 이 조항의 목적은 워런티가 위반되었어도 워런티의 준수가 발생한 손해에 영향을 미치지 아니한 경우에는 보험자가 그 기간중에는 보험금 청구를 거부하지 못하도록 하기 위함이다. 이는 전통적인 워런티만이 아니라 위험통제조항에도 적용된다.[287)]

셋째, 소비자보험의 경우에는 불이익변경금지원칙이 적용되지만, 기업보험의 경우에는 2015년 보험법의 규정은 동법 제17조에서 규정하는 투명성요건을 충족하는 경우에 한하여 적용이 배제되는 임의규정이다.

넷째, 동법 제9조 제2항에 따라 기업보험상의 보험계약자의 응답으로 기초조항이 계약상의 워런티로 변경될 수 있다는 원칙은 폐지되었다.

2. 보장의 정지

워런티위반의 효과는 위반중에는 보장이 정지되지만 치유되면 보험자의 책임은 재개되는 것으로 개정되었다. 이는 새로운 것은 아니고, 몇 주의 미국판례가 이와 같은 입장을 취하고 있다.[288)]

---

287) Bariş Soyer, Risk control clauses in insurance law: law reform and the future, 2016 Cambridge Law Journal 112.

288) Fireman's Fund Insurance Co v. Cox 742 F Supp. 609(M.D.Fla. 1989)(프로리다법); Lineas Aereas Expresas v. Travelers Fire Insurance Co v. 277.F.2d 150(5th Cir. 1958)(루이지아니법); Commercial Insurance Co of N.Y. v. Daniels

가. 치유될 수 있는 경우와 치유될 수 없는 경우

(1) 치유될 수 있는 경우

일정한 경우에는 치유된 것으로 명확히 판단할 수 있지만, 예컨대 마약금지 워런티의 경우 워런티 위반이 치유되었는가가 명확하지 아니한 경우도 있다.[289] 부보재산에 대해 정기보안검사를 2개월마다 받고, 검사인의 권고를 이행하기로 하는 워런티의 경우 이를 위반하면 보장이 중단되지만, 이 유형의 워런티의 목적은 부보위험의 변경으로부터 보험자를 보호하기 위함이기 때문에 만일 후일 약간 지체하여 검사가 충족되고, 검사인의 권고도 이행하였다면 보험자로서는 위험을 인수하였을 때 만족하였던 위험으로 통상적으로 감소된다면 위험관리의 측면에서 보험자는 위험보장이 재개되더라고 별다른 이의가 없을 것이다.

(2) 치유될 수 없는 경우

부보재산이 특정한 형태의 보안장치를 설치한다는 워런티와 같이 계약체결시의 특정한 사실상태의 존재를 확인하거나 부정하는 확인적 워런티의 경우(영국 해상보험법 제33조 제1항 후단)에는 보험계약 개시시 이를 설치하지 아니하는 경우에는 보장은 처음부터 중단되고 치유가능성은 존재하지 아니한다. 이와 같은 워런티는 보험자가 보험료를 산정하는데 도움을 주는 것으로 이를 위반하면 보험자는 인수하는 위험의 범위를 잘못 이해한 것이므로 보험자는 보상책임을 면하는 것이다.

성질상 치유불가인 경우가 존재한다. 예컨대 영업거래상의 비밀유지워런티의 경우 비밀이 누설되면 치유가 불가능하고, 건물을 벽돌과 회반죽으로 건축한다는 워런티의 경우 실제로는 목재로 건축된 경우 또한 치유가 불가능하다.[290] 또한 부보선박을 예인하거나 구조하지 않기로 하는 워런티의 경우 예인이나 구

---

343 F.Supp.674(S.D.Tex. 1972)(텍사스법).

289) Malcolm Clarke, the future of warranties and other related terms in contracts of insurance, in Malcolm Clarke and Bariş Soyer(edited), The Insurance Act 2015-A new regime for commercial and marine insurance law, (informa from Routledge, 2016), para 4.4.

290) Law Commission, Insurance contract law:business disclosure; warranties; insurers' remedies for fraudulent claims; and late payment No 353(2014), para 17.49.

조작업으로 인한 구조상 하자가 발생하여 평온한 날씨에서 선박이 침몰하였다면 치유가 되었지만 위험은 보험자가 기대하던 수준으로 감소되지 않은 것이기 때문이다.

나. 워런티 위반이 허용되는 경우

2015년 보험법 제10조 제3항은 워런티 위반이 허용되는 3가지 경우를 1906년 해상보험법 제34조에 따라 규정하고 있다. 그러나 그 적용이 명확하지 않음이 지적되고 있다.[291] 보험자가 워런티 위반을 포기하는 경우는 후술한다.

(1) 사정의 변경되어 워런티가 계약의 사정에 적용될 수 없는 경우

이 조항은 장차 전쟁중 외국주둔지에서 항해할 때 호위를 받고 항해하도록 하는 워런티의 경우 그 이전에 평화가 도래한 경우 워런티를 준수할 필요가 없게 되는 경우를 예정한 것이다.[292] 이는 법률에 근거가 종료하면 법률도 종료한다는 원칙(cessante ratione, cessat lex)으로 인한 것으로 비교적 명확하다. 그러나 보험자가 워런티를 요구한 이유가 명확하지 아니하는 경우도 있고,[293] 사정이 충분히 변경되었는지 명확하지 아니한 경우가 있다. 법률에 근거가 종료하면 법률도 종료한다는 원칙은 그 적용이 용이한 것은 아니다.[294]

(2) 워런티의 충족이 그 후의 법에 의해 위법인 경우

이는 해석의 문제로 까다로운 경우가 있다.[295]

다. 워런티 위반후 치유되기 이전의 손해의 증명책임

사고가 워런티 위반으로 인한 보장정지중 사고와 보장이 재개된 후의 손해의 인과관계에 대한 증명책임은 보험자가 진다(2015년 보험법 제10조 제2항).[296]

291) Law Commission, op. cit., 17.49.
292) Malcolm Clarke, op. cit., para 4.3.
293) F.D. Rose, Marine insurance: law and practice (2nd ed., informa, 2012), para 9.47.
294) Malcolm Clarke, op. cit., para 4.3.
295) Malcolm Clarke, op. cit., para 4.3.
296) Bariş Soyer, Risk control clauses in insurance law: law reform and the future, 2016 Cambridge Law Journal 114. 우리나라에서는 위험의 증가가 보험사고

이는 그리 간단하지 않다고 지적되고 있다. 자동차보험약관상 자동차경주에 참여할 수 없다는 워런티가 붙어 있었던 경우 자동차경주에 참가한 1주일후에 자동차엔진에 고장이 발생한 경우, 보험자가 면책을 주장하기 위해서는 예컨대 경주도중에 엔진이 지속적으로 과부하되어 보장이 재개된 후에 고장이 발행하도록 하였음을 증명해야 한다. 즉 보험자는 위험이 위반의 결과 새로운 특성을 가지게 되어, 위반이 치유된 후 발생한 손해가 이 새로운 특성으로 인한 것임을 증명하는 것이 필요하다.[297]

라. 보험계약자가 워런티 위반을 중지하는 경우

2015년 보험법 제10조 제5항 b호는 "보험계약자가 워런티 위반을 중지하는 경우" 위반이 치유된다고 규정하는데 이는 인과관계에 대한 조사를 필요하지 않는 점에서 보험자에게 불리하게 적용될 수 있게 된다.[298]

예컨대 해적출몰지역의 항해를 금지하는 워런티의 경우 이 구역을 벗어나면 치유된 것이다. 또한 이 금지구역통과후 폭풍우로 인하여 선박이 침몰하였는데 선박이 금지구역을 통과한 것은 직항로이어서 항해가 단축하기 위한 것이라면 만일 금지구역을 통과하지 않았더라면 수일의 항해가 단축되지 않았을 것이므로 폭풍우로 인한 침몰을 피할 수 있었을 경우에는, 보험자는 워런티 위반(항해의 단축)과 손해 사이에 일종의 인과관계가 존재함이 명백하여도 보상책임을 진다. 이와 같은 경우에 인과관계를 도입하면 추가적으로 복잡하게 하여 어느 정도의 불확정성을 초래하므로 위반이 치유되었어도 그 위반이 장래 손해를 야기하는 사고과정을 변경하였더라도 보험자가 보상책임을 지도록 하여 불확정성을 피하는 비용을 보험자가 부담한 것으로 보는 것이 적절한 것으로 입법자가 판단한 것으로 해석된다.[299]

발생에 영향을 미치지 아니하였음에 대한 증명책임은 보험계약자가 진다.; 한창희, 보험법, 국민대학교출판부, 2017, 240면.

297) Bariş Soyer, Risk control clauses in insurance law: law reform and the future, 2016 Cambridge Law Journal 114.

298) Bariş Soyer, Risk control clauses in insurance law: law reform and the future, 2016 Cambridge Law Journal 114.

299) Bariş Soyer, op. cit., para 5.55.

마. 시간을 특정하는 워런티

일정한 사항이 행해질 것(않을 것), 조건이 이행될 것, 특정한 사항이 그 경우이거나(아닐 것)을 확인할 수 있는 기간 요구하는 워런티의 경우에는 후일 워런티와 관련되는 위험이 원래 당사자가 의도한 것과 동일한 때에는 치유된 것으로 고찰된다(2015년 보험법 제10조 제5항 a호, 제10조 제6항 a호).

이에 따라 법원은 워런티가 삽입된 목적을 고려하고, 위반이 후일 치유되었지만 그 위반의 결과 목적이 달성할 수 없게 되었는지 여부를 분석하게 된다. 만일 그러하다면 치유가 허용되지 아니한다. 반대로 워런티 위반을 치유한 것으로 고찰되는 행위의 결과 원래의 목적이 본질적으로 달성되고, 위험이 책임개시시에 보험자가 만족하던 위험으로 회복한 경우에는 위반은 치유된 것으로 본다.[300)]

전자의 예로서는 "1년에 부보재산을 60일 이상 비 점유상태에 두지 않는다"고 규정하는 워런티의 경우에는 비 점유상태가 61일되는 날에는 보장이 정지되고, 워런티 위반 후 45일이 지나 보험계약자가 재산을 원래 규정된 대로 유지할 것을 약속하여 워런티 위반을 치유한 경우를 들 수 있다. 이 때에는 장기간 비점유상태가 되어 이 지역에서 활동하는 강도들에게 표적이 될 수가 있기 때문에 하자는 치유되었더라도 워런티의 상업적 목적은 위반으로 달성 불가능하게 되었기 때문에 치유될 수 없는 것이다.[301)]

후자의 예로는 매달 30일마다 화재경보기를 검사받도록 한 워런티의 경우 지연된 기간동안에는 보장이 정지되지만, 검사를 받게 되면 이후에는 하자가 치유된 것으로 고찰되는 경우가 그것이다.

시간을 특정하는 워런티제도는 이 경우에는 시간이 매우 중요하고, 특정한 시간에 준수하지 아니하면 보험자의 측면에서 용인할 수 있는 한계를 벗어나 위험을 잠재적으로 변경하도록 할 수도 있는 사실을 고려한 것이다.[302)]

---

300) Bariş Soyer, Risk control clauses in insurance law: law reform and the future, 2016 Cambridge Law Journal 115.
301) Bariş Soyer, op. cit., para 5.56.
302) Bariş Soyer, Risk control clauses in insurance law: law reform and the future, 2016 Cambridge Law Journal 116.

바. 보장정지제도의 기타 논점

(1) 보장정지의 효과

워런티를 위반하여 보장이 정지되는 경우 보험보장은 자동적으로 정지되는 것이지 보험자에게 선택권이 부여되는 것은 아니다.[303]

(2) 보장정지와 보험료반환

보험보장이 정지되는 경우 보험료 반환 의무가 인정되는지 여부가 문제된다. 보장정지제도의 채용으로 보험료 반환에 관한 현행원칙에 변함은 없다.[304]

항해워런티와 같이 위험 개시 후 특정 시점에 충족이 요구되는 워런티 위반의 경우, 보험료가 불가분인 경우 보험자는 보험료 반환 의무가 없다. 굿 럭호 사건에서 고프판사는 "보험자가 책임을 면하는 경우에 보험계약자는 보험료를 지급할 책임을 진다."[305]고 하였다.

위험의 개시 이전에 충족이 요구되는 워런티(예컨대 확인적 워런티)의 경우에는 보험자는 사기나 불법이 아닌 한 보험계약자에게 보험료반환의무를 진다. 위험은 전혀 개시되지 않았고, 1906년 해상보험법 제84조 제1항에 따르면 보험료지급에 대한 약인이 흠결되었기 때문이다.

3. 위반과 손해위험의 증가

가. 개정목적

2015년 보험법 제11조는 워런티나 조건이 충족되지 아니한 경우에도 (1) 당해 워런티나 조건의 충족이 특정한 유형의 손해, 특정한 장소에서의 손해, 특정한 시점에서의 손해를 감소시키는 것이고, (2) 피보험자가 워런티나 조건의 불충족이 손해가 발생한 상황에서 실제로 손해발생의 위험을 증가시키지 아니하였음을 증명한 경우에는 피보험자는 손해에 대해 보상받을 수 있음을 규정하고 있다.

워런티 위반의 치유가 인정되는 것만으로는 워런티나 조건위반과 손해사이에

---

303) 양승규·한창희, 해상보험법, 삼지원, 2007, 198~200면.
304) Bariş Soyer, Risk control clauses in insurance law: law reform and the future, 2016 Cambridge Law Journal 117.
305) Bank of Nova Scotia [1992] 1 A.C. 233, 263.

인과관계가 없는 경우에도 피보험자는 보장을 받지 못할 가능성이 잔존한다. 예컨대 부보재산에 대해 보험기간동안 도난경보기를 작동할 것을 요구하는 워런티의 경우 경보기의 고장 중 화재가 발생한 경우에도 피보험자는 보상을 받을 수 없고, 제11조는 이를 구제하기 위함 것이다. 이를 도입한 목적은 보험자가 관련없는 워런티에 근거하여 보상을 거부할 수 없도록 하기 위함이다. 제11조의 유사한 조건에의 확대는 영국법상 계약상의 조건에 대한 기술적인 범주화를 포기하고 위험관리조항에 대한 보다 총제적인 접근을 제공하는 의도이고, 긍정적인 발전이라고 평가된다.[306]

나. 2가지 요건

보험계약자가 제11조에 의하여 보상받을 수 있기 위해서는 2가지를 증명해야 한다.

첫째, 워런티가 특정한 유형의 손해, 특정한 장소에서의 손해, 특정한 시점에서의 손해를 감소시키는 것임을 증명해야 한다. 이 기준은 객관적인 것이고, 이는 본질적으로 워런티 또는 조건의 충족이 특정한 유형의 손해가 발생할 가능성을 감소하는 것인지 여부를 확인하기 위함이다. 도난경보기는 강도의 침입위험을 감소하기 위한 것이고, 위반하는 동안에는 보험자는 면책이지만, 경보기의 미작동의 워런티 위반이 화재로 인한 손해위험을 증가시키지 아니한 경우에는 피보험자는 보상받을 수 있게 된다.

둘째, 보험계약자가 워런티나 조건의 불충족이 손해가 발생한 상황에서 실제로 손해발생의 위험을 증가시키지 아니하였음을 증명하여야 한다. 이는 법률개정위원회가 인과관계 기준을 도입하는 것은 바람직하지 않다고 한 점에 비추어[307] 간접적으로 인과관계를 도입한 것으로 이에 의하여 소송이 잠재적으로

306) Bariş Soyer, op. cit., para 5.61.

307) 말콤 클라크교수는 워런티 위반과 손해 사이에 인과관계를 도입하는 것은 바람직하지 않다고 하였다.; Malcolm Clarke, "Insurance warranties: The Absolute End?", [2007] L.M.C.L.Q. 474. 487. 우리 상법 제655조는 "고지의무(告知義務)를 위반한 사실 또는 위험이 현저하게 변경되거나 증가된 사실이 보험사고 발생에 영향을 미치지 아니하였음이 증명된 경우에는 보험금을 지급할 책임이 있다"고 규정하는데, 판례(대법원 1992.10.23. 선고 92다28259판결 등)는 인과관계의 존부문제로 보는 점에서 영국과 다르다.; 한창희, 보험법, 2017, 239면; 박세민, 담보범위와 면책사유에 관한 수협어선보험약관과 1983 협회선박기간보험약관의 비교분석, 한국해법학회지 제38권 제1호(2016), 한국해법학회, 258면.

증가할 위험이 있다고 고찰되고 있다.[308]

다. 보장정지(제10조)와 위반으로 인한 손해위험의 증가(제11조)의 차이점

2015년 보험법 제10조 제11조의 차이점은 전자는 오직 워런티에 관한 사항이지만, 후자는 특정한 유형, 장소, 시점에서의 위험을 감소할 것을 의도하는 여하한 조건에 대해서이고, 그 적용범위가 더 넓다. 만일 제11조의 적용범위를 워런티로 한정했다면 보험자가 위험통제기능을 가지는 면책사유 등을 사용하여 개정내용이 보험자에 의하여 탈법적으로 회피하였을 것인데, 이를 방지하고 있는 점에서 합리성이 인정된다.[309]

예컨대 항상 부보재산에 대하여 도난경보기가 작동하야 한다는 워런티 대신 “도난경보기가 작동하지 아니한 때 발생한 손해는 면책이다”고 규정하는 것이 그 예이다.

라. 2015년 보험법 제11조의 적용범위

(1) 특정일 보험료지급 워런티

특정일까지 보험료를 지급한다는 워런티의 경우 약정일이 보험료가 지급되지 아니하면 위반이 치유될 때까지 보장이 정지되고, 치유이전에 손해가 발생하면 피보험자는 보험보상을 받을 수 없다.

(2) 확인적 워런티

확인적 워런티가 처음부터 위험을 일반적으로 기술하는 목적으로 사용되고 특정한 유형의 손해를 목적으로 하지 아니하는 경우 동 조항이 적용되지 아니한다. 예컨대 요트보험계약상 선장이 공식적인 면허를 취득하는 것을 내용으로 하는 워런티의 경우 자격이 없으면, 보장은 정지되고, 자격과 관련없는 이유로

---

308) 법률개정위원회는 2014년 조사비용의 증가, 복잡한 소송, 입증의 곤란을 이유로 인과관계기준을 반대하고, 인관관계가 없는 손해가 존재할 수 있기 때문에 인과관계기준은 모든 워런티에 적절하지 않으며, 그 예로 과거 보험금 청구는 장래의 보험금 청구 인과관계가 없지만, 보험자가 장차 보험금 청구의 가능성을 산정하는데 매우 필요할 것이다는 것을 든다.; Law Commission, op. cit., para 14.24. 그리고 뉴질랜드의 실무상의 어려움을 적시하고 있다(para 14.26).

309) Bariş Soyer, Risk control clauses in insurance law: law reform and the future, 2016 Cambridge Law Journal 120.

후일 손해가 발생하였지 여부는 문제되지 아니한다.[310)]

(3) 보장의 한계를 기술하는 워런티(조건)

보장의 한계를 기술하는 워런티(조건)이 문제된다.

이와 같은 워런티(조건)는 특정한 위험과 관련없이 일반적인 효과를 제한하는 효과를 가지기 때문에 제11조가 적용되지 않는다. 이와 같은 성질의 조건은 위험산정을 보조하는 것이고, 따라서 위험에 일반적으로 관련되는 것이다. 특정한 예로는 특정한 선급회사에 보장기간동안 입급해 있을 것을 내용으로 하는 워런티를 들 수 있다. 또한 선박이 오락 목적으로 만 부보되는 조건의 경우 선박이 오락목적 이외에 이용되는 동안에는 보험자가 원래 인수한 위험이 현저하게 변경되었기 때문에 보장이 정지되는 것이다.[311)]

한편 2015년 보험법 제11조 제1항은 위험을 전제적으로 정의하는 조건은 적용이 배제되고, 단지 위험을 감소하게 하는 조건만이 적용된다고 규정한다. 위험을 전제적으로 정의하는 조건에 대해 제11조의 적용을 배제하는 이유는 이 조건은 특수한 위험과 관련이 없이 일반적인 제한효과를 가지기 때문이고,[312)] 그 예로는 보험증권 앞 페이지 위험정의에서 "이 보험계약은 부보자동차가 주행 가능한 상태에서만 적용된다"라고 하는 경우에는 제11조 제1항의 위험정의에 해당되어 제11조 제3항이 적용되지 않는다고 해석될 수 있다.[313)] 또한 자동차의 영업용사용금지, 선급에 관한 조건을 예로 들 수 있다.[314)]

이와 같이 위험을 한정하거나 위험을 정의하는 경우에는 2015년 보험법 제

---

310) Bariş Soyer, op. cit., para 5.62.

311) Bariş Soyer, Risk control clauses in insurance law: law reform and the future, 2016 Cambridge Law Journal 121.

312) Law Commission, Insurance contract law:business disclosure; warranties; insurers' remedies for fraudulent claims; and late payment No 353(2014), para 18.35.

313) Bariş Soyer, Risk control clauses in insurance law: law reform and the future, 2016 Cambridge Law Journal 122.

314) Law Commission, Insurance contract law:business disclosure; warranties; insurers' remedies for fraudulent claims; and late payment No 353(2014), para 18.23~24; Bernard Rix, conclusion : general reflections on the law reform, in Malcolm Clarke and Bariş Soyer(edited), The Insurance Act 2015-A new regime for commercial and marine insurance law, (informa from Routledge, 2016). p. 120.

11조가 적용되지 않는바, 보험기간중의 위반의 경우 위험의 증가에 관한 조건인가 아니면 위험의 제한·정의의 관한 조건인지 여부가 명확하지 아니한 점에서 2015년 보험법은 매우 복잡한 해결방법을 채용한 것으로 평가되고, 이는 문언의 해석 문제로서 향후 법원의 판단이 기대된다.[315)]

마. 평가

2015년 보험법상 치유가 인정되는데 대하여 보험자가 이를 회피하기 위하여 치유가 되지 않도록 위험관리수단을 이용할 수 있는 점에서 기존의 보통법의 이념은 변함이 없다고 하는 견해가 있다. 보험자가 인수하고자 하는 위험을 정의하는 경우에는(2015년 보험법 제11조 제1항 참조) 보험자가 정의된 위험 이외의 위험을 승낙한 것이 아니기 때문에 치유가 문제되지 않는다.[316)]

2015년 보험법 제11조가 적용되지 않는 위험의 제한·정의와 동조항이 적용되는 위험의 감소에 관한 조건의 구별이 명확하지 않는 점에서 다툼의 가능성이 존재하고 이에 대한 법원의 판결이 기대된다.[317)] 예컨대 슈퍼마켓 밖에 쓰레기통을 놓도록 한 조건을 위반하고, 슈퍼마켓 내부의 누전으로 화재가 발생하였다면, 보험계약자는 외부에 두지 않은 조건 위반과 내부의 화재사이에 인과관계가 없다고 주장할 것이고, 보험자는 그 조건은 재산에 발생했는지 여부는 상관없이 화재를 방지하기 위한 것이라고 주장할 것이므로, 보험계약자가 그 위반이 화재손해의 위험을 증가하지 않았음을 증명하지 아니하는 한 보상받지 못할 것이기 때문이다.

4. 임의규정성

가. 서언

(1) 규정내용

2015년 보험법 제15조상 소비자보험의 경우에는 워런티에 관한 규정보다 보험계약자에게 불리한 보험계약상의 조건은 무효이지만, 이에 대한 예외가 기업

315) Bariş Soyer, Risk control clauses in insurance law: law reform and the future, 2016 Cambridge Law Journal 122; Bariş Soyer, op. cit., para 8.4.
316) Law Commission, op. cit., para 17.37.
317) Malcolm Clarke, op. cit., para 4.2.

보험의 경우에는 동법 제17조상 투명성 조건에 따라 허용된다.

보험계약상의 조건이 2015년 보험법상 워런티보다 보험계약자에게 유리하면 유효하지만, 불리하면 (1) 보험계약이 체결되기 이전에 보험자는 그 조건에 피보험자가 주의하도록 충분한 절차를 취할 것, (2) 그 조건은 명확하고 그 효과에 관하여 분명할 것의 2가지 투명성 요건을 충족하는 경우에 한하여 유효이다(2015년 보험법 제19조 제4항).

2가지의 투명성 요건의 충족여부를 결정함에 있어서는 당해 유형의 피보험자의 특성, 거래의 상황을 고려하여야 한다(2015년 보험법 제19조 제5항). 투명성 요건 중 첫 번째 요건은 피보험자 또는 그 대리인이 보험계약이 체결될 때 또는 변경될 때 불리한 조건을 실제로 알고 있었으면 보험자가 이를 충족하지 못하였다고 주장할 수 없다(2015년 보험법 제19조 제5항).

(2) 법개정위원회의 권고사항

임의규정화는 1906년 해상보험법 시행이래 가장 종합적인 보험법인 2015년 보험법에 대해 보험업계의 지지를 받기 위한 것인데, 법률개정위원회는 이를 필요악이라 하였으며, 이를 위해 기업보험의 유형에 따라 달리 규정하지 않고 있다.[318)]

다만 법률개정위원회는 중소기업보험과 복잡한 보험으로 구분하고, 전자의 경우에는 보험계약자는 준소비자에 해당하므로 표준조항을 변경함에 있어서는 정보를 제공받을 것이 필요하다고 하고, 후자의 경우에는 당사자는 폭넓은 계약자유의 원칙이 적용된다고 한다.

2016년 3월 현재 런던보험시장에서는 2015년 법에 따른 약관을 이미 제정하였는바, 로이즈시장협회가 발간한 약관중 8/15는 2015년 법을 우회하는 방법으로 규정하고 있는데, 해상보험자는 임의조항을 일반적으로 사용할 것으로 보이고, 항공보험자는 기존조항을 사용할 것으로 판단된다.[319)]

318) Law Commission, op. cit., para 29.29.

319) George Leloudas, Contracting out of the Insurance Act 2015 in commercial insurance contracts, in Malcolm Clarke and Bariş Soyer(edited), The Insurance Act 2015-A new regime for commercial and marine insurance law, (informa from Routledge, 2016), para 7.1.

(3) 근거

사적자치의 원칙이 인정되고, 표준원칙의 변경이 허용되어 보험계약자의 수요와 법과 실무상 발생하는 변화에 대응할 수 있게 하며, 이에 따라 특히 해상에너지와 해상운송분야의 시장에서 확립된 영국의 주도적 센터의 지위를 유지할 수 있도록 하기 위함이다.[320)]

기업보험을 소비자보험과 달리 취급하는 근거로는 기업보험은 소비자보험이 보장하는 위험보다 매우 다양한 비일상적인 위험에 관여하는 경우가 많고, 이에 따라 위험관리의 시각에서 맞춤형 위험관리 조항을 활용하는 것이 필수적인 점을 들 수 있다.[321)]

다음으로 기업보험의 경우에는 당사자의 균형은 보다 대등하여 보험자가 보험계약자의 취약성을 이용하기 어렵다. 다만 중소기업에 대해서는 균형의 점에서 보험자에게 유리하지만 투명성 요건이 적용되므로 보험계약자의 이익을 침해하는 것은 아니다.

(4) 임의규정의 배경철학

2015년 보험법상 임의규정에 관한 조항은 단지 2조문 뿐인데, 이는 법률개정위원회가 복잡한 기준을 원하지 않았기 때문이다. 이에 따라 보험자는 2015년 보험법 제17조의 투명성 요건을 충족하면 자유롭게 임의규정으로 할 수 있게 되었다. 이는 2015년 보험법이 변경하려던 기존 제도를 잔존하도록 하여 개정 목적을 달성할 수 없게 할 것이라는 비판이 주장된다.[322)]

나. 비판적 분석

(1) 2015년 보험법 제16조 제2항

2015년 보험법 제16조 제2항은 워런티에 관한 동법의 규정보다 보험계약자

320) Bariş Soyer, Risk control clauses in insurance law: law reform and the future, 2016 Cambridge Law Journal 122.

321) Bariş Soyer, Risk control clauses in insurance law: law reform and the future, 2016 Cambridge Law Journal 123.

322) Law Commission, Insurance contract law:business disclosure; warranties; insurers' remedies for fraudulent claims; and late payment No 353(2014), para 1.6.

에게 불리한 약정은 동법 제17조의 투명성 요건 즉 편입요건을 충족하는 경우에 한하여 유효하다고 규정한다.

이와 관련해서는 동법 제11조와 관련하여 비판이 지적되고 있다. 제11조는 워런티나 조건위반이 손해발생에 영향을 미치지 아니한 경우에는 보험자는 면책을 주장할 수 있다고 규정한다. 이 조항은 1906년 해상보험법보다 보험계약자에게 유리하게 개정되었다고 보는 견해도 있지만, 제11조 제3항은 보험계약자에게 워런티나 조건의 위반이 손해발생위험을 증가시키지 않았음을 증명해야 한다고 규정하고 있는 점에서 1906년 해상보험법보다 오히려 보험계약자에게 불리하게 개정되었다고 보는 견해가 유력하다.[323)]

이에 보험자가 동법 제17조의 편입요건을 갖추어 2015년 보험법보다 보험계약자에게 불리한 면책규정을 삽입하고, 동시에 동법 제11조를 그대로 유지하는 경우에는 보험계약자가 증명책임을 부담하는 점에서 전체적으로 불리한 지위에 놓일 수 있게 되어 특히 보험중개사의 도움을 받지 못하는 중소기업의 경우 2015년의 목적을 훼손할 우려가 주장된다. 앞으로 법원의 판단이 기대되는 점이다.

(2) 2015년 보험법 제17조 제2항

2015년 보험법 제17조의 투명성 요건은 과거와 새로움의 결합으로서[324)] 동조 제2항은 계약 편입 요건을 규정하고, 동조 제3항은 조건의 효과가 명확할 것을 요구하고 있다. 중소기업과 복잡한 보험가입자의 구별과 관련하여 동조 제4항은 작동하는 보험계약자의 특징과 보험시장을 고려하도록 하고 있다.

동법 제17조 제2항은 기존의 판례법을 입법화한 것으로 보험자는 (1) 보험계약이 체결되기 전에, (2) 불리한 조건에 보험계약자가 주의하도록, (3) 충분한 단계를 밟도록 요구하고 있다.

보험중개사가 보험계약 체결에 관여하는 복잡한 보험시장에서 표준약관상 워런티에 관한 불이익변경조항에 동조 제2항의 충족여부에 관해서는 다음과 같은 점에서 그 충족이 용이하게 인정될 수 있다고 지적되고 있다.[325)]

첫째, 표준약관은 공인되면 곧바로 온라인 웹사이트에 공개되어 무료로 이용

323) George Leloudas, op. cit., para 7.4.1.
324) George Leloudas, op. cit., para 7.4.2.
325) George Leloudas, op. cit., para 7.4.2.

가능하고, 둘째 표준약관이 공개적으로 작성되는 것이 오래되었다는 것이다. 후자와 관련하여 항공보험자가 약관작성시 거의 정보를 제공하지 아니하므로 인한 민원발생의 결과 항공보험약관그룹이 설립되었고, 이 그룹이 표준약관을 간행하고 항공보험자가 새로운 약관의 채용하기 위한 상세한 회의록을 공개하고 있다.

이에 따르면 중소기업이 보험계약자인 경우에 비하여 표준약관이 사용되는 복잡한 보험에 대하여 불이익변경조항의 투명성 요건 충족이 용이하게 인정되는가에 대한 법원의 판단이 기대된다.

(3) 2015년 보험법 제17조 제5항

2015년 보험법 제17조 제5항은 보험계약을 체결할 때 보험계약자가 불이익변경조건을 실제로 인식하고 있었으면 투명성 요건의 미충족을 주장할 수 없다고 규정하고 있다. 동법 제17조 제2항은 보험계약이 체결되지 이전이라고 규정하지만 제17조 제5항은 성립할 때라고 하는 점에서 차이가 있다. 체결할 때에는 실제 인식하지 않았으면 후일 알게 되어도 영향이 없다. 이는 슬립상 합의가 성립한 후 상당한 시간 후에 보험계약의 조건이 작성되는 경우에 매우 중요하다.[326)]

표준약관이 사용되는 경우 보험계약자가 실제 인식하였는가의 문제는 다음과 같이 살펴볼 수 있다.[327)]

첫째, 보험중개사가 슬립에 불이익 변경조항을 삽입하면 보험계약자는 실제 인식한 것이다.

둘째, 표준적인 불이익변경조항을 포함하고 있는 보험약관을 보험중개사가 주도하면 최근에 그 약관이 개정되었어도 보험계약자는 실제로 인식한 것이다.

셋째, 보험자가 보험계약의 내용에 대해 협의 없이 표준약관조항을 요구하면 보험중개사가 실제 인식하는지 여부는 사실관계에 따라 결정된다. (1) 보험중개사가 이전에 이미 보험계약을 중개한 경우에는 불이익 변경 조항을 실제 인식한 것이다. (2) 보험중개사가 알고도 모른 척 한 경우에는 보험중개사가 실제 인식했음에 틀림없다고 인정되기 쉬울 것이다. (3) 보험중개사의 추정적 인식은 동법 제17조 제5항이 실제 인식했을 것을 요건으로 하므로 포함되지 아니한다.

326) Margo, Aviation insurance, (Lexis Nexis, 2014), para 6.47.
327) George Leloudas, op. cit., para 7.4.3.

(4) 2015년 보험법 제17조 제3항

2015년 보험법 제17조 제3항은 불이익 변경 조항은 그 효과가 명확할 것을 요구하고 있다. 로이즈시장협회는 "워런티가 위반되면, 그 후에 치유되는가를 묻지 않고, 보험자는 위반시부터 면책이다"는 예를 들고 있다.[328] 이와 같은 조항의 법적 성격과 위반의 결과에 대해서는 보험계약자에게 그 내용을 알릴 것이 요구된다(투명성요건: 2015년 보험법 제17조 제2항).

Ⅳ 해상보험상 워런티 위반의 포기와 워런티관련 법령상의 조항의 문제

1906년 해상보험법 제34조 제3항은 보험자는 워런티 위반을 포기할 수 있다고 규정하는바, 여기서는 해상보험상의 다양한 형태의 포기에 대해서 살펴보고, 2015년 보험법에 따른 지위의 변화에 대해 고찰한다. 그리고 세월호 사건에서 문제된 인치마리조항과 워런티 위반의 포기의 쟁점을 포함한 1906년 해상보험상의 워런티조항에 대해 살펴본다.

1. 워런티 위반의 포기

가. 워런티 위반 이전 워런티 위반의 포기

보험자는 워런티 위반 이전 위반의 경우 보험계약자에게 아무 조치도 취하지 않음을 약정할 수 있다. 위반이전에 워런티 위반을 포기하는 3가지 방법이 존재하고, 2015년 보험법상 이에 대한 변경은 없다. 다만 2015년 보험법상 워런티 위반 이후에 보험자가 취할 수 있는 효과가 개정되었다.

(1) 행위에 의한 위반의 포기

워런티 위반은 보험자의 행위 또는 서면으로 사전에 포기될 수 있지만, 그 행위는 단어의 진정한 의미에서 명확해야 하고, 보험자의 행위가 장래의 워런티 위반을 주장할 수 없기에 충분할 정도로 명확한가는 사실판단의 문제이다.[329] 항해 이전에 선박의 운송적격성에 대한 검사가 워런티 위반의 포기인가 여부가

328) George Leloudas, op. cit., para 7.4.4.
329) Bariş Soyer, op. cit., para 6.2.

다투어진 Sleigh v. Tyser사건[330]에서는 부정되었고, 일정금액 이상을 부보하기로 한 워런티에도 불구하고 보험자가 제안한 슬립에 초과금액을 부보한 Samuel v. Dumas사건[331]에서는 긍정되었으며, 특정지역의 항해가 금지된 워런티에도 불구하고 보험계약자가 보험자의 대리인에게 금지구역에서 항해를 원한다고 문의한 Fellas v. Continental Insurance Co사건[332]에서는 긍정되었다.

(2) 명시적 조건에 의한 위반의 포기

보험자는 사전에 보험계약상의 명시적인 조건으로 후일 워런티 위반을 주장하지 않을 것을 약정할 수 있다. 해상보험에서는 특히 감항능력 워런티와 감화(堪貨)능력워런티 위반의 포기에 관한 조항이 이용되고 있다. 워런티 위반 포기의 문언은 원하는 목적을 달성하도록 '명시적이고, 적절하여야(express, pertinent and apposite)' 한다.[333] 작성한 조항이 애매모호하면 다툼의 원인이 되는데, HIH Casualty v. Chase Manhattan Bank사건[334]과 Kumar v. AGF Insurance Ltd사건[335]에서는 보험자의 주장이 인용되었다.

---

330) [1900] 2 QB 333. 법원은 검사는 단지 보험자를 위한 추가적인 예방조치이었고, 묵시적 감항능력 워런티 위반에 해당하는 보험계약자의 의사와 명확한 행위가 없었다고 하였다.

331) [1924] AC 431. 이 사건에서 13,730파운드 이상의 운임보험을 체결하지 않기로 하는 선비워런티가 있었고, 보험자가 제안한 슬립에 그 금액을 초과하여 부보하였으며, 워런티 위반을 포기하는 보험자의 명확한 행위에 해당한다고 하였다.

332) [1973] ILR 558. 카나다의 브리티시 콜롬비아의 대법원판결이었다.

333) Quebec Marine Ins Co v. Commercial Bank of Canada [1870] LR 3 PC 234, at 243.

334) [2001] Lloyd's Rep IR 191. 이 사건에서 보험계약자는 필름제작회사에 대출한 은행이었고, 보험계약자의 대리인이 사기적거나 가실상의 고지의무위반을 근거로 취소가능한지가 쟁점이었는데, 한 조항에는 "보험계약자는 명시적인 묵시적인 워런티나 고지를 할 의무는 없다(이 의무는 보험자에 의하여 명시적으로 포기된다)" 라고 규정되어 있었다. 에이킨스(Aikens)판사는 이 조항은 보험계약자가 고지를 하거나 워런티를 하하는 것을 부정하는 것은 아니고, 보험계약자에 의하여 고지 또는 워런티가 자발적으로 행해진 경우에는 그 효과를 부정할 수 없다고 하였다.

335) [1999] Lloyd's Rep IR 147. 변호사(solicitor)인 는 변호사보상기금의 보상한도인 1백만 파운드를 초과하는 금액에 대해 보험에 들었고, "보험자는 특히 고지의무를 포함하여 어떠한 사유에 의하여 보험계약을 취소하지 않는다"고 약정하였다. Chopra에 대해 2백만파운드를 지급하라는 판결을 받은 Kumar의 보험금 청구에 대해 토마스판사는 Good Luck호 사건판결 이전의 유동적인 상황에서 이 문언은 워런티 위반의 포기로서의 효력이 있다고 하였다.

협회적하보험약관[336]은 "보험자는 선박의 감항능력과 보험목적을 목적지로 운송하기에 적합한 묵시적 워런티의 위반을 포기한다. 다만 보험계약자나 그 사용인 감항능력 또는 감화능력이 없다는 사실을 모르고 있는 경우에 한한다." 라는 감항능력과 감화능력의 워런티 위반포기에 관한 명확한 규정을 두고 있다. 오늘날의 해상실무에서 화물소유자는 통상 운송선박의 상태에 대해 알 수 있는 수단을 갖지 못하기 때문에 선박감항능력과 감화능력의 묵시적 워런티를 고수하면 불공정성을 초래할 수 있기 때문이다.[337]

(3) 계속담보조항

해상워런티의 주요 기능은 보험자가 부보위험의 범위를 결정하는데 보조하기 위함이고, 워런티 위반의 경우에는 원래 인수된 위험이 변경되어 보험자가 다른 결과를 가지게 되기 때문이다.[338] 그러나 보험자는 보험료에 관한 필수적인 약정 등이 행해지면 변경된 위험이 적절히 변경된 것으로 하여 보험보장을 확대하고자 하는 경우가 있다. 현대 해상보험실무상은 계속담조조항[339]의 사용으로 목적이 달성되는데, 그 요건으로는 첫째, 보험자에게 지체없이 통지될 것, 둘째, 조건변경과 추가보험료가 합의될 것이 요구된다.

(4) 인치마리조항에 의한 워런티 위반의 포기

인치마리조항은 전통적인 표준약관상의 위험인 해상고유의 위험, 화재, 투하, 해적 등 이외의 다양한 위험에 대한 보장을 명시하여 선박보험인수를 크게 확장하고 있다.

인치마리조항은 기계나 선체상의 잠재적 하자에 직접 기인한 별실 또는 훼손을 보장하고 있는데, 아놀드는 항해보험에서 선박의 감항능력의 묵시적 워런티에도 해당하고 잠재적 하자에도 해당한다고 하는 미국판례를 인용하면서, 보험자는 워런티 위반을 이유로 면책을 주장할 수 없다고 하였다.[340] 이에 따르면

336) 1982년 협회적하보험약관 A, B, C 제5조 제2항; 2009년 A, B, C협회적하보험약관 A, B, C 제5조 제1항.
337) 심재두, 해상보험법, 길안사, 1995, 137면; Bariş Soyer, op. cit., para 6.7.
338) Bariş Soyer, op. cit., para 6.10.
339) 1983년 협회선박기간보험약관 제3조.
340) MJ Mustill and JCB Gilman, Arnould's Law of Marine Insurance and Average, (16th ed., Stevens, 1981), para 710.

감항능력이 인치마리조항에 의해 보장되는 경우에는 명시적인 보장이 묵시적인 워런티에 우선하고, 보험자는 감항능력의 워런티 위반을 주장할 수 없다.

다른 견해는 인치마리조항과 감항능력의 묵시적 원런티는 별개의 목적을 가진 두 개의 명확한 개념이고, 전자는 보험자의 책임의 범위를 결정하는데 반하여, 후자는 보험계약자의 의무를 예시하는 것이며, 두 개념을 양립하는 방법은 감항능력의 묵시적 워런티에도 해당하는 잠재적 하자가 손해를 야기한 경우에는 잠재적 하자가 항해 개시 이후에 작동했다는 것을 조건으로 피보험자에게 보상을 허용하는 것이라고 한다. 즉 항해가 개시된 이후에는 선박의 감항능력의 묵시적 워런티가 존재하지 않기 때문에 잠재적 하자로 인해 불감항상태에 처하더라도 선박의 감항능력의 묵시적 워런티에 영향이 없다는 것이다.[341]

영국법원은 아놀드의 견해를 채용하고 있다. Martin Maritime Ltd v. Provident Capital Indemnity Fund Ltd(The Lydia Flag)사건[342]에서 인치마리조항인 수리업자의 과실로 인한 손해인가 아니면 수리업자의 과실로 인한 불감항이 명시적 감항능력의 워런티 위반인지 여부가 다투어졌는데 무어빅판사는 인치마리조항에 감항능력의 명시적 워런티의 예외를 규정한 것이라고 하였고, 불감항이 소유자나 관리자의 상당한 주의위반에 해당하는 경우에만 보험금을 지급받지 못한다고 하였다. 이에 보험자에게 보상이 명해졌다. 현재의 영국법원의 입장은 인치마리조항이 워런티 위반을 포기하는 효력을 가진다고 보며, 이 결과는 인치마리조항을 작성할 때 예상하지 못한 것으로 피보험자와 보험자의 균형에 영향을 미치고 있으며, 인치마리조항과 워런티의 관계를 명확히 하는 법원의 판단이 필요하다고 한다.[343]

세월호 사고의 경우 상습적인 과적이라거나 선원에 대한 고지의무위반이라는 묵시적 감항능력 워런티의 위반이 인정되고, 또한 세월호의 증축이 인치마리조

---

341) Bariş Soyer, op. cit., para 6.29.

342) [1998] 2 Lloyd's Rep 652. 이 사건에서 "이 보험은 수리업자의 과실로 인한 부보위험에의 멸실 또는 훼손을 보장한다. 다만 이 멸실 또는 훼손이 보험계약자의 상당한 주의 결여로 인하지 않았어야 한다."는 인치마리조항이 삽입된 협회선박기간보험약관을 보험계약의 내용으로 하였고, "보험의 개시시 선박은 감항상태에 있고, 유요한 보험기간중 피보험자는 선박의 감항상태를 유지하는데 상당한 주의를 해야 한다"는 명시적 감항능력 워런티가 포함되었다. 1996년 8월 선박의 키가 멸실하였는데, 1995년 12월에 테일샤프트를 검사하기 위해 피라우스에 있는 드라이독에서 키를 해체한 수리업자의 과실이 있었다.

343) Bariş Soyer, op. cit., para 6.33.

항에 해당하는 1983년 협회선박기간보험약관 제6조 제2항 2호의 기계나 선체의 잠재적인 하자에 해당한다고 판단된다.344) 인치마리조항에 해당한다면 선박의 감항능력의 묵시적 워런티의 포기에 해당한다는 법리는 세월호 사고에 대한 논의로서 의의가 있다고 판단된다. 영국법상 청해진해운의 세월호 증축이 잠재적 하재에 해당한다면 청해진해운의 상당한 주의 결여가 없는 한 보험자는 세월호의 묵시적 감항능력의 결여를 이유로 보상을 거부할 수 없다.

나. 워런티 위반 이후 워런티 위반의 포기

(1) 전통적인 워런티제도의 입장

(가) Good Luck호 사건의 영향

영국해상보험법 제34조 제3항에 따르면 보험자는 워런티 위반을 기한의 제한 없이 포기할 수 있고, 위반 이후에도 포기가 가능하다. 상당한 기간동안 워런티 위반의 포기는 선택이나 금반언의 두 가지 형태를 취한다고 고찰되어 왔다. 금반언은 일방당사자(약속자)가 타방당사자(피약속자)에게 약속자의 계약상의 권리가 실행되지 않을 것이라고 신뢰하도록 이끈 경우에 작동한다.345) 보험자가 워런티 위반에 의거하지 않겠다고 언명한 경우에는, 보험자는 자신의 행위나 어귀에 의해 1906년 해상보험법상 부여된 구제수단에 의거하지 않을 것이라고 신뢰하도록 이끈 것이다.

영국해상보험법은 워런티 위반의 효과에 관하여는 영국해상보험법은 보험자는 워런티 위반일로부터 책임을 지지 않지만 그 이전에 발생한 책임에 대하여서는 영향이 없다(제33조 제3항)라고만 규정하는데, 이에 관하여는 동법 시행후 75년이 지나서야 비로소 Good Luck호 사건346)에서 Goff판사에 의하여 명확히 해석되었고, 이에 따라 보험자는 워런티 위반일로부터 '자동적으로' 책임을 지지 않지만 그 이전에 발생한 책임에 대하여서는 영향이 없다.

Good Luck호 사건 이후에는 이에 관한 법적 지위가 변경되었다는 클라크교수와 맥길리브리브레이와 파킹튼의 저서의 편저자에 의해 워런티 위반일로부터

344) 한창희, 세월호 사고와 해상보험, 보험학회지 제104집(2015), 한국보험학회, 103면; 한창희, Cendor MOPU사건에 관한 연구, 보험학회지 제104집(2016), 한국보험학회, 96~99면.

345) Central London Property Trust Ltd v. Trees House Ltd [1947] KB 30.

346) Bank of Nova Scotia v. Hellenic Mutual War Risks Association(Bermuda) Ltd [1991] 2 Lloyd's Rep 191.

보험자는 자동적으로 책임을 지지 않으므로 보험자가 워런티 위반을 포기하였다고 주장하고자 하는 피보험자는 금반언에 의한 포기를 증명해야 하고, 선택에 의한 포기는 이용될 수 없다고 하였다.[347] 최근 항소법원의 Kosmar Villa Holidays Plc v. Trustee of Syndicate 1243사건[348]에서 워런티 위반으로 보험자는 자동적으로 책임을 면하므로 선택에 의한 포기는 적용될 수 없다고 단호하게 판결되었다.

이에 워런티 위반은 포기될 수 있다는 해상보험법 제34조 제3항의 문언은 무의미하게 되었지만, 보험자는 명시적인 약정이나 금반언에 의해 워런티 위반을 포기할 수 있다.[349]

(나) 워런티 위반의 경우 금반언 이론의 적용

금반언에 의한 포기가 성립하기 위해서는 보험자의 자동적으로 면책인 권리포기의 효과를 지닌 명확한 표시이고, 피보험자가 이를 신뢰한 경우 보험자측이 이를 번복하는 것이 불공정할 것이 요구된다.[350]

(i) 명확한 행위(표시)

명확한 행위는 보험금 지급책임을 면하는 보험자의 권리와 양립하지 않은 행위이고, 명확성의 정도는 고지의 면제(영국해상보험법 제18조 제3항 c호)와 다르다.[351] 다음과 같은 점이 문제된다.

첫째, 워런티위반후 보험금 지급의 문제이다. 이와 같은 보험금 지급이 명확한 행위에 해당하는 것은 아니다.

둘째, 워런티 위반 후 계속보험료를 수령하거나 위반이전에 보험료를 수령하고 위반 후 반환하지 아니하는 경우의 문제이다. 이는 워런티 위반 항변을 하지 않겠다는 명확한 행위는 아니고, 이 행위가 보험을 유지하겠다는 의사를 나타내는 것이 아님은 명백하지만, 이에 관한 영국판례는 없다.[352] 반면 대법원은

347) M Clarke, Law of insurance contracts, (LLP, 1997), para 20-7A, p. 548; N Lech-Jones and J Birds and A Longmore and DC Owen, McGillivray on insurance law, (Sweet & Maxwell, 1997), para 10-98, p. 254.
348) [2008] EWCA Civ 147; [2008] Lloyd's Rep IR 489.
349) Bariş Soyer, op. cit., para 6.42.
350) Bariş Soyer, op. cit., para 6.43.
351) Bariş Soyer, op. cit., para 6.44.

워런티 위반 이후 보험료 수령이 워런티 위반의 포기가 아님을 명확히 하였는데, 대법원 1996. 10. 11. 선고 94다60332 판결[353]은 "보험료가 담보특약 위반 이전에 가득된 경우(즉 보험료 수령권이 담보특약 위반 이전에 이미 발생한 경우)에는 보험자가 담보특약 위반 사실을 알면서 그 보험료를 수령하였다고 하여 담보특약 위반에 대한 권리를 포기한 것으로 볼 수도 없고, 보험증권이 보험기간을 1년으로 하는 연간보험으로 되어 있고 연간보험료를 분할 납부하도록 되어 있는 경우에는 전체 보험료는 보험기간이 개시되자마자 가득되는 것이다."라고 하였다.

셋째, 손해를 방지하기 위한 안전조치에 대한 권고는 명확한 행위에 해당할 수 있는데, 워런티 위반으로 보험자가 면책임에도 장차 피보험자가 입는 손해위험에 관하여 보험자가 관심이 있는 이유를 설명하기 어렵기 때문이다.[354] 또한 보험자의 청구에 대하여 보험금을 지급하거나 법원에 공탁하는 경우 명확한 행위의 근거가 될 수 있다.[355]

넷째, 현재 또는 과거 사실의 워런티와 같이 책임 개시 전의 워런티 관련문제이다. 책임 개시 후 보험증권 발행이 보험료의 수령과 동시에 행해지면 포기의 명확한 행위이다.[356]

다섯째, Good Luck호 사건 이전에는 워런티 위반 후 침묵 또는 행위의 지연은 포기로 인정되기에 충분한 명확한 표시이었다. 그러나 그 이후에는 워런티 위반으로 보험자는 자동적으로 면책이므로 포기가 성립하기 위해서는 단정적인

352) Bariş Soyer, op. cit., para 6.46.

353) 동판결은 영국 해상보험법상의 담보특약 위반이 있는 경우 보험자는 보험증권에 명시적 규정이 있는 경우를 제외하고는 자동적으로 그 위반일에 소급하여 그 보험계약상의 일체의 책임을 면하고, 보험자가 담보특약 위반을 이유로 보험계약을 해지하여야만 비로소 그 보험계약상의 책임을 면하게 되는 것은 아니므로, 보험자가 담보특약 위반을 안 직후 보험계약을 해지하지 않았다고 하여 이로써 그 담보특약 위반에 대한 권리를 포기하였다고 볼 수는 없으며, 또한 담보특약 위반 사실은 보험자를 면책시키는 효과만 있고 보험계약을 소급적으로 무효화시키는 효력이 없을 뿐만 아니라 계약을 종료시키는 효력도 없다는 것을 근거로 하였다. 이 판결에 대해서는 최종현, 영국해상보험법상 담보특약(warranty) 위반에 대한 권리의 포기-대법원 1996.10.11. 선고 94다60332 판결, 보험법연구2(1998), 삼지원, 49~57면.

354) De Maurier (Jewels) Ltd v. Bastion Insurance Co Ltd [1967] 2 Lloyd's Rep 550.

355) HIH Casualty and General Insurance Co v. AXA Corporate Solutions [2002] EWCA Civ 1253.

356) Bariş Soyer, op. cit., para 6.48; Hadenfayre v. British Insurance Society Ltd [1984] 2 Lloyd's Rep 393.

표시가 필요하다.357)

여섯째, 다른 근거로 보험금 부지급 후 워런티 위반의 주장 허용 여부의 문제이다. 예컨대 사기를 근거로 보험금 지급을 거부했지만, 이 주장이 소송에서 기각된 후 워런티 조건위반을 이유로 보험금 지급을 거부함이 인정된다.358) Argo System FZE v. Liberty Insurance (Pte)사건359)에서 이 원칙이 적용되었다.

일곱째, 보험자의 행위가 원런티위반의 명확한 표시가 되지 않도록 보험자는 주의해야 하는데, "보험목적을 구조, 보호, 회복하기 위하여 피보험자 또는 보험자가 취한 조치는 위부의 포기나 승인으로 간주되지 않고, 각 당사자의 그 외의 권리를 침해하지 않는다"는 1982년 협회선박보험 A, B C약관 제17조360)와 같은 조항을 삽입하는 것이 그 예이다.

(ii) 신뢰

금반언의 존재가 성립하기 위해서는 워런티 위반으로 인한 보험자의 권리가 실행되지 않으리라는 보험자의 약속을 피보험자가 신뢰하여야 한다. 이는 피보험자가 당해 표시에 약간의 의미를 두었고, 피보험자의 지위를 변경하였음을 증명할 것을 뜻한다. 표시가 합리적인 사람의 판단에 영향을 미칠 의도임이 증명되면 신뢰가 추정된다.361)

(iii) 불공정

보험자가 되돌리면 피보험자의 지위가 변경되어 손해를 입게 되어 불공정하다는 것이 증명되어야 한다.362) 다른 보험에 가입하지 않은 것은 손해를 증명하기에 충분하다.363)

357) Bariş Soyer, op. cit., para 6.49.
358) Bariş Soyer, op. cit., para 6.50.
359) [2011] EWCA Civ 1572; [2012] 1 Lloyd's Rep 129; 1심에서 보험자는 워런티 위반을 주장하였지만, 다수의 특정한 점을 근거로 보험금 지급을 거부하는 주장이 기각되어 워런티 위반을 주장하지 못한다고 판시되었다. 항소법원에서 파기되었다.
360) 2009년 협회선박보험 A, B C약관 제17조.
361) Brikom Investments Ltd v. Carr [1979] QB 467.
362) Emery v. UCB Corporate Services Ltd [2001] EWCA Civ 675.
363) Hargett v. Gulf Insurance Co 55 P2d 12.

(2) 2015년 보험법시행에 따른 지위

2015년 보험법 제10조에 따르면 워런티 위반의 경우 보장은 자동적으로 중단되고, 치유될 때까지 유지된다. 따라서 피보험자가 워런티 위반의 포기를 주장하기 위해서는 위반이 치유될 때까지 보장이 중단되는 법률상의 효과와 양립하지 않는 보험자측의 명확한 행위를 증명해야 한다. 피보험자는 물론 명확한 행위를 신뢰하여 그의 지위를 변경했음을 증명할 것이 요구된다.[364)]

2. 1906년 해상보험법상 워런티 관련 조항의 문제

영국법상은 다른 약정이 없으면 책임이 개시되면 보험계약자는 보험자의 동의없이 위험을 변경할 수 있다. 항해보험에 관하여 영국해상보험법 제42조~제48조는 이와 같은 경우 피보험자를 보호하기 위하여 묵시적인 조건(항해조건이라고도 함)을 규정하고 있다.[365)] 이 항해조건 워런티로 분류되지는 않지만, 특히 제45조(항해의 변경), 제46조(이로), 제47조(항해의 지연)은 조건위반의 경우 소급하여 계약상의 책임을 면하고 이전의 손해에 대한 책임에 대해서는 영향이 없다는 점에서 계속적인 워런티와 같은 역할을 하고 있다. 유사하게 제43조(출발지의 변경), 제44조(목적지의 변경)은 책임개시 이전에 워런티의 충족이 요구되는 워런티와 같은 효과를 가지고, 그 위반의 경우 위험은 개시되지 않는다. 여기서는 항해조건의 범위와 현재 실무를 협회적하보험약관을 참조하여 살펴보고, 2015년 보험법이 이들 조항에 미치는 효과를 살펴보고자 한다.

가. 계속적 워런티와 유사한 항해조건

(1) 항해의 변경

1906년 해상보험법 제45조는 위험이 개시된 이후에 선박의 목적지가 보험증권에서 정하여진 곳이 아닌 다른 곳으로 임의로 변경된 경우에 항해의 변경이 있다고 한다. 이 조항이 적용되는가 여부의 결정에는 보험증권상 특정된 목적항을 확인하는 것이 필요하다. 이는 각 사건의 사실판단의 문제이고, 보험증권상 피보험자가 특정된 범위의 항구 중에서 한 항구를 선택할 수 있는 경우에는 피보험자가 한 항구로 항해한 선택은 항해의 변경이 아니다.[366)]

364) Bariş Soyer, op. cit., para 6.60.
365) Bariş Soyer, op. cit., para 7.1.

선박에 지배력이 있는 자연현상이나 당국의 명령에 따른 선장의 도착지의 변경, 즉 비자발적인 도착항의 변경은 제45조의 위반이 아니다. Rickards v. Forestal Land, Timber & Railways Co (The Minden)사건[367]이 그 예이다.

제45조의 효과는 항해를 변경하고자 하는 의사가 명백하여졌을 때 발생한다. 증명책임은 보험자가 지고, 항해를 변경하고자 하는 의사가 명백하여졌을 때부터 보험자는 면책이고, 보험증권상 원래 규정된 목적항으로 항해하고 있거나 출발항에 있어도 변함없다.[368]

(2) 이로

항해보험상 선박은 보험계약상 지정된 항해를 따를 것이 기대되고,[369] 지정되지 아니한 경우에는 통상적이고 관습상의 항로를 따라야 한다(영국해상보험법 제46조 제2항).

일정한 경우에는 계약상 이로가 허용되거나, 선박의 안전을 위해 필요한 경우, 인명구조, 의료상 이유로 허용되며, 이는 폭풍이나 선장이나 선원의 악행과 같이 피보험자의 통제밖의 이유로 발생할 수 있다.[370] 1906년 해상보험법 제49조는 이로가 적법하게 허용되는 다수의 이유를 열거하고 있고, 이로가 허용되는 사유가 종료한 때에는 선박은 상당히 신속하게 원래의 항로로 복귀하여 항해를 계속하는 경우에는, 보험자는 면책이 아니다(제49조 제2항).

제49조의 사유가 한정적인지 열거적인지 여부에 대한 영국판례는 없지만 어디에도 예시적이라고 시사하는 어귀는 존재하지 아니하고, 제49조는 보험자의 면책사유를 규정하고 있으므로 제한적으로 해석하는 것이 타당하는 점에서 한

---

366) Kymance Co Ltd v. Young [1911] 16 Com Cas 123.

367) [1942] AC 50; 남아메리카에서 홍콩 또는 상하이로 독일선박으로 운송되는 적하에 대해 부보되었고, 선박은 1939년 8월 25일 리오에 도착하였고, 전쟁이 9월 3일 개시되었다. 9월 6일 독일선박은 중립항으로 피항하거나 독일로 귀항 또는 침몰시키라는 독일정부의 지시에 따라 독일로 귀항하던 중 영국전함에 의한 포획을 피하기 위해 선장은 천공하였다. 상원은 선박의 도착항이 자발적으로 변경되지 않았기 때문에 45조 위반이 아니라고 하였다.

368) Bariş Soyer, op. cit., para 7.7.

369) 보험증권에 수 개의 하역항이 기재되어 있는 경우에는 보험증권에 기재된 순서에 따라 항해하여야 하고, 보험증권에 항구의 이름이 기재되어 있지 않고 일정한 지역내의 "하역항들"이라고만 기재되어 있는 경우에 선박은 지리적 순서에 따라 항해하여야 한다(1906년 해상보험법 제47조).

370) Bariş Soyer, op. cit., para 7.7.

정적으로 본다.[371)]

이로와 항해의 변경은 3가지 중요한 차이가 있다.[372)] 첫째, 이로의 경우 보험증권상 지정된 원래의 항해는 포기되지 않는 것이고, 반면 항해의 변경에는 포기된다. 둘째, 항해 변경 의사가 명확한 행위로 표시되는 경우에는 선박이 통상적인 항로로 항해하는 중 손해가 발생하여도 보험자는 면책이다. 다만 선박이 실제 이로할 때까지 보험자는 면책이 아니다. 즉 이로의 의사는 이로행위가 개시되는 순간까지 보장에 영향이 없다. 셋째, 1906년 해상보험법 제49조는 이로가 허용되는 예외를 규정하지만, 항해의 변경에는 예외규정이 없다.

(3) 항해의 지연

항해위험을 인수하는 보험자는 부보항해가 전체 과정에서 신속히 수행될 것이라는 합리적인 기대를 인수관점에서 가진다. 이에 영국해상보험법 제48조는 보험자는 "그 지연이 부당한 정도가 되는 때로부터 보상책임을 면한다"라고 규정한다.

상당한 지연은 본질적으로 사실판단의 문제이다. Samuel v. Royal Exchange Assurance사건[373)]에서 과도한 빙하 때문에 부보선박의 입항이 지연된 것은 정당하다고 하였고, Company of African Merchants Ltd v. British & Foreign Marine Insurance Co Ltd사건[374)]에서 부보선박들의 다른 적하를 선원이 구조로 인한 지연은 부당하다고 하였다. 오늘날에는 제48조에 관한 판례는 내려지지 않는 2가지 이유가 있다.[375)] 첫째, 통신이 발전하여 피보험자는 항해의 잠재적 지연을 인식하고, 보험의 개정을 협의할 수 있게 되었다는 점이다. 둘째, 제49조의 예외가 항해의 지연에도 동일하게 적용된다는 점이다.

(4) 협회보험약관

협회선박보험약관과 협회적하보험약관상 1906년 해상보험법 제45조, 제46조, 제48조는 대폭 수정된다.

---

371) Bariş Soyer, op. cit., para 7.8.
372) Bariş Soyer, op. cit., para 7.9.; 양승규·한창희, 전게서, 268면.
373) [1828] 8 B & C 119.
374) [1973] LR 8 Ex 154.
375) Bariş Soyer, op. cit., para 7.11.

(가) 협회적하보험약관

(ⅰ) 이로

2009년 협회적하보험약관 제8조 제3항은 특히 이로의 경우에도 보험계약은 유효하다고 규정하는데, 이 조항은 피보험자의 행위와는 무관하고 보장은 자동적으로 확장되므로, 제46조의 효과가 부정되는 것이다. 보장이 자동적으로 확장되는 이유는 현대 해운 실무상 일단 적하가 창고에서 인도되면 피보험자는 통상은 항해 도중에 통제할 수 없기 때문이다.[376]

(ⅱ) 항해의 변경

2009년 협회적하보험약관 제10조 제1항은 보험개시 후 목적지가 변경된 경우(제45조의 위반)에는 피보험자가 보험자에게 지체 없이 통지하고 추가보험료와 조건이 합의되는 경우에는 보장이 확대된다고 규정하고 있다. 그러나 지체 없이 통지되지 않거나 항해의 변경이 현저한 경우(해적의 집결지인 소말리아항구로 목적지를 변경하는 경우)에는 합리적인 보험료나 합리적인 조건으로 시장에서 보장이 가능하지 않는다.[377]

(ⅲ) 항해의 지연

2009년 협회적하보험약관 제18조는 제48조와 유사하게 '항해의 회피'라는 제목아래 피보험자가 통제할 수 있는 모든 상황에서 신속히 행동하는 것은 이 보험의 조건이다라고 규정하고 있다. 또한 2009년 협회적하보험약관 제8조 제1항은 '항해의 통상적인 과정중에는' 보장이 계속된다고 규정하고 있다. 항해의 통상적인 과정의 의미에 관한 판례는 없지만, SAC (Freight) Ltd v. Gibson사건[378]에 따르면 적하는 항상 이동하는 것이 필수적은 아니고, 운송을 최종목적지로 합리적인 추가운송에 필수적인 근거아래 정당화되지 아니하는 경우에만 적하는 통상의 운송 과정 밖에 있는 점에서, 피보험자의 통제 내의 항해의 지연은 통상의 항해 과정 밖이고, 지연과 관련된 손해는 면책이다. 2009년 협회적하보험약관상의 규정과 제48조와 관련하여 현행 적하보험 실무상 큰 문제는 없는 것으로 판단된다.[379]

376) Bariş Soyer, op. cit., para 7.12.
377) Bariş Soyer, op. cit., para 7.13.
378) [1974] 2 Lloyd's Rep 533.

(나) 협회선박보험약관

1983년 협회선박항해보험약관 제2조는 이로, 항해의 변경의 경우 보험자가 요구하는 부보조건의 변경과 추가보험료에 대한 합의 후 그 통지가 지체없이 보험자에게 행해지면 보장이 되는 전통적인 계속담보조항이다. 따라서 이로와 항해의 변경의 경우 통지가 적시에 행해지지 아니하거나 이로나 항해의 변경에 의해 수정된 위험이 시장에서 부보되지 아니하는 때에만 보험자는 면책이다. 반면 항해의 지연에 대해서는 협회선박보험약관상 규정이 없다. 따라서 보험자는 제48조에 따라 지연이 불합리한 때부터 면책이다.[380)]

나. 위험 개시 전에 충족이 요구되는 워런티와 유사한 항해조건

(1) 출발항과 목적항의 변경

항해보험은 보험목적을 어느 지점에서 다른 지점까지 부보하고(해상보험법 제25조), 보험자는 보험증권상의 출발항과 목적항을 참조하여 보장의 범위를 산정하므로, 보험계약 성립 후 출발항이나 목적항을 변경하면 보험자의 원래의 위험산정은 의미가 없게 된다. 이에 해상보험법 제43조는 출발항이 보험증권에 명시된 경우에 선박이 그 곳에서 출항하지 않고 다른 곳에서 출항하였을 때에는 위험은 개시되지 않는다고 규정하고, 제44조는 목적항이 보험증권에 명시된 경우에 선박이 그 곳을 향하여 출항하지 않고 다른 곳에서 출항하였을 때에는 위험은 개시되지 않는다고 규정하고 있다.

이를 엄격하게 적용하면 부보적하가 유령선에 적재되어 도난당한 경우 피보험자가 보상받지 못하는 문제가 있었다. 198년대와 19990년대에 조직범죄가가 선의의 송하인이나 수하인소유의 적하를 적취하기 위해 유령선을 이용하여 많은 문제가 제기되었다. 예컨대 베트남에서 할부르크까지 부보되는 적하에 대해, 베트남의 창고를 출발하여 키논(Qui NHon)항에서 선적되었는데, 이는 유령선인 경우이다. 다수의 판례[381)]는 제44조를 적용하여 면책으로 하였다. 이에 따

---

379) Bariş Soyer, op. cit., para 7.15.

380) Bariş Soyer, op. cit., para 7.16.

381) Nam Kwong Medicines & Health Products Co Ltd v. China Insurance Co Ltd [2002] 2 Lloyd's Rep 591(Hong Kong High Court) 그리고 Nima SARL v. Deves Insurance Public Company Ltd(The Prestrioka) [2002] EWCA1132; [2003] 2 Lloyd's Rep 327.

라 피보험자가 인식 없이 선적항에서 유령선에 선적된 선의의 피보험자를 보호할 필요가 있게 되었다.

2009년 협회적하보험약관 제10조 2항은 “부보위험이 피보험자 또는 그 사용인의 인식없이 이 보험(제8조 제1항)이 의도한 운송을 개시하는 경우, 선박이이 다른 도착지를 향해 항해하여도, 이 보험은 이 운송의 개시시에 개시하는 것으로 본다”고 규정하였다. 이 조항은 적하가 유령선에 선적된 경우에도 피보험자 또는 그 사용인이 선박이 보험증권상 기재된 목적지와 달리 항해한다는 사실에 관여하지 아니하는 한, 계약상의 창고사이 조항이 1906년 해상보험법 제44조보다 우선 적용되어 앞에 인용한 판례를 파기하는 효력을 가지게 된다.[382]

(2) 항해의 지연

1906년 해상보험법 제42조 제1항에 따르면 항해보험의 경우 해상사업은 상당한 기간 내에 개시되어야 하고, 그러하지 아니하면 보험계약을 취소하는 묵시적 조건이 있다. 지연의 원인은 묻지 않고, 원래 의도된 항해의 성격을 변경하기에 충분한 상당한 기간이어야 한다. 이 조항은 실무상 문제가 없다고 고찰되고,[383] (1) 피보험자가 보험계약이 체결되기 이전에 보험자가 알고 있는 사실로 인하여 지연되었음을 증명하거나 (2) 보험자가 조건을 포기했음을 증명한 경우에는 예외가 인정된다(제42조 제2항).

다. 2015년 보험법의 항해조건에의 영향

2015년 보험법 제정 과정에서 1906년 해상보험법 제42조~제49조의 묵시적 항해조건에 대한 약간의 논의가 있었다. 일부는 지연조항을 폐지하여도 현대 실무상 큰 어려움은 초래하지 않을 것이라 했지만, 법률개정위원회는 1906년 해상보험법상 묵시적 항해조건조항은 개정하지 않는 것으로 판단하고, 항해조건은 워런티가 아니라 항해의 개시에 관한 조건이므로 2015년 보험법 제15조에 따른 변화가 항해조건에 영향을 미치지 않을 것이라고 결론지웠다.[384]

---

382) Bariş Soyer, op. cit., para 7.20.

383) Bariş Soyer, op. cit., para 7.22.

384) Law Commission, Insurance contract law: the business insured's duty of disclosure and the law of warranties(2012), para 16.24; Bariş Soyer, op. cit., para 7.23.

2015년 보험법이 이에 대해 미치는 영향은 위험 개시 전에 충족이 요구되는 조건과 계속적 워런티와 유사한 항해조건으로 나뉘어 검토되어야 한다.

첫째, 위험 개시 전에 충족이 요구되는 조건에 관한 제42조 제1항, 제43조, 제44조는 2015년 보험법의 시행으로 영향을 받지 않는다.[385]

둘째, 계속적 워런티와 유사한 항해조건에 관한 항해의 변경(제45조), 이로(제46조), 항해의 지연(제48조)에 대해서는 예컨대 부보선박의 잠재적 하자로 인한 화재와 같이 이로와 무관한 이유로 이로 바로 직후 발생한 손해에 대해서는 2015년 보험법 제11조가 적용되어 보험자가 보상책임을 지는가가 문제된다. 제11조는 위험을 전체로 정의하는 경우와 조건의 충족이 위험을 감소하는 경우로 구별하여 전자에 대해서는 적용이 배제되고 있고, 이로 등은 전자에 해당하므로 제11조가 적용될 여지가 없다고 주장된다. 이에 대해서는 2015년 보험법에 이와 같은 묵시적 항해조건에 관한 지위를 명확히 하지 않은 아쉬움이 있지만,[386] 현대 실무상 커다란 영향을 없을 것이라고 한다. 즉 2009년 협회적하보험약관상 항해의 변경은 계속담보조항이 삽입되어 있고(제10조 제1항), 이로(제8조 3항)의 경우에는 자동 담보되기 때문이다. 또한 1983년 협회선박항해보험약관 제2조는 이로와 항해의 변경을 계속담조조항으로 규정되어 있다. 그러나 높은 해적위험이 있는 항구로 목적항이 변경되는 경우와 같이 계속담보가 시장에서 부보될 수 없는 경우에는 제11조가 적용될 여지가 있는 점[387]에서 법원의 판단이 필요하다고 본다.

V 맺음말

1. 요약

영국보험법에서는 우리를 포함한 대륙법계와는 달리 위험의 개시 후에 보험자의 동의없이 위험의 성질을 변경하는 것이 허용되고, 이는 워런티로 규율되었는데, 영국법상 워런티는 인과관계와 위반의 치유의 불인정 등과 같은 특징

385) Bariş Soyer, op. cit., para 7.24.
386) Bariş Soyer, op. cit., para 7.27.
387) Bariş Soyer, op. cit., para 7.28.

으로 인하여 영국해상보험법상 가장 문제 많은 제도로 여겨져 많은 학자들은 그 개정 필요성을 제기해 왔다. 이에 2015년 보험법에 의하여 워런티 제도가 대폭 개정되었다. 우리나라에서는 영국의 해상보험법과 실무를 법원(法源)으로 하고 있으므로 개정 워런티 제도에 대한 이해가 긴요하다.

2015년 보험법상 워런티의 주요한 개정내용은 다음과 같다.

첫째, 동법 제10조는 워런티 위반의 경우 보험자의 책임은 정지되지만, 치유되면 다시 보장이 개시하는 것으로 규정한다.

둘째, 동법 제11조는 보험계약의 조건의 준수가 보험사고의 위험을 감소시키는 경우 보험계약자가 그 조건의 부준수가 손해가 발생한 상황에서 실제 발생한 손해의 위험을 증가하게 하지 아니하였음을 증명한 경우에 한하여 보험자는 책임을 면하지 못한다고 규정하여 우리 상법 제655조 단서와 같은 결과를 도출하고 있다. 이는 전통적인 워런티만이 아니라 위험통제 조항에도 적용된다.

셋째, 소비자보험의 경우에는 불이익 변경 금지 원칙이 적용되지만, 기업보험의 경우에는 2015년 보험법의 규정은 동법 제17조에서 규정하는 투명성 요건을 충족하는 경우에 한하여 적용이 배제되는 임의규정이다.

2. 평가

2015년 보험법상의 워런티의 개혁에 대한 평가는 다음과 같다.

첫째, 그동안 세계보험업계의 중심으로 인정되어온 영국의 해상보험법과 관련하여 영국법이 세계의 거의 모든 국가에서 중요한 법원(法源)으로서의 지위가 인정되기 때문에 영국이나 여러 국가의 학자와 실무자들에 의해 가장 보험계약자에게 불리한 제도의 하나로 지적되어 개정 필요성이 제기되어 온 분야인 워런티제도가 2015년 보험법에 의해 대폭 개정되어 영국 해상보험업계가 다른 경쟁국가와 해상보험시장의 점유율과 관련하여 유리한 환경이 조성되었다는 판단도 제기되고 있다.[388)]

388) Bariş Soyer, op. cit., para 8.5에 따르면 해상보험료의 점유율에서 2001년 런던시장은 31.2%에서 2006년 23.7%로 인하되었고, 워런티제도의 엄격함의 완화만으로 낳아질 것으로 보시 어렵지만 다수의 보험구매자가 독일, 노르웨이와 같은 경쟁시장의 문을 두드리는 상황에서 보다 보험계약자친화적인 제도의 도입으로 인해 영국법에 대한 신뢰가 증가하고, 영국보험중개사에게 효율적인 무기가 될 것이지만, 보험료와 감독측면과 같은 요소가 존재하기 때문에 워런티제도의 개혁의 결과 런던시장의 영업이 나아질 것이라고 확신을 가지고 예측하기는 어렵다고 한다.

둘째, 워런티 위반의 치유와 워런티 위반으로 인한 손해발생 위험의 증가 필요성을 요구함으로 인해 위험통제조항으로서의 워런티는 더 이상 강력한 수단을 보험자에게 제공하지 않게 되었지만, 수 세기 동안 해상보험 실무에서 이용되어 온 것을 고려하면 더 이상 이용되지 않을 것으로 보는 것은 성급하다. 보험자가 워런티를 효과적인 위험통제기구로 계속 이용될 것은 확실하다. 워런티 위반은 여전히 보장에 장애가 된다.[389] 예컨대 요트가 마리나에 계류되어 있을 때 요트를 보호하기 위해 특정한 안전장치를 마련하도록 하는 워런티를 포함하고 있는 보험계약의 경우 보험개시 시부터 이를 적용하지 않으면 위반을 치유할 가능성은 없고 보장은 개시 시부터 중지된다. 또한 보험자가 위반을 치유하는 것으로만은 만족하지 않는 경우도 존재한다. 즉 피보험자가 사전에 약정된 계약으로 예인 또는 구조를 하지 않도록 하면, 워런티 위반의 경우 위반즉시 보장은 중단되고 작업이 완료될 때까지 지속되지만, 선박이 후일 작업 중 결함으로 인해 침몰하면 보험자는 2015년 보험법 제10조 제2항에 따라 보험자는 면책이다.

셋째, 2015년 보험법상의 워런티 제도는 약간의 위험에 대해서는 전통적인 워런티 제도를 유지하는 것이 가능한 임의규정이기 때문에 현 단계에서 보험자가 2015년 보험법의 조항중 어느 범위까지 적용을 배제할 것인지 예측하기 어렵다. 보험계약자에게 2015년 보험법보다 불리한 조건에 대해서는 충분한 주의절차를 취하고 조건·효과가 명확할 것을 요구하는 투명성 요건은 이를 결정하기 위한 행정비용을 초래할 것이다. 피보험자에게는 보험료액을 달리해 구제도와 신제도 사이에서 선택권이 부여된다.

넷째, 개정 워런티 제도가 거래와 법률비용을 감소하게 할지 여부는 판단하기 어렵다. 2015년 보험법 제11조는 워런티와 위험통제 조건(면책조항, 조건)에 관한 법률제도를 동일하게 하여 보험조건의 가혹함에 관한 소송을 감소하게 할 것은 명확하다. 반면 워런티 위반이 손해위험을 증가시키는 경우에는 보험자가 책임을 면하지만, 이는 위험을 전체적으로 정의하는 경우에는 제외되어 있으므로, 조건이 특정한 손해의 위험을 감소하게 하는가 또는 위험을 전체적으로 정의하는 것인가 여부에 대한 소송이 불가피하다. 즉 개정 워런티 제도는 워런티의 특징과 해석에 관한 분쟁을 감소하게 하겠지만, 다툼이 워런티나 조건이 행

389) Bariş Soyer, op. cit., para 8.2.

하려고 하는 객관적 목적에 관한 쟁점으로 이동할 것이다. 조만간 법원은 위험을 전체적으로 정의하는 조건과 특정한 종류·시간·장소에서 특정한 위험을 감소하게 하는 조건을 구별할 기준을 제시할 것이다. 법원의 이 기준이 워런티 또는 유사한 조건의 위반 동안에 손해가 발생하는 경우에 2015년 보험법 제11조가 행하는 역할에 중요한 영향을 미칠 것이다.[390)]

다섯째, 뉴질랜드(1908년), 호주(1909년), 말레이시아(1956년), 홍콩(1964년), 캐나다(1993년), 싱가포르(1993년)는 1906년 해상보험법을 계수하였고, 우리나라를 비롯한 미국, 일본은 이에 많은 영향을 받고 있다. 이들 국가는 2015년 보험법상의 개정 워런티 제도에 대해 면밀한 검토를 할 것이고, 우리도 그 동향에 주의를 기울일 필요가 있다.

여섯째, 개정 워런티 제도 시행으로 소송이 증가할 것이지만 개혁은 확고한 이론적 바탕에 근거하고, 다수의 이해관계자의 지지를 받고 있다. 워런티와 위험통제 조건의 위반의 효과는 혁명적인 변화이지만, 임의규정화의 점에서는 점진적 개정이라 할 수 있으며, 개정 워런티 제도는 구제도보다 탄력적이고, 세련되었으며, 적절하다는 긍정적인 평가가 주를 이루고 있다.[391)]

390) Bariş Soyer, op. cit., para 8.6.
391) Bernard Rix, op. cit., p. 122; Bariş Soyer, op. cit., para 8.7.

제7장 적법성 워런티

I 의의

영국해상보험법 제41조는 적법성 워런티라는 제목아래 "부보된 해상사업은 적법한 항해사업이고, 또한 피보험자가 사정을 지배하는 한, 그 해상사업을 적법한 방법으로 이행하여야 한다."고 규정하고 있다.

적법성워런티는 18세기와 19세기의 판례에 기초하고 있고, 이 원칙을 도입한 목적은 공익과 사익의 충돌을 교량하기 위한 것이고, 나아가 맨스필드판사[392]가 인용한 판례법상의 원칙인 법원은 불법한 당사자의 손을 들어주어서는 안되고, 누구도 자신의 불법으로부터 이익을 얻어서는 안된다 것이다.[393]

II 내용

적법성워런티는 두 가지 논점으로 요약된다. 첫째, 적법성워런티는 항해사업 자체와 항해사업의 이행으로 구분되고, 양자는 밀접히 관련된다는 것이고, 둘째, 적법한 항해사업은 해상보험계약의 기초이고, 적법한 항해사업이 아닌 해상보험계약은 존재하지 않는다는 것이다.

영국해상보험법상 적법성워런티는 적법한 항해사업 워런티과 적법한 이행 워런티로 이루어져 있다.

1. 적법한 항해사업 워런티

가. 기원

적법성워런티판례는 나폴레옹전쟁기간동안 18세기와 19세기에 내려졌다.

---

392) Holman v. Johnson [1775] 1 Cowp. 341.

393) Feng Wang, Ilegality in marine insurance law, (informa law from Routledge, 2017), para 2.1.

최초의 판례는 1797년의 Farmer V. Legg사건[394]이다. 노예무역관련사건으로 부적절한 지시와 항해의 결과 폭동으로 손해가 발생하였다. 쟁점은 선박이 노예무역에 참여한 선장의 자격을 제한한 영국법령에 따라 항해하였는가 여부이었고, 법령상 요건을 이행한 선장만 적법한 항해사업을 할 수 있었으며, 법령상 자격을 갖추지 못하여 전체항해는 불법으로 보험계약은 무효라고 판시되었다.

Law v. Hollingsworth사건[395]에서 선박사고가 발생할 때 자격있는 도선사가 승선하고 있지 않았기 때문에 보험금 청구가 기각되었는데, 당시의 법령에 따르면 위반과 손해사이에 인과관계가 없더라도 금지되었고, "선박이 법률에 따라 항해해야 한다는 것은 모든 보험계약상 묵시적 조건이다"라고 판시하여 현행 적법성의 묵시적 워런티의 쟁점이 최초로 제시되었다.

영국과 프랑스의 전쟁기간동안 동인도회사법 등 법령상 호위없는 선박의 항해가 금지되었고, 법원은 보험금 지급과 보험료의 반환도 인용하지 않았다.[396]

Sadler v. Dixon사건[397]에서는 "적법성의 명시적 요건이 없어도 의회의 법률의 적극적인 요건을 준수할 묵시적 워런티의 근거아래 Law v. Hollingsworth판결이 유지된다"고 판시되었다.

나. '적법한'이란 어귀

불법한 항해사업은 (1) 법령상의 불법한 항해사업, (2) 당국자의 지시에 의한 불법한 항해사업, (3) 사회정책 또는 판례의 위반으로 인한 불법한 항해사업으로 나눌 수 있다.[398]

(1) 법령상의 불법한 항해사업

해상사업은 법령에 의해 불법으로 될 수 있고, 이것이 항해사업이 적법한 것인가 아닌가 여부를 결정하는 가장 직접적이고 일반적인 방법이다. 이에 관해

394) [1797] 7 TR 186.
395) [1797] 2 TR 160.
396) Hinckley v. Walton [1810] 3 Taunt 131; Wainhouse v. Cowie [1811] 4 Taunt 178; Vandyck v. Hewitt [1800] 1 East 96.
397) [1841] 8 M & W 895.
398) Feng Wang, op. cit., para 2.2.2.

서는 다음의 점이 중요하다.

첫째, 법령상의 문귀가 항상 명확한 것은 아니고, 이 때에는 애쉬허스트판사[399]에 따르면 "의회법률의 문구가 의문이 있는 경우에는, 법률이 수호하려는 것에 대한 오류가 무엇인가 인식하고, 그 목적을 실행하는 가장 개연성있는 수단을 추구해야 한다"고 하였다. 법령을 이해하기 위해서는 법령의 정책의 목적을 조사해야 한다.

둘째, 모든 법령위반으로 보험계약이 무효로 되는 것은 아니고, 불가피한 사정이 있으면 적법하게 된다. Suart v. Powell사건[400] 법령상 요구되는 영국국적 선원의 비율을 고용하는 것이 불가능한 사정이 있는 경우와 같이 법령상의 요건이 특별한 사정으로 인해 준수할 수 없는 경우가 그것이다.

(2) 당국자의 지시에 의한 불법한 항해사업

보험계약은 국왕의 지시에 따라 불법이 되고, 이는 18세기 후반과 19세기 나폴레옹전장시기에 특유한 것이었다. Parkin v. Dick사건[401]에서 해군군수품의 수출이 당국자의 지시에 의해 금지되었고, 존체 보험계약이 무효라고 판시되었다. 이에 대해서는 2가지가 문제된다. 첫째, 이 유형의 적법성은 초기판례에서 나타나고, 현재는 거의 사례가 없으며, 둘째, 당국자의 지시는 법령에 따르므로 이 유형은 법령상의 불법한 항해사업의 파생형태라는 것이다.

(3) 사회정책 또는 판례의 위반으로 인한 불법한 항해사업

보험계약은 사회정책의 위반으로 인하여 불법이 될 수 있다. 사회적책의 의의는 명확하지 아니하지만 적과의 거래와 같이 명확히 법령상 불법행위로 규정되지 않는 경우기 이 유형에 해당한다.

Vandyck v. Hewitt사건[402]에서는 적과의 거래를 금지하는 법령이 없었지만 이 사건에서는 이전의 판례를 사회정책으로 고찰하여 판결의 근거로 하였다. Kensington v. Inglis사건[403]에서는 이 보험이 국가의 사회정책을 위반했는지

399) Farmer V. Legg [1797] 7 TR 186.
400) [1830] 1 B & A 266.
401) [1809] 2 Camp 221.
402) [1800] 1 East 96.
403) [1807] 8 East 273.

여부는 법원이 고려한 요소의 하나이었다. Allnutt Same v. Lavie사건[404]에서는 적과의 소통 모두가 보험계약을 무효로 하는 것은 아니라고 하였다.

불법성의 기준으로 사회정책의 적극적인 효과는 법령에 모든 불법을 규정할 수 없기 때문에 탄력성이 증가한다는 점이다. 그러나 사회정책은 불안정한 판단기초이기 때문에 보로판사[405]는 "지나치게 강력히 근거하는 것은 반대하고, 이는 규율할 수 없는 말과 같아서 한번 올라타면 오디로 데려다줄지 모른다"라고 하였다.

다. 불법적 항해사업의 유형

해상보험에서 단계별로 불법적인 항해사업의 유형을 살펴본다.[406]

(1) 항해사업의 불법

항해사업 자체가 법률에 의해 금지되는 경우이다. 이는 전쟁기간 중에 적 국항구로 항해하는 경우,[407] 충분한 영국 선원을 승선하지 않고 항해하는 경우[408]가 그 예이다.

(2) 항해사업개시 이전에 불법인 경우

부보된 항해는 적법이지만, 개시이전에 이행에 의해 항해사업이 불법이 되는 경우이다. 이는 3가지 유형으로 세분할 수 있다.

(가) 항해개시 이전에 필요한 면허 또는 호위 없이 항해하는 경우이다. Wainhouse v. Cowie사건[409]에서 이전의 항해에 대한 면허가 있어도 다음 항해가 적법한 것은 아니라고 하였고, 지브롤터까지의 면허가 있어도 몰타까지의 항해가 적법한 것은 아니라고 하였다.[410]

---

404) [1813] 4 Tauton 792.
405) Richardson v. Mellish [1824] 2 Bing 299 at 252.
406) Feng Wang, op. cit., para 2.2.3.
407) Hagedorn v. Bazett [1813] 2 M & S 100.
408) Suart v. Powell [1830] 1 B & A 266.
409) [1811] 4 Taunt 178.
410) Wainhouse v. Cowie[1811] 4 Taunt 178.

(나) 항해 이전의 선적작업으로 인해 불법이 될 수 있다. Cunard v. Hyde 사건411)에서 선장이 항해사업의 개시 이전에 목재를 갑판아래에 싣지 않고 법령에 따른 허가 없이 항해하였기 때문에 항해사업은 불법이었다.

(다) 항해개시 이전에 충분한 수와 적격한 선원이 승선하지 않으면 항해사업은 무효이다. Clifford v. Hunter사건412)에서 선박을 과장하는 선장이 태만하면 선박의 손해가 생길 수 있기 때문에 항해는 불법이었다.

2. 적법한 이행 워런티

적법성워런티의 2번째 유형인 적법한 이행의 기원과 범위는 명확하지 않지만 불법적인 항해사업의 특징과 약간의 공통점을 가진다.413)

가. 적법한 이행 워런티의 의의

적법한 이행워런티와 적법한 항새사업과의 다른 점은 적법한 이행 워런티는 부보된 항해사업은 적법하고, 적법하게 이행될 수 있지만, 피보험자가 부보항해를 이행하기 위해 불법적인 방법을 선택한 것이다.414)

나. 적법한 이행의 기원

"피보험자는 사정을 지배하는 한, 해상사업을 적법한 방법으로 이행하여야 한다"는 1906년 영국해상보험법 제41조 2문의 기원은 18세기 후반의 Planche v. Flecher사건415)을 들 수 있다. 이 사건에서 보험자는 전쟁기간 중 적에게 물건을 수출하는 것은 피보험자의 이행으로 전체 항사사업이 불법이 된다고 주장하였다. 맨스필드판사는 첫째, 이 사건에서 실행된 것은 무역의 계속적인 과정이었음이 증명되었고 모든 사람에게 인지되었고, 둘째, 영국과 프랑스국민 모두가 전쟁의 개시를 예상했고 보험자는 그 위험을 알고 부보하였으며, 보험자

411) [1858] EB & E 670.
412) [1827] M & M 103.
413) Feng Wang, op. cit., para 2.3.
414) Feng Wang, op. cit., para 2.3.1.
415) [1779] 1 Doug 251.

는 니포에 대해 보상책임을 진다고 하였고, 이 사건에서 사실관계가 증명되지 않았지만 '피보험자는 사정을 지배하는 한'이라는 문귀는 항해사업이 적법한 방법으로 이행되어야 함을 시사한다.[416]

Farmer V. Legg사건[417]과 Law v. Hollingsworth사건[418]에서 법원은 항해사업이 적법하게 이행될 것을 요구하였고, 그러하지 아니하면 보험계약은 무효이었다. 따라서 항해사업이 적과의 무역을 위해 또는 적으로부터 이익을 얻기 위해 이행되는 경우에는, 그 행위가 전쟁의 개시이전에 행해졌는지 여부를 묻지 않고, 보험계약은 무효이었다. 피보험자가 국왕의 허가를 엄격히 좇아 이행하지 아니하였으면, 그 항해사업은 불법이었다.[419]

그러나 "피보험자는 사정을 지배하는 한"이라는 문귀로 인해 항해 과정동안에 발생하는 모든 불법적인 이행이 항해사업을 불법으로 하는 것은 아니다. 최초의 사례는 Moss v. Byron사건[420]으로 미국선박의 불법적인 나포로 인해 손해가 발생하였고, 보험자는 불법적인 나포허가장이 선상에 있었고, 불법적인 나포로 인해 보험계약은 종료하며, 보험금 지급책임이 없다고 주장하였지만, 법원은 선장의 행위는 악행이었으며, 나포는 일부는 선장의 이익을 위한 것이었지만, 그 행위는 피보험자의 지배 밖이었기 때문에 보험자는 그 행위의 결과에 대해 보험금 지급책임을 진다고 판시하였다.

이와 같은 판결이 적법한 이행의 기본원칙으로 발전하였고, 적법한 항해사업의 원칙과 같이 불법적인 이행에 근거한 보험계약은 무효로 되었다.

다. 불법적 이행의 유형

불법적인 이행의 유형은 (1) 법령의 위반, (2) 당국자의 지시 또는 허가의 위반, (3) 국가간의 협약위반, (4) 판례와 사회정책 위반으로 나눌 수 있다.[421]

416) Feng Wang, op. cit., para 2.3.1.
417) [1797] 7 TR 186.
418) [1797] 2 TR 160.
419) Moss v. Byron 101 E.R. 605.
420) 101 E.R. 605.
421) Feng Wang, op. cit., para 2.3.2.

(1) 법령의 위반

개시시에는 항해사업은 적법이지만, 피보험자의 이행이 법률위반이면 항해사업은 불법이 된다. 이는 가장 일반적인 불법적 이행의 유형이고, 위반자가 피보험자의 자신이거나 대리인인가를 묻지 아니한다. Vandyck v. Whitmore사건[422]에서 적법한 이행방법으로서 법률상의 유효한 면허의 결여로 항해는 무효가 되었다.

(2) 당국자의 지시 또는 허가의 위반

이 유형의 불법성은 일반적으로 적과의 무역 또는 적국국민과의 무역에 관한 사례이다. Pott v. Bell사건[423]에서 국왕의 허가 없이 영국국민이 적과 거래에서 보험계약이 무효이었다.

(3) 국가간의 협약위반

영국이 협약당사국이 아니고, 협약의 내용이 영국에서 입법되지 않았으면 영국법원은 협약을 적용하여 항해사업을 무효로 할 수 없다. Pollard v. Bell사건[424]사건이 그 예이다. 그러나 이에 대한 예외가 존재하는데, Bell v. Carstairs사건[425]에서 미국인 피보험자는 영국보험자로부터 보험금 지급이 거부되었는데, 선박이 프랑스와 미국의 협약에 따라 서류가 구비되지 않았고, 이것이 손해의 상당한 원인이라는 것이 그 근거이었다. 법원은 첫째, 이 사건에서 보험목적은 미국재산이므로 미국법이 적용되고, 둘째, 서류가 선상에 없었다는 것은 항해사업에 중요한 사실이었다는 것이 그 근거이었으며, 따라서 영국법원이 외국인의 사건을 취급할 때 외국협약을 적용하였다. 이와 같이 협약위반은 영국법상 불법적 이행의 한 유형임은 명확하다.

(4) 판례와 사회정책위반

사회정책위반으로 항해사업의 불법이행이 보험계약이 무효일 수 있다. 사회적4책은 판례법의 보완이거나 판례법의 요약일 수 있다.[426] Raphael v.

---

422) [1801] 1 East 475.
423) [1800] 8 TR 548.
424) [1800] 8 TR 434.
425) [1811] 14 East 374.

Brandon v. Nesbitt사건[427]에서 이전판례를 분석한 후 법원은 "행위가 거짓이거나 위국의 적을 위한 것"이다는 근거로 항해사업을 무효로 하였다.

라. "피보험자는 사정을 지배하는 한"의 범위

(1) 개관

"피보험자는 사정을 지배하는 한"의 문귀의 의도는 피보험자가 거래의 과정 동안 모든 것을 지배할 수 없기 때문에 피보험자에게 항해 중 항변을 제공하기 위함이다. 그러나 피보험자는 다음 두 가지를 준수해야 하는데 첫째, 피보험자는 물리적인 이행이나 간접적인 이행으로 인한 손해에 관련이 없어야 하고, (2) 항해 중 피보험자는 항해사업과 대리인에 대하여 상당한 주의를 다해야 한다.[428]

(2) 내용

(가) 피보험자와 대리인의 관련

손해를 야기한 피보험자의 대리인의 행위와 피보험자 사이에 관련이 없으면 워런티 위반이 아니다. 즉 피보험자는 사정을 지배할 수 있는 한 선원의 이행에 대하여 상당한 주의를 다해야 하고, 그러하지 아니하면 피보험자는 보험금 청구권이 없다.

Moss v. Byrom사건[429]에서 선장은 항해 중 불법적으로 나포되었고, 피보험자의 지시를 위반하였으며, 선박이 불법성으로 인하여 멸실되었지만, 피보험자는 보험금을 지급받았다. Metcalfe v. Parry사건[430]에서 선박이 호위없이 항해하였다는 근거로 보험계약을 무효로 하기 위해서는 소유자의 관여(privity)없이 발생해야 한다고 판시되었다. 그러나 Pipon v. Pope사건[431]에서는 선원이 행한 밀수는 피보험자와는 무관하였고, 항구에서의 충돌로 인한 손해는 순수하게 이 위법으로 인한 것은 아니었지만, 피보험자는 보험금을 지급받지 못하였는데,

426) Feng Wang, op. cit., para 2.3.2.(d).
427) [1794] 6 TR 23.
428) Feng Wang, op. cit., para 2.3.3.
429) 101 E.R. 605.
430) [1814] 4 Camp 123.
431) [1780] 1 Camp 434.

왜냐하면 선원의 반복된 밀수행위는 보험자에 대하여 위험을 증가시켰고, 피보험자가 이 밀수를 방지하지 못하였고 따라서 보험보상이 인용되지 않았다.

(나) 적법성위반으로 인정되는 피보험자와 대리인의 관계

피보험자와 대리인의 관계는 적법성워런티의 위반을 결정하는 데 있어 중요한 요소이다. 피보험자의 대리인에는 선박상의 선원 또는 피보험자의 보험중개사를 포함한다. 만일 손해가 선원의 악행으로 인한 경우에는 피보험자는 보험금 청구권을 가진다. Heyman v. Parish사건[432]에서 엘렌버러판사는 선원의 악행의 경우 피보험자는 보상받을 있다고 하였다. 피보험자는 그 대리인의 과실에 대해서는 책임이 없는데, Busk v. The Royal Exchange Assurance Company사건[433]에서 피보험자가 선박상 충분한 선월을 탑승하게 하였으면 사고를 야기한 선원의 과실로 인해 보험금 청구권이 없게 되지 않았다.

그러나 선원이 행한 불법이 피보험자의 지시에 의한 것이면, 그 행위는 워런티 위반에 기여한 것이다. Hobbs v. Hannam사건[434]에서 선상의 밀수된 적하는 피보험자의 대리인의 지시로 선장이 이에 따랐고, 대리인의 지시는 피보험자의 지시로 고찰되었다. 이 판결에 대해서는 피보험자의 대리인의 지시가 피보험자의 지시로 고찰되는 것은 불공평하기 때문에 오류라는 견해가 유력하다.[435] Carstairs, Executors of Lyon v. Alnutt사건[436]에서 "피보험자의 대리인이 이 목적을 위해 본인으로부터 수권받지 아니하는 한, 선박이 피보험자의 대리인에 의한 호위없이 gdkgogoTek는 것으로 충분하지 않다"고 판시되었다.

(다) 피보험자의 인지

피보험자가 불법을 인지하지 않으면, 피보험자는 손해에 대한 책임이 없다. Wilson v. Rankin사건[437]에서 갑판상에 목재를 적재했다는 것을 인지하지 않은 피보험자는 보험금 청구권을 가진다고 판시되었다. Oom v. Bruce사건[438]

432) [1809] 2 Cowp 149.
433) [1818] 2 B & Ald 73.
434) [1811] 3 Camp 93.
435) Feng Wang, op. cit., para 2.3.3.
436) [1813] 3 Camp 497.
437) [1865-1866] LR 1 QB 162.

에서 엘렌버러판사는 영국과 러시아 사이에 전쟁과 불법의 인지없이 피보험자가 항해를 했기 때문에 보험은 불법이 아니고, 피보험자의 대리인은 보험료반환청구권이 인정된다고 하였다. 나아가 Henting v. Staniforh사건[439]에서 피보험자가 외국에 거주한 피보험자의 인지없이 허가 이전에 선박의 허가 이전의 항해가 불법인가에 대해 피보험자는 보험료반환권을 가졌다.

이에 따라서 항해사업의 불법성의 인지는 피보험자가 지배할 수 있는 사항의 범위내가 아니다. 그러나 이와 같은 사안을 결정할 때 중요한 요인은 피보험자의 의도가 증명되어야 하는 것이다.

Ⅲ 우리법에서의 적용

Parkin v. Dick[440]사건에서 런던에서 브라질로 운송되는 수출이 금지된 해군물품에 대하여 부보되었는데, 법원은 영국법을 위반하였다는 것을 근거로 보험금 청구를 기각하였다. 또한 최근의 Euro Diam Ltd v. Bathurst[441]사건에서 독일로 운송되는 다이아몬드의 적하에 대하여 포괄담보조건으로 비해상보험으로 부보되었는데, 독일의 소득세를 면탈·절감하기 위하여 적하의 가액을 낮춘 허위의 송장이 발부되었다. 법원은 항해사업은 영국법상 위법하여서는 안 된다는 묵시적 워런티에 관한 영국해상보험법 제41조가 해석의 원칙이고, 이는 외국법에 확장되지 않는다고 판시하였다. 이 쟁점에 대하여 싱가포르 법원의 Everbright Commercial Pte Ltd v. Axa Insurance Singapore Pte Ltd[442]

438) [1810] 12 East 225.
439) [1816] 5 M & S 124.
440) [1809] 11 East 502.
441) [1990] 1 QB 1.
442) [2000] 4 SLR 226; 이 쟁점은 항소시 다투어지지 않았음; [2001] 2 SLR 316. 호주 부근에 있는 Solomon Islands에서 인도로 수출되는 목재의 적하에 대하여 수출되는 적하에 대하여 솔로몬 아일런드의 관세법과 기타 국내 시행령을 위반하고, 소득세법목재의 가액이 낮게 신고 되었다고 주장되었지만, 보험자는 이를 증명하지 못하였다. 쥬디스 프래커시(Judith Prakash)판사는 "영국판례상 영국해상보험법 제41조는 항해사업이 영국법상 적법하여야 한다는 것이다."라고 하였다. 이에 동판사는 목재의 수출품이 목재의 수출품이 솔로몬 아이런드법을 위반한 경우에도, 그것은 싱가포르 법, 계약법상 위법은 아니기 때문에, 제41조의 워런티 위반은 아니라고 판시하였다..

사건과 일본 최고재판소의 Connor v. Nippon Fire and Marine Insurance Co[443]사건이 존재한다.

적법성워런티에서 적법성의 기준이 되는 것은 영국법이라고 해석하는 것이 일반적이다.[444] 그러나 솔로몬 아일런드에서 인도로 수출되는 적하에 대하여 솔로몬 아일런드 관세법을 위반한 적하에 대한 해상적하보험사건이 싱가포르 법원에 제소된 경우 싱가포르법위반이 아니므로 적법성워런티위반이 아니라고 한 Everbright Commercial Pte Ltd v. Axa Insurance Singapore Pte Ltd 사건과 일본에서 미국으로 수출되는 적하중 미국법을 위반한 이란산 카펫에 대하여 미국세관이 문제삼지 않기로 한 사건에서 일본법원이 일본법위반이 아니므로 적법성워런티 위반이 아니라고 한 일본 최고재판소의 Connor v. Nippon Fire and Marine Insurance Co사건에 비추어 우리나라 법원에 제소된 경우 적법성의 기준이 되는 것은 우리나라 법이라고 판단된다.

이에 반하여 영국법원의 Sea Glory Maritime Co, Swedish Management Co SA v. AL Sagar National Insurance Co사건[445]에서 유사한 다른 사건의 Royal Boskalis Westminster v. Mountain사건,[446] ParkingEye Ltd v. Somerfield Stores Ltd사건,[447] Les Laboratoires Servier v. Apotex Inc사건[448] 에 따라 "워런티라는 개념은 영국의 MIA에서 비롯된 것이므로, 보험자와

443) 1998.5.13.선고 동경지방법원판결. 2000.1.9. 선고 동경고등법원판결[John Dunt, op. cit., 103]. 이 사건에서 일본에서 미국으로 운송되는 미국인의 적하중에 미국법상 수입이 금지된 이란의 카펫이 포함되어 있었다. 피보험자는 이를 미국 관세청에 신고를 하고 미국세관은 더 이상 문제 삼지 않기로 하였다. 1심 법원은 신고와 미국관세청의 미조치가 있다고 하여 위법성이 조각되지 않는다고 하였다. 고등법원은 이를 파기하고, "이 사건에서 운송은 일본법을 위반할 가능성이 없고," 따라서 영국해상보험법 제41조의 위반이 아니라고 판시하였다. 최고법원은 고등법원의 판결을 유지하였다.

444) 사법연수원, 보험법연구, 2011, 138면.

445) [2013] EWHC 2116(Comm); 이 사건에서 2005년 Sea Glory가 소유하고 Swedish Management 가 관리하는 파나마국적의 살적화물운반선인 Nancy호가 1995년 협회기간보험약관을 보험계약의 내용으로 하는 보험계약이 체결되었고, 2009년 러시아 나홋카항에 정박중 화재사고로 선박이 포기된 사건으로 영국해상보험법 제41조의 적법성워런티는 영국법에 따라 해상사업이 적법히 이행될 것을 의미한다고 하여 보험금 지급이 명해졌다. 이 사건에 대한 평석으로는 지상규, The Nancy호 사고와 관련된 피보험자의 불고지 및 묵시적 Warranty 의무에 대한 평석, 보험법연구 8권2호(2014), 보험법학회, 39~66면.

446) [1999] Q.B 674.

447) [2013] 2 W.L.R. 939.

448) [2013] Bus LR 80.

피보험자 사이에 발생한 모든 분쟁에 대하여 영국법 준거약관에 따라 판단해야 한다고 생각되며, 특히 적법성 워런티는 해상보험을 제외한 다른 보험에서는 찾아 볼 수 없는 독특한 형태의 워런티로서 보험증권에 명시되지 않으나, 피보험자가 반드시 지켜야 하는 점을 고려할 때 적법성 워런티 라는 개념도 결국은 영국 MIA의 해석원칙에 따라 해석할 수밖에 없는 점 등을 고려한다면 적법성 워런티의 위반 여부도 영국의 법률과 관습에 따라 해석함이 타당하다"는 견해가 유력하게 주장되고 있다.[449]

449) 정해석·정영석, 영국 해상보험법상 고지의무와 워런티 위반에 관한 최근 판례 동향 -SEA GLORY 사건의 보험금을 중심으로, 법학논총 제32권 제1호(2015), 한양대학교 법학연구소, 141면; 이한별, 국제해상보험계약과 영국법준거약관, 서울대학교 법학석사 학위논문, 2015, 73면.

제8장 인과관계

I 인과관계

1. 서언

사고와 그 결과에 기여한 많은 원인이 존재한다. 해상보험계약에서 보험자는 보험사고로 입은 해상손해 즉, 해상사업에 수반되는 손해를 보상할 책임을 진다(영국해상보험법 1조). 영국해상보험법 55조 1항은 손해의 원인에 관한 분쟁을 해결할 목적으로 적용되는 인과관계에 관한 일반원칙을 "이 법률의 규정에 따르는 것으로 하고 또한 보험증권에 다른 정함이 없는 한 보험자는 담보위험에 근인한 손해를 보상할 책임을 지지만, 담보위험에 근인하지 아니하는 손해에 대하여서는 책임을 지지 아니한다"라고 요약하고 있다.

이는 보험자의 책임이 담보위험에 근인한 손해인가 여부에 따라 결정된다는 원칙을 규정하고 있다. 원인이 아닌 근인을 고려한다(causa proxima, non remota, spectatur)는 일반원칙은 보험법상 확립된 것이고, 이를 충족하지 아니하는 경우에는 보험자는 아무 책임을 지지 않게 된다.

보험사고에 근인한 손해이라는 것은 개연성의 척도에 근거하여 피보험자가 입증하여야 하고, 이를 입증하지 못하는 경우에는 보험자가 그 손해에 대한 설명을 할 수 있는가 여부와 그 범위에 상관없이 피보험자는 보상을 받을 수 없다.450)

우리 판례(대법원 2005. 11. 25. 선고 2002다59528, 59535 판결)는 "영국해상보험법 제55조 제1항에 의하면 손해가 담보위험을 근인(proximate cause)으로 하는지 여부가 보험자의 책임 유무를 결정하는 기준이 되는바, 여기서 근인이라 함은 손해와 가장 시간적으로 근접하는 원인(proximate in time)을 말하는 것이 아니라 손해의 발생에 있어서 가장 효과적인 원인(proximate in efficiency)을 말한다"고 판시한다.

---

450) Rhesa Shipping Co SA v. Edmunds(The Popi M) [1985] 2 Lloyd's Rep 1(HL).

원인이 아닌 근인을 고려한다는 원칙을 규정하는 영국 해상보험법 55조 1항에서 다음 세 가지 요소를 추출할 수 있다.451) 첫째, 일반적인 원칙은 보험자는 보험사고에 근인한 손해에 대하여서만 보상책임을 진다는 것이다. 둘째, 일반원칙은 이에 대한 예외를 허용한다. 즉 "이 법률의 규정에 따르는 것으로 하고"라는 문언은 영국해상보험법의 규정에 의하여 이 원칙에서 이탈할 수 있음을 나타내는데, 영국 해상보험법 39조 5항과 동법 55조 2항이 그 예이다. 셋째, 일반원칙은 보험증권상의 다른 규정에 의하여 수정될 수 있다. 즉, '보험증권에 다른 정함이 없는 한'이라는 표현은 명백히 계약당사자가 원하는 경우에는 적절한 용어를 사용하여 인과관계에 관한 나름대로의 원칙을 정할 수 있음을 허용한다. 과거와 현재의 약관은 다양한 표현이 사용되고 있음을 나타낸다. 현행 선박보험약관, 적하보험약관, 운임보험약관은 인한(caused by), 결과한(resulted from), 기인한(attributable to), 상당하게 기인한(reasonably attributable to), 결과로 인한(in consequences thereof), 결과(consequent on), 에서 발생한(arising from) 등의 용어를 사용하고 있다. 각 경우 문제의 핵심은 이 용어가 근인원칙을 명백히 대체하였는가 여부이다.

2. 근인원칙

가. 근인(proximate cause)의 의의

근접함(proximate)이란 단어의 사전적 의미는 직접적임(immediate)인데, 영국보험법상 근인은 새롭고 독립한 원인으로부터 능동적으로 작용하거나 출발된 어떤 힘의 개입없이 결과를 일으킨 일련의 사고를 작동시키는 능동적 효과적인 원인이라고 정의되고 있다.452) 해상보험에 있어서 근인의 원칙은 1918년의 Leyland Shipping Co. Ltd v. Norwich Union Fire Insurance Society Ltd 사건453)에서 확립되었다.

451) F.D. Rose, Marine insurance: Law and practice, (informa, 2012), para 9.3 p. 366.

452) Pawsey & Co. v. Scottish Union & National Insurance Co. (1908) The times, 10, 17.

453) [1918] AC 350, HL.

나. 효율적이거나 지배적인 원인

근인원칙에 관한 현재의 원칙에 대한 고전적인 지위를 가진 사건은 Leyland 사건인데, 상원은 Reischer v. Borwick사건[454]의 판시를 승인하였고, 쇼(Shaw) 판사는 '진정한 근인은 효과에 있어서 근인이다'라고 판시하였다.

(1) Leyland사건의 입장

근인의 원칙은 1918년의 Leyland호사건에서 Reischer v. Borwick사건의 판시를 승인하는 형태로 확립되었다. Leyland호사건에서 결론을 내리기 이전에는 두 가지의 방법으로 이해되었다. 그 하나는 Pink v. Flemin사건[455]의 판시로 손해의 최후의 원인을 근인으로 보는 입장이고, 다른 하나는 근인이라 함은 효율적이거나 지배적인 원인을 뜻한다는 견해로 현재의 근인의 원칙에 대한 관념의 시원이라 할 수 있는 Reischer v. Borwick사건에서 채용되었다.

충돌로 인한 손해를 담보하였지만, 해상위험으로 인한 손해는 담보하지 않는 해상보험에 가입된 예인선이 부유하던 나뭇가지에 충돌하여 콘덴서의 뚜껑에 구멍이 나는 훼손을 입고 콘덴서의 파이프를 막아 임시수리를 하여 다른 예인선으로 예인하던 중 콘덴서의 마개가 떨어져 나가 물이 유입되어 전손된 Reischer v. Borwick사건[456]에서 Lopes판사는 "해상보험의 확립된 법원칙은 다수의 원인 없이는 손해가 발생할 수 없었더라도 근인인 원인만이 고찰되고 다른 원인은 거부된다는 것이다"라고 하고 충돌이 손해의 효과적이고 지배적인 원인이라고 판시하였다.

해상위험으로 인한 손해는 담보하지만 전쟁위험으로 인한 손해는 면책으로

454) [1894] 2 QB 548 CA.

455) [1890] 25 QBD 386.

456) 이 사건에서 예인선인 Rosa호에 대하여 피고 보험자에게 해상보험에 들었는데, 이 보험은 충돌로 인한 손해를 담보하였지만, 해상위험으로 인한 손해는 담보하지 않았다. Danube강을 따라 항해하던 중 Rosa호는 부유하던 나뭇가지에 충돌하였는데 이 나뭇가지는 배의 좌측 바퀴와 얽혀 예인선의 기관에 상당한 손해를 초래하였다. 이 훼손으로 콘덴서의 덮개에 구멍이 뚫려 물이 예인선에 침입하였다. 선장은 구조를 요청하기 전에 예인선에 닻을 내리고 콘덴서의 파이프를 막아 임시수선을 하였다. 다른 예인선이 도착하여 가장 가까운 도크로 예인을 시작하였지만, 좌측 콘덴서의 마개가 떨어져 나가 이를 통해 유입하는 물을 선원들이 막을 수가 없었다. 원고는 예인선의 전손에 대하여 보상을 청구하였지만, 보험자는 충돌로 인한 직접적 손해만을 보상하고 그 이후의 손해는 보상할 수 없다고 항변하였다. 법원은 원고승소판결을 내렸는데, 충돌이 Rosa호의 손해의 효과적이고 지배적인 원인이라고 판시하였다.

하는 해상보험에 든 선박이 제1차 세계대전 기간 중 르 아브르(Le Havre) 외항에서 도선사를 기다리던 중 어뢰를 맞아 해수가 유입되어 침몰하여 선박을 항구외곽으로 이동하도록 명한 항만당국의 지지에 따라 그곳에서 닻을 내리고 있던 중 악천후와 어뢰공격으로 인한 손해로 선박이 침몰한 Leyland사건[457]에서 법원은 손해의 근인은 어뢰로 인한 훼손이고, 보험자는 적대행위로 인한 손해를 면책으로 하였기 때문에 보상책임이 없다고 판시하고, 근인은 지배적이거나 효율적인 원인이라는 것이 확립되었다.

(2) Leyland사건 이후의 판례

근인은 지배적이거나 효율적인 원인이라는 Leyland사건에서 확립된 원칙은 많은 판례에서 적용되었다.

항만청에 수용용선된 선박에 대하여 전쟁위험으로 인한 손해를 선주에게 배상한다는 조건이 삽입되었는데 6주전에 1차 세계대전이 종전되었던 때 선박이 미국기뢰부설함과 충돌하여 훼손된 경우 손해의 근인은 전쟁행위의 결과이었다는 이유로 배상이 명하여진 Board of Trade v. Hain SS Co Ltd사건,[458] 영

457) 이 사건에서 증기선 Ikaria호의 선주인 원고는 해상위험으로 인한 손해는 담보하지만 전쟁 이전이든 이후든 적대행위 또는 전쟁활동의 모든 결과를 면책으로 하는 조항(f c and s clause)을 가진 보험증권으로 피고와 해상보험계약을 체결하였다. 남 아프리카에서 귀항하여 르 아브르(Le Havre)외항에서 도선사를 기다리던 중 Ikaria호는 어뢰를 맞아 1번 해치(hatch)에 물이 가득 찼다. 승무원들은 심하게 훼손된 Ikaria호를 Le Havre항으로 끌어 왔고 만일 항구에 체류하는 것이 허용되었더라면 선박은 구조되었을 것이었지만, 폭풍우가 몰아쳐 Ikarka호는 선창까지 밀려가 침몰하여 선창을 가로막을 것을 우려한 항만당국은 선박을 방파제 근처의 항구외곽으로 이동하여 닻을 내리도록 명하였다. 그곳에서 닻을 내리고 있던 중 악천후와 어뢰공격으로 인한 손해로 선박은 점점 침몰하다가 결국 침몰하였다. 선주는 손해가 해상위험으로 인한 손해임을 주장하여 보상을 청구하였지만 선주는 이를 거부하였다. 상원은 손해는 해상위험으로 인한 것이 아니고, 선박이 방파제근처에 닻을 내린 이후 침몰한 것은 새로운 개입원인은 아니라고 하였다. 손해의 근인은 어뢰로 인한 훼손이고, 보험자는 적대행위로 인한 손해를 면책으로 하였기 때문에 보상책임이 없다고 판시되었다.

458) [1929] AC 534, HL; 해상사건으로 증기선 Trevanian호는 항만청에 수용용선되었는데, 용선계약상의 조건은 선전포고 이전이든 이후든 항만청이 적대행위 또는 전쟁행위로 인한 모든 손해를 보상하는 것이었다. 1918년 12월 뉴욕에서 포틀랜드(Portland)로 항해도중 Trevanian호가 미국기뢰부설함 Roanoke호와 충돌하여 심하게 훼손되었다. 충돌은 두 선박의 공동과실로 인한 것이고 과실비율은 동등하였다. 6주전에 제1차 세계대전의 종료가 선언되었지만, 전쟁은 중단되었을 뿐 적대행위가 재발할 가능성이 여전하였다. 쟁점은 Trevanian호의 손해가 적대행위의 결과인지 여부이었다. 상원은 항소법원의 판결을 유지하여 충돌은 두 선박의 항해상의 과실로 인한 것이지만 이것이 Roanoke호는

국정부에 수용용선된 선박이 호송중에 좌초하였는데, 상원은 손해의 근인은 전쟁활동이고, 선박을 수용용선한 전쟁운송부장관은 전쟁활동에 근인한 손해를 배상하기로 한 수용용선계약에 따라 배상책임을 진다고 한 Yorkshire Dale SS Co Ltd v. Minister of War Transport, 'Coxwold'사건,[459] 기간보험에 든 선박이 엔진결함 등의 감항능력을 상실하여 수리를 위하여 바닷가에 끌어올렸는데 심한 폭풍이 들이닥쳐 좌초하여 추정전손된 경우 감항능력이 없었던 첫째 원인이 지배적인 원인이라고 한 Ashworth v. General Accident Fire and Life Assurance Corporation사건[460]을 들 수 있다.

3. 손해의 근인이 하나인 경우

손해의 근인이 오직 하나인 경우 법원의 역할은 상대적으로 간단하다. 즉 특

전쟁활동을 수행중 이었다는 사실을 변경하지 않으며, 따라서 충돌은 손해의 근인인 적대행위 또는 전쟁행위의 결과이었다. 따라서 선주는 손해배상을 받을 수 있었다.

459) [1942] 73 LIL Rep 1, HL; 이 사건에서는 손해의 '진정한 또는 효율적' 원인이라는 어구의 확인을 위하여 상식(common sense)을 기준으로 하였다. 사건에서 Coxwold호는 1940년 노르웨이전쟁중 전시운송청에 수용용선된 순톤수 1,124톤의 소형 동력선박이었다. Greenock에서 Narvik로의 항해중 Coxwold호는 밤에 불을 밝히지 않고 열악한 가시환경속에서 호송을 받아 항해하였다. 열악한 가시거리 때문에 Coxwold호는 앞선 선박과의 통신이 불가능하여 악천후중 Isle of Sky에서 좌초하였다. 좌초시간대에 부근의 등대는 감소된 전력으로 작동하여 식별할 수 없었고, Coxwol호에 가장 가까운 선박도 좌초하였다. 선주는 수용용선조건상 분손배상을 청구하였지만, 용선자인 전시운송청은 Coxwold호는 좌초시에 전쟁활동에 종사하고 있었음은 승인하였지만 손해는 전쟁활동에 근인한 것이 아니라 승무원의 항해상의 과실로 인한 것임을 이유로 배상을 거부하였다. 상원은 좌초의 효과적이고 지배적인 원인은 선박이 종사하던 전쟁활동이었다고 판시하였다.

460) [1955] IR 268, Supreme Court of Ireland; 이 사건에서동력선 Mountain Ashworht호는 선장 Ashworth소유로 기간보험에 들었는데, 아일랜드 해안을 따라 많은 항구에 기항하면서 항해중 엔진결함과 좌초와 같은 일련의 사고를 당하여 훼손을 입었다. Arklow항에서 선박의 선창을 소방대를 통하여 물을 퍼낸 다음 이 항구를 출발한 후 선박은 엔진결함이 초래되고 선창은 더 이상 물을 배출할 수 없었으므로 수리를 위하여 바닷가에 선박을 끌어 올렸다. 그러던 중 심한 폭풍이 들이닥쳐 선박은 좌초하여 추정전손되어 위부되었다. 선주는 해상위험으로 인한 손해라 하여 보상을 청구하였다. 아이랜드대법원은 선박은 선주의 관여아래 감항결여 상태 아래서 출항하였다고 판시하였다. 법원은 어느 원인이 손해의 지배적 또는 근접한 원인인가를 결정하는 문제에 직면하였는데, 블랙(Black)판사는 다음과 같이 판시하였다. "첫째 원인인 불감항능력이 선박을 바닷가에 끌어 올리도록 하였고, 이로 인하여 선박은 파도에 휩쓸리는 계속적인 위험에 놓여 졌고, 그로 인하여 추정전손이 되었다. 첫 번째 원인은 통제력을 상실하지 않았고, 둘째 원인의 작용은 예방할 수 없었다. 따라서 첫 번째 원인인 불감항능력이 Leyland 사건에서 말하는 지배적인 원인이다."

정한 손해의 원인이 당해 보험계약상의 담보위험인가 여부이다.

해상보험에 든 선박이 충분하지 못한 연료를 싣고 항해하던 중 목적지 41마일 근처에서 예인되어 구조료의 보상이 청구된 경우 고유의 하자에 해당하는 연료의 부족으로 인한 것이라고 하여 보상청구를 기각한 Ballantyne v. MacKinnon사건[461]이 그 예이다.

Ⅱ 복수의 원인

1. 문제의 소재

보험법상 보험금청구가 가능하기 위해서는 (1) 유효한 보험계약, (2) 보험사고의 발생, (3) 보험사고와 손해사이의 법률적 인과관계의 3요소가 필요하다.[462] 영국법상 인과관계는 1630년 이전의 사실은 고려하지 않고 직접적인 원인에 따라 판단되어야 한다는 Bacon의 격언에 소급한다. 그 후 1837년에서 1901년의 빅토리아시대에는 시간순서상 최후의 원인기준이 형성되고 적용되었다. 19세기 말에서 20세기 초에 시간순서기준에서 손해기여에 있어서 효율성을 평가하는 오늘날의 기준으로 변경되었고,[463] 획기적인 판결이 Leyland Shipping Co Ltd v. Norwich Union Fire Insurance Society Ltd사건[464]이다.

피보험자는 부보위험이 효율적인 원인이라고 하고, 보험자는 비부보위험 또는 면책위험이 효율적인 원인이라고 주장하기 때문에 효율성을 측정하는 다양

---

461) [1896] 2 QB 455, CA; 이 사건에서 원고는 증기선 Progress호에 대하여 피고 보험자에 대하여 보험에 들었는데, Progress호는 충분하지 못한 연료를 싣고 Sunderland를 향하여 Hamburg를 출발하였다. 목적지 41마일 근처에서 선박의 증기압이 감소하여 선장은 증기선 트롤선에 구원을 요청하였고 선박은 Sunderland로 예인되었다. 증기선의 선주는 해상법원에서 구조료지급을 청구하여 승소하였고, 원고는 피고 보험자에 대하여 같은 금액의 보상을 청구하였다. 항소법원은 손해는 담보위험으로 인한 것이 아니고 고유의 하자(inherent vice)에 해당하는 연료의 부족으로 인한 것이라고 판시하여 보상청구를 기각하였다

462) Meixian Song, Causation in insurance contract law, (informa law from Routledge, 2014), p. 1.

463) 해상보험사건(대법원 2005.11.25. 선고 2002다59528,59535 판결)에서 대법원은 근인은 손해의 발생에 있어 가장 효과적인 원인이라고 하였다.

464) [1918] AC 350.

한 접근방법이 기준이 나타나고 있다. Cendor MOPU사건에서는 동등한 근인인 부보위험과 면책위험이 존재하는 경우 면책위험우선의 원칙을 취한 종전의 판례 등을 수정하여 복수위험이 협력한 경우 단일한 근인을 추구하여야 한다는 입장을 명확히 하였다.

2. 복수원인의 의의

복수의 원인(concurrent causes 또는 multiple causes)의 정의에 대해서는 O'May[465]는 (1) 손해가 결합된 원인들 중 하나로 인한 것일 것, (2) 단일한 원인이 두 가지 다른 항목의 위험으로 기술될 것, (3) 손해에 대한 동일한 효율성을 있는 복수의 원인이라고 하였다. Hart and Honoré는 기여적 인과관계(그 조건이 없었더라면 손해가 발생하지 않았을 손해의 필요조건), 추가적 인과관계(약간의 다른 독립한 원인이 손해를 일으키는데 충분한 경우), 택일적 인과관계(손해를 일으키는데 충분한 2개 이상의 조건의 경우)로 분류하였다.[466] Meixian Song[467]은 (1) 일반적으로 모든 경합적 원인의 결합, (2) 2 이상의 항목에 해당하는 하나의 위험, (3) 동등한 효율성을 가지는 두 개의 독립한 위험, (3) 두 개 원인의 누적적 원인으로 분류하였다.

3. 비율적 보상의 입법례

벨기에 법원은 결합원인의 경우 모든 기여 원인의 배분퍼센티지를 산정하여 보험자와 피보험자의 책임배분을 허용한다.[468]

2010년판 1996년 노르웨이해상보험계획에서는 손해할당이 공식화되어 있다. 즉 제2-13조는 위험의 결합이라는 제목아래 "손해가 다른 위험의 결합으로 인하고, 이들 중 하나 이상의 위험이 부보되지 아니하는 경우에는, 손해는 영향력에 따라 각 위험에 손해의 발생과 정도에 대하여 역할에 따라 배분되며, 보험자는 부보되는 위험에 기인한 손해부분에 대해서만 책임을 진다"고 규정하고

465) Donald O'May and Julian Hill, O'May on marine insurance, (Sweet & Maxwell, 1993), p. 320.
466) Hart and Honoré, Causation in the law. (2nd ed., Clarenden Press, 1985), pp. 9 ~ 10.
467) Meixian Song, op. cit., pp. 59 ~ 65.
468) Meixian Song, op. dit., p. 77.

있다.469)

4. 영국법의 원칙

복수원인과 관련하여 영국법원의 주류는 두 개의 원인의 경우 하나가 근인으로 밀접하다고 보아왔다. 상원은 하나 이상의 근인의 존재를 지지하지 않는다는 의도를 나타냈지만, 영국법상 복수의 원인의 개념은 200년 전으로 거슬러 올라간다.470)

가. Cendor MOPU사건 이전의 지위

아놀드는 "손해가 거의 동일한 효율적인 원인의 결합으로 인하고, 하나는 부보위험이고 다른 하나는 명시적으로 면책된 원인이면, 보험자는 면책이다는 것은 이제 결론나 있다"고 한다.471) 비해상보험사건인 Wayne Tank and Pump Co Ltd v. Employers Liability Insurance Corporation Ltd사건472)에서 하나의 위험은 보험계약상 명시적으로 면책된 위험을 포함한 두 위험이 동시에 효과적으로 작용한 경우 보험자는 면책이다라고 판시되었다.

부보위험인 악천후와 비부보위험인 감항능력결여가 2개의 근인이라고 판시한 Lloyd(JJ) Instrument Ltd v. Northern Star Insurance Co Ltd, 'Miss Jay

469) Meixian Song, op. dit., p. 77.
470) Meixian Song, op. cit., p. 49.
471) J. Gilman and others, op. cit. para 22-19; F.D. Rose, op. cit., para 19.23 p. 406.
472) [1973] QB 57, CA; 원고는 점토를 만드는 공장에서 액체 왁스를 저장.운반하는 설비를 설계하여 설치하였고, 피고 보험자와 "사고로 인한 재산상의 손해"를 담보하는 책임보험계약을 체결하였다. 보험증권은 "피보험자를 위하거나 또는 그에 의하여 매각되거나 운송된 물품의 성질이나 상태로 인한 손해"를 면책으로 하였다. 설비를 시험하기 전에 스위치를 넣어 밤새 무인상태로 방치한 결과 화재가 발생하여 공장이 전소하였다. 150,000달러를 배상한 피보험자는 이를 보험자에게 청구하였다. 항소법원은 손해의 지배적인 원인은 면책위험인 설비의 위험한 결함상태로 인한 것으로 보험자는 보상책임이 없다고 판시하였다. Denning판사는 "사고에는 두 원인이 있었는데, 하나는 면책위험인 설비의 위험한 상태이고, 둘째 원인은 면책위험으로 되어 있지 않은 가열탱크에 스위치를 넣어 밤새 무인상태로 방치한 자의 행위이다. 손해를 야기함에 있어 효과상 거의 동등한 2가지 원인이 있고, 하나는 보험자의 보상책임을 인정한 일반적인 문구에 의거하고, 다른 원인은 보험자가 보상책임을 면하는 특별한 문구에 의거하는 경우에는, 일반적 문구는 특별한 조항에 우선권을 양보하여야 한다"라고 이유를 설시하였다.

JayA'사건[473]에서 Slade판사는 "상식의 관점에서 사실을 판단하면 두 원인이 손해를 야기하는 효과에 있어서 동등하거나 적어도 거의 동등하였다. 이 경우 보험계약상 손해의 불감항으로 인한 손해에 관한 명시적인 조항을 포함하고 있다면 원고는 승소하지 못했을 것이다."라고 판시하였다.

나. Cendor MOPU사건

Cendor MOPU사건에서는 인과관계와 관련하여 복수의 위험이 협력한 경우 단일한 근인을 추구하여야 한다고 하여 2 이상의 근인을 인정한 종래의 판시를 파기하였다고 판단된다.

다만 Cendor MOPU사건에서는 고유의 하자가 그 중 하나인 두 가지 독립하고 효율적인 원인이 존재가능한지 여부에 관한 문제에 관하여 여지를 남기고 있다고 보기도 한다.[474] Ceville판사는 "해결된 듯하다"고 하여 아놀드보다는 조심스러워하고, Mance판사는 "Miss Jay Jay사건에서 하나는 명시적으로 면책인 두 원인이 존재하는 경우 피보험자는 보상받지 못한다고 '하였다'"고 라고만 하였다. Mance판사는 법원은 단순한 원인이 아닌 원인을 추구하여야 한다는 입장을 선호하는 것이 명백하다.[475] 그러나 Clarke판사와 Sumption판사는 두 개의 근인이 존재가능하고, 법원은 지배적인 원인을 발견하려고 노력해서는 안 된다고 하였다.

복수의 위험이 협력하는 경우 단일한 근인을 추구하여야 한다는 Cendor

473) [1987] 1 Lloyd's Rep 32, CA.; 이 사건에서 요트 Miss Jay Jay호는 피고에게 1년간 기간보험에 가입하였는데, 선체 또는 기관상의 잠재적 하자를 보장하였다. 1980년 7월 요트는 햄블(Hamble)에서 프랑스 도빌(Deauville)까지의 왕복항해에서 귀항중 선박이 훼손되어 있음이 발견되었다. 선박의 플라스틱 표면 사이의 접착이 여러 곳 분리되어 있었다. 날씨는 일반적으로 양호하였다. 선주의 보험금청구에 대하여 보험자는 요트는 설계상의 하자로 감항능력이 없기 때문에 보험자가 아닌 건조자의 책임이라는 이유로 보상을 거부하였다. 항소법원은 훼손은 악천후와 설계의 하자의 결합으로 인한 것이고, 두 원인은 손해에 대하여 경합적이고 효율적인 것이라고 보았다. 로튼(Lawton)판사는 하나는 손해의 담보위험(악천후), 다른 하나는 증권상 명시적으로 면책되지 않은 위험(불감항)이 근인인 경우 원고의 보험금청구권이 인정된다고 판시하였다.

474) Johanna Hjalmarsson and Jennifer Lavelle, Thirty Years of Inherent Vice-From Soya to Cendor MOPU and beyond in Malcolm A. Clark(ed), Maritime Law Evolving-Thirty Years at Southampton, (Hart publishing, 2013), pp. 216, 227.

475) John Dunt and William Melbourne, The Impact of Cendor MOPU on the Institute Cargo Clauses in Rhidian Thomas(ed), The Modern Law of Marine Insurance Volume Four, (informa law from Routledge, 2016), p. 180.

MOPU사건의 판시는 해상보험사례에서는 지배적인 원인을 발견하는 것이 일반적으로 피보험자에게 유리하고, 손해가 해상고유의 위험 또는 면책위험으로 인한 것인지 여부가 쟁점인 경우에 단일한 지배적인 원인을 추구하는 전통적인 접근방식이 협회적하보험약관를 해석하는 데 있어 가장 적절하다.[476]

최근의 Ace European Group Ltd v. Chatis Insurance UK Ltd사건[477]에서 Popplewell판사는 관련된 우연한 외부적인 사고가 존재하는 경우에 적하의 고유의 하자 또는 성질이 인과관계에서 근인으로 인정될 여지는 없다고 한 Cendor MOPU사건을 언급하였다.[478]

다. 소결

부보위험과 면책위험이 동시에 효과적으로 작용한 경우 보험자는 면책이라고 한 Wayne Tank and Pump Co Ltd v. Employers Liability Insurance Corporation Ltd사건[479]의 판시가 Cendor MOPU사건에 의하여 변경되어 복수의 위험이 협력한 경우 단일한 근인을 추구하는 것으로 확립되었음을 이해하는 것이 필요하다.

---

476) John Dunt and William Melbourne, op. cit., p. 180.

477) [2012] EWHC 1245 (QB).

478) Meixian Song, op. cit., p. 142.

479) [1973] QB 57, CA; 원고는 점토를 만드는 공장에서 액체 왁스를 저장.운반하는 설비를 설계하여 설치하였고, 피고 보험자와 "사고로 인한 재산상의 손해"를 담보하는 책임보험계약을 체결하였다. 보험증권은 "피보험자를 위하거나 또는 그에 의하여 매각되거나 운송된 물품의 성질이나 상태로 인한 손해"를 면책으로 하였다. 설비를 시험하기 전에 스위치를 넣어 밤새 무인상태로 방치한 결과 화재가 발생하여 공장이 전소하였다. 150,000달러를 배상한 피보험자는 이를 보험자에게 청구하였다. 항소법원은 손해의 지배적인 원인은 면책위험인 설비의 위험한 결함상태로 인한 것으로 보험자는 보상책임이 없다고 판시하였다. Denning판사는 "사고에는 두 원인이 있었는데, 하나는 면책위험인 설비의 위험한 상태이고, 둘째 원인은 면책위험으로 되어 있지 않은 가열탱크에 스위치를 넣어 밤새 무인상태로 방치한 자의 행위이다. 손해를 야기함에 있어 효과상 거의 동등한 2가지 원인이 있고, 하나는 보험자의 보상책임을 인정한 일반적인 문구에 의거하고, 다른 원인은 보험자가 보상책임을 면하는 특별한 문구에 의거하는 경우에는, 일반적 문구는 특별한 조항에 우선권을 양보하여야 한다"라고 이유를 설시하였다.

제9장 보험자의 설명의무

I 서언

근래 영국법 준거조항이 삽입된 협회보험약관을 보험계약의 내용으로 하는 해상보험계약에서 보험자의 설명의무에 관한 중요한 판결이 잇달아 내려지고 있다. 협회선박보험약관을 보험계약의 내용으로 한 사건에서 영국의 워런티의 의미와 효과에 대하여 우리 약관규제법상의 설명의무가 적용된다고 판시된 대법원 2010. 9. 9. 선고 2009다105383 판결, 워런티 위반 여부가 다투어진 사건에서 "대법원 2010. 9. 9. 선고 2009다105383 판결은 선박보험계약이 준거법 지정 외에 외국적 요소가 없는 순수 국내계약인 사안에 관한 것으로서, 외국적 요소가 있는 사안에서는 준거법은 영국법이다"고 판시한 대법원 2015. 3. 20. 선고 2012다118846, 118853 판결, 위의 두 사건과 달리 "본 보험증권에 따라 발생하는 책임에 관한 모든 문제는 영국의 법률과 관습이 적용된다"라는 내용의 준거법 조항이 삽입된 적하보험사건에서 갑판적재약관의 설명의무에 대하여"이 사건 준거법 약관은 이 사건 보험계약 전부에 대한 준거법을 지정한 것이 아니라 보험자의 '책임' 문제에 한정하여 영국의 법률과 관습에 따르기로 한 것이므로 보험자의 책임에 관한 것이 아닌 사항에 관하여는 이 사건 보험계약과 가장 밀접한 관련이 있는 우리나라의 법이 적용된다고 할 것인데, 약관의 설명의무에 관한 사항은 약관의 내용이 계약내용이 되는지 여부에 관한 문제로서 보험자의 책임에 관한 것이라고 볼 수 없으므로, 이에 관하여는 영국법이 아니라 우리나라의 약관규제법이 적용된다"고 판시한 대법원 2016. 6. 23. 선고 2015다5194 판결에 이르기까지 논의가 계속되고 있다.

대법원 1991. 5. 14. 선고 90다카25314 판결 이래 대법원이 해상보험계약상 영국법 준거조항의 효력을 전면적으로 인정해 오고 있는 입장과 달리 보험자의 설명의무에 대하여 특히 국내의 일반적인 약관해석 내지 약관통제의 원칙에 비추어 이질적인 영국 해상보험법상 워런티(warranty) 제도는 상법에 존재하지 아니하는 낯 설은 제도이고 영국 해상보험법상 워런티 위반의 효과[480] 등에 대하여 우리법상 설명의무의 적용여부에 대한 판례의 입장을 살펴볼 필요가 있다.

특히 영국의 2015년 보험법과 2016년 기업법상 신의성실의무, 공정한 제공의무, 워런티 제도 등이 대폭 개정되어 개정 전에는 비교적 명확하였던 영국해상보험법과 관습이 크게 변경되었고, 특히 개정된 제도의 특정한 쟁점의 정확한 내용은 앞으로 영국판례에 의하여 확정되기까지는 불명료한 상황도 존재한다는 점도 고려할 필요가 있다.

Ⅱ 판결의 내용

1. 대법원 2010. 9. 2. 선고 2000다105383 판결[481]

가. 사실관계

(1) 주식회사 신흥은 2006.5.23. 리스회사인 한국캐피탈로부터 이 사건 선박 등을 리스하고, 2006.6.2. 한화손해보험(주)와 피보험자 : 소유자(owner) 한국캐피탈, 관리자(manager) 피고, 보험기간 : 2006. 5. 26. 12:00부터 2007. 5. 26. 12:00까지, 보험목적물 : 선체 및 기관, 보험가액 : 16억 2,000만 원등으로 정하고 1983년 협회선박보험약관을 보험계약의 내용으로 하는 선박보험계약을 체결하였다.

(2) 이 사건 보험계약의 현상검사와 관련한 워런티 약관조항은 신흥(주)가 2006. 7. 2.까지 이 사건 선박에 대한 현상검사와 그에 따른 권고사항을 이행할 것을 규정하고 있었다.

(3) 신흥(주)는 2007. 5. 2.에 이르러서야 KOMOS(한국해사감정)으로부터 이

480) 대법원 2010. 9. 9. 선고 2009다105383 판결.

481) 이 판결에 대한 평석으로는 이정원, 영국법 준거약관과 보험자의 설명의무, 저스티스」, 제122호, 한국법학원, 2011, 212~240면. 석광현, 약관규제법은 국제적 강행규정인가, 법률신문 2011. 3. 21. 서영화, 해상보험에서 담보의무조항과 보험자의 설명의무, 한국해법학회지 제33권 제1호, 2011, 7~29면 참조. 관련논문으로는 박세민, 해상보험에 있어서 영국법 준거조항의 유효성 인정문제와 그 적용범위에 대한 비판적 고찰, 한국해법학회지 제33권 제1호(2011), 한국해법학회, 189~228면 참조.

사건 선박에 대한 현상검사를 받았고, 한편 이 사건 선박은 같은 달 6. 목포항을 떠나 태안반도 인근 모래채취구역으로 예인되던 중 505 현성호와 충돌하는 1차사고를 당하였고, 그 후 같은 해 6. 27. 제2대양호와 충돌하는 2차사고를 당하였다.

(4) 신흥(주)는 위 각 충돌사고로 이 사건 선박이 손상되자 2007. 7. 3.부터 같은 달 20.까지 유한회사 현성산업에서 수리를 한 후, 2007. 7. 27. 한화손해보험회사에게 위 각 충돌사고로 인한 이 사건 선박의 수리비 175,099,100원에 상당하는 보험금의 지급을 청구하였으나 보험자는 신흥(주)가 2006. 7. 2.까지 현상검사를 받아야 하는 이 사건 워런티 조항을 위반하였다는 이유로 그 지급을 거절하여 소송이 제기되었다.

나. 대법원판결요지

(1) 리스선박에 관한 보험계약에서 선박의 현상검사와 관련한 워런티(warranty) 약관 조항이 보험계약자인 리스이용자가 일정 기한까지 선박에 대한 현상검사와 그에 따른 권고사항을 이행할 것을 워런티 사항으로 정하고 있고, 그 현상검사 등의 이행 기한을 리스이용자의 연기 요청에 따라 당초 정한 기한에서 연기하여 정한 사실이 인정되지만, 이는 현상검사 등을 이행하여야 하는 기한에 관한 합의일 뿐 그 이행사항을 이행하지 않았을 경우 그 즉시 보험회사의 보험금 지급의무가 면제되는 효과 등에 관하여 보험회사와 보험계약자 사이에 개별적인 교섭이 이루어졌다고 볼 수 없으므로, 위 워런티 약관 조항은 여전히 구 약관의 규제에 관한 법률(2007. 8. 3. 법률 제8633호로 개정되기 전의 것)의 적용을 받는 약관에 해당한다고 한 원심의 판단이 정당하다.

(2) 영국 해상보험법상 워런티(warranty) 제도는 상법에 존재하지 아니하는 낯설은 제도이고 영국 해상보험법상 워런티 위반의 효과는 국내의 일반적인 약관해석 내지 약관통제의 원칙에 비추어 이질적인 측면이 있음을 부정할 수 없다. 비록 워런티라는 용어가 해상보험 거래에서 흔히 사용되고 있다 하더라도 해상보험계약을 체결한 경험이 없거나 워런티에 관한 지식이 없는 보험계약자가 워런티의 의미 및 효과에 관하여 보험자로부터 설명을 듣지 못하고 보험계약을 체결할 경우 워런티 사항을 충족시키지 않으면 어떠한 불이익을 받는지에 관하여 제대로 인식하지 못한 채 그 위반 즉시 보험금 청구권을 상실할 위험에

놓일 뿐만 아니라 그와 같은 상실 사실조차 모른 채 보험사고를 맞게 되는 곤란한 상황에 처할 수 있다. 따라서 이러한 워런티 조항을 사용하여 해상보험을 체결하는 보험자로서는 원칙적으로 당해 보험계약자에게 워런티의 의미 및 효과에 대하여 충분히 설명할 의무가 있다고 할 것이고, 단순히 워런티 조항이 해상보험 거래에서 흔히 사용되고 있다는 사정만으로 개별 보험계약자들이 그 의미 및 효과를 충분히 잘 알고 있다거나 충분히 예상할 수 있다고 단정하여 이를 언제나 설명의무의 대상에서 제외될 수 있는 사항이라고 볼 수는 없다.

2. 대법원 2015. 3. 20. 선고 2012다118846, 118853 판결[482)]

가. 사실관계

(1) 을 주식회사는 갑 보험회사와 남태평양에서 어로작업을 하는 어선에 대해 "이 보험은 영국의 법과 관습에 따른다"는 조항에 삽입된 영국의 협회기간선박보험약관을 내용으로 하는 선박보험계약에 체결되었고, 선박보험증권에 "항해구역: 인도양 중 협회담보약관이 정한 구역 내(Trading Limit: Indian Ocean within I.W.)"라고 기재되어 있으며, 협회담보약관(Institute Warranties) 제5조가 "케르겔렌(Kerguelen), 크로제(Croset) 도서 또는 남위 50도 이남의 수역"으로 항해하지 않을 것을 규정하고, 이 사건 선박이 남위 50도 이북의 인도양 해역에서 항해하기로 정한 것은 영국법상의 워런티(warranty) 조항에 해당하였다.

(2) 을은 매년 11월경부터 다음 해 3~4월경까지 태평양 쪽 남빙양 남위 50도 이남 수역에서 조업을 하였고, 이러한 사정을 매년 11월경 원고에게 통지하면서 원고의 요구에 따라 그 조업에 필요한 확장담보 요청을 1개월 단위로 하여왔다. 이 사건 선박도 2010년 11월경부터 2011년 3~4월경까지 남위 50도 이

---

482) 이 판결의 원심법원판결에 대한 평석인 김인현, 영국준거법하의 담보특약에 대한 약관규제법 적용여부, 한국해법학회지 제35권 제2호, 2013, 373~400면은 본 판결은 영국준거법하에서 한국의 강행규정을 적용할 수 있는 기준을 제시한 점에 의의가 있다고 하였다. 대법원판결에 대한 평석인 석광현, 영국법이 준거법인 한국 회사들 간의 선박보험계약과 약관규제법의 적용 여부-대판 2015. 3. 20. 2012다118846(본소), 2012다118853(반소), 저스티스 제149권(2015), 232면은 이 판결에 찬성하고, 서동희, 협회기간보험약관(선박)과 약관규제법상의 설명의무, 해상·보험법연구 제9권(2015.7), 해상·보험법연구회, 249~259면은 외국적 요소가 있는지 여부를 기준으로 이것이 존재하는 사안에 한하여 약관규제법을 적용한다고 한 대법원의 판결에 대해 반대하고 있다.

남 수역에서 조업할 것이 예정되어 있었다.

(3) 을은 2010. 11. 11. 원고에게 이 사건 선박의 남극어장에서의 조업을 위하여 이 사건 선박보험의 조업수역을 1개월간 남위 65도까지 확장하고 대양을 태평양 수역으로 변경해 줄 것을 요청하였고, 갑은 같은 날 이를 승낙하여 항해구역을 태평양 및 남위 65도까지, 기간을 2010. 11. 11.부터 2010. 12. 11.까지로 하는 이 사건 1차 배서장을 피고에게 발송하였다.

(4) 을은 2010. 12. 2. 원고에게 2010. 12. 10.까지 조업수역을 남위 67도까지 변경해 줄 것을 요청하였고, 갑은 같은 날 이를 승낙하여 항해구역을 남위 67도까지, 기간을 2010. 12. 2.부터 2010. 12. 10.까지로 하는 이 사건 2차 배서장을 을에게 발송하였다.

(5) 그 후 을이 이 사건 1차 배서장에 의한 확장담보 기간 만료 이후의 기간에 대한 추가확장담보 요청을 하지 않고 있던 중인 2010. 12. 13.(월요일) 04:30경) 이 사건 선박이 태평양 쪽 남빙양에 해당하는 남위 63도 20분, 서경 160도 15분 지점(예상위치)을 항해하다가 전복되어 침몰하였다.

(6) 을 소유 선박 전체의 보험 관련 업무를 담당하는 수산부 계장 소외인은 같은 날 04:30경부터 05:00경 사이에 이 사건 사고 발생 사실을 확인하고, 05:45경 갑에게 팩스로 2010. 12. 12.부터 1개월간 조업수역을 남위 67도까지 변경해 줄 것을 요청하는 확장담보요청서를 전송하였다. 그리고 을은 다음 날인 2010. 12. 14.(화요일) 갑에게 이 사건 사고 발생 사실을 통보하였다.

(7) 갑은 워런티 위반의 항변으로 보험금 지급을 거부하였고, 을은 갑의 워런티의 의의와 효과에 대한 설명의무위반을 주장하였으며, 갑은 채무부존재확인의 소를 제기하였다.

나. 판결요지

(1) 외국적 요소가 있는 법률관계에 관하여 적용될 외국법규의 내용을 확정하고 그 의미를 해석함에 있어서는 외국법이 그 본국에서 현실로 해석·적용되고 있는 의미와 내용에 따라 해석·적용하여야 하고, 그 본국에서 최고법원의 법해석에 관한 판단은 특별한 사정이 없는 한 존중하여야 할 것이나, 소송과정에서 그에 관한 판례나 해석 기준에 관한 자료가 충분히 제출되지 아니하여 그 내용의 확인이 불가능한 경우 법원으로서는 일반적인 법해석 기준에 따라 법의 의

미와 내용을 확정할 수밖에 없다(대법원 2007. 6. 29. 선고 2006다5130 판결 등 참조).

영국법원의 판례에 의하면, 해난사고(a casualty)가 이미 발생한 경우라도 피보험자가 계속담보에 의해 보호받을 자격(entitlement to be held covered)을 발생시키는 사건(the events)을 그 해난사고가 발생할 때까지 알지 못하였을 경우에는 계속담보조항이 소급하여 적용된다고 해석하고 있는 것으로 보인다. 그러나 이 사건과 같이 피보험자가 워런티 위반이 예정되어 있는 사실을 알면서 이를 사전에, 나아가 그 워런티 위반이 실제로 발생한 후에도 통지하지 않고 있다가 해난사고가 발생한 후에 비로소 통지를 한 사안에서 계속담보가 성립하는지 여부에 관한 영국 법원의 판례나 해석기준을 알 수 있는 자료는 기록상 찾을 수 없다.

이 사건에서 피고의 2010. 12. 13.자 통지가 계속담보가 성립하기 위한 유효한 통지인지 여부는 '피고가 워런티 위반사실, 즉 이 사건 선박이 2010. 12. 12. 이후에도 워런티 조항에서 항해를 허용하지 않는 태평양 쪽 남빙양 남위 60도 이남에서 조업을 계속한다는 사실을 인지한 후 즉각적인 통지를 한 것으로 평가될 수 있는가'에 달려 있다고 보인다. 남위 60도 이남의 남빙양 조업은 위험이 현존하는 경우이므로 통지가 요구되는 합리적인 시간은 짧은 시간이 되어야 하고, 이 사건 선박의 2010. 12. 12. 이후의 항해구역 이탈은 갑자기 발생한 상황이 아니라 피고의 조업방침상 원래 예정된 것이었다는 점 등을 고려하면, 통지는 앞선 확장담보 기간이 경과하기 전에 이루어지거나 늦어도 2010. 12. 12.이 되자마자 지체없이 이루어졌어야 한다고 봄이 타당하다. 피고가 주장하는 바와 같이 당시 피고의 업무 담당자가 2010. 12. 10. 출장 중이었다거나 2010. 12. 12.이 일요일이라는 사정이 있었다고 하더라도, 계속담보를 위한 통지는 다른 직원에 의해서도 충분히 이루어질 수 있는 성격의 업무이고 2010. 12. 13.자 통지 역시 원고의 영업시간 전인 새벽에 팩스 전송에 의해 원고의 영업장소에 이루어진 점 등에 비추어 보면, 피고의 위 주장과 같은 사정을 이유로 2010. 12. 13.자 통지가 계속담보가 성립하기 위한 유효한 통지라고 보기는 어렵다.

(2) 국제사법 제27조에서 소비자 보호를 위하여 준거법 지정과 관련하여 소비자계약에 관한 강행규정을 별도로 마련해 두고 있는 점이나 약관규제법의 입법 목적을 고려하면, 외국법을 준거법으로 하여 체결된 모든 계약에 관하여 당

연히 약관규제법을 적용할 수 있는 것은 아니다(대법원 2010. 8. 26. 선고 2010다28185 판결 등 참조). 이 사건 선박보험에 적용되는 협회기간약관 [Institute Time Clauses (Hull-1/10/83)]에서 이 보험은 영국의 법률 및 관례에 준거한다고 정하고 있고, 제3조에서 계속담보가 성립하기 위한 요건과 통지 등에 관하여 규정하고 있으며, 협회담보약관에는 앞서 본 바와 같은 워런티 조항에 관하여 규정하고 있는 사실 등을 인정한 다음, 갑이 영국법상 워런티 조항의 내용과 효력, 그 위반의 효과 등에 관하여 설명하지 아니하였으므로 약관규제법 제3조에 의하여 협회담보약관이 이 사건 선박보험에 편입되었다고 볼 수 없다는 을의 주장은 이 사건 선박보험에서 해상보험업계의 일반적 관행에 따라 영국법 준거약관을 사용하고 있고 그것이 대한민국의 공익이나 공서양속에 반한다거나 을의 이익을 부당하게 침해하는 것이라고 볼 수 없으므로, 이 사건 선박보험과 관련된 모든 법률관계의 준거법은 영국법이고 달리 약관규제법을 적용하여야 할 사정이 없어, 이 사건 선박보험에는 약관규제법이 적용되지 않는다. 또한 대법원 2010. 9. 9. 선고 2009다105383 판결은 선박보험계약이 준거법 지정 외에 외국적 요소가 없는 순수 국내계약인 사안에 관한 것으로서, 외국적 요소가 있는 이 사건과는 사안을 달리하므로 이 사건에서 원용하기에 적절하지 아니하다.

3. 대법원 2016. 6. 23. 선고 2015다5194 판결

가. 사실관계

(1) 대한민국 법인인 갑은 2012. 6. 14. 터키의 코자 폴리에스터 사나이 베티카렛 에이 에스(Koza Polyester Sanayi Ve Ticaret A.S., 이하 '코자 폴리에스터'라고 한다)에게 폴리머리제이션 라인(Polymerization Line) 1세트 4포장(이하 '이 사건 화물'이라고 한다)을 미화 350만 달러에 매도한 다음, 2012. 6. 22. 미합중국 법인인 을 보험회사 사이에, 이 사건 화물에 관하여 부보금액 미화 385만 달러로 하는 적하보험계약을 영국 런던 보험자협회(Institute of London Underwriters)의 적하약관(Institute Cargo Clause, 이하 '영국 적하약관'이라고 한다)에서 규정하고 있는 WAIOP 조건(With Average Irrespective Of Percentage, 일정한 해상고유의 위험을 해손의 종류나 규모와 상관없이 보상하는 조건)으로 체결하였다.

(2) 을은 대한민국에 영업소를 설치하고 따로 대표자를 두면서 이를 등기한 후 대한민국에서 영업행위를 하고 있고, 이 사건 보험계약도 대한민국에 있는 을의 대리점을 통하여 대한민국에서 체결되었다.

(3) 이 사건 보험계약에는 ① "본 보험증권에 따라 발생하는 책임에 관한 모든 문제는 영국의 법률과 관습이 적용된다(All questions of liability arising under this policy are to be governed by the laws and customs of England)."라는 내용의 준거법 약관과 ② 원고가 피고에게 부보화물의 갑판적재 사실을 고지하지 않은 경우 이 사건 보험계약의 담보범위는 '투하(투하, Jettison)와 갑판유실(갑판유실, Washing Overboard)' 이외의 일반 분손(분손)은 담보하지 않는 분손부담보[분손불담보, Free from Particular Average (F.P.A.)] 조건으로 축소된다는 내용의 '갑판적재(갑판적재) 약관'(On-Deck Clause)이 포함되어 있다.

(4) 갑은 중국 상하이 항부터 터키의 이스켄데룬 항까지 이 사건 화물의 해상운송을 주식회사 글로벌카고솔루션에 의뢰한 다음, 2012. 6. 14. 위 회사로부터 이 사건 화물에 관한 선하증권을 교부받았는데, 위 선하증권에는 '이 사건 화물은 송하인·수하인의 위험부담으로 갑판에 적재되는데, 그 손실·손상에 대하여 이 사건 선박 또는 선주는 어떠한 경우에도 책임을 부담하지 않는다'는 취지의 운송인 면책약관이 기재되어 있다.

(5) 이 사건 화물은 2012. 6. 14. 중국의 상하이 항에서 선박 레이스 지(MV Reis G)호의 갑판 위에 선적되어 운송되던 중 2012. 7. 7. 오만 앞바다에서 이 사건 화물 4포장 중 한 포장인 보일러 1대가 해상으로 떨어지는 사고가 발생하였다.

(6) 코자 폴리에스터는 갑에게 이 사건 보험계약에 기한 보험금 청구권을 양도하고 2013. 4. 3. 이를 피고에게 통지하였다.

나. 판결요지

(1) 국제사법 제25조는 제1항 본문 및 제2항에서, "계약은 당사자가 명시적 또는 묵시적으로 선택한 법에 의한다.", "당사자는 계약의 일부에 관하여도 준거법을 선택할 수 있다."라고 규정하고, 제26조 제1항에서 "당사자가 준거법을 선택하지 아니한 경우에 계약은 그 계약과 가장 밀접한 관련이 있는 국가의 법

에 의한다."라고 규정하고 있다. 따라서 외국적 요소가 있는 계약에서 당사자가 계약의 일부에 관하여만 준거법을 선택한 경우에 해당 부분에 관하여는 당사자가 선택한 법이 준거법이 되지만, 준거법 선택이 없는 부분에 관하여는 계약과 가장 밀접한 관련이 있는 국가의 법이 준거법이 된다. 이 사건 준거법 약관은 이 사건 보험계약 전부에 대한 준거법을 지정한 것이 아니라 보험자의 '책임' 문제에 한정하여 영국의 법률과 관습에 따르기로 한 것이므로 보험자의 책임에 관한 것이 아닌 사항에 관하여는 이 사건 보험계약과 가장 밀접한 관련이 있는 우리나라의 법이 적용된다고 할 것인데, 약관의 설명의무에 관한 사항은 약관의 내용이 계약내용이 되는지 여부에 관한 문제로서 보험자의 책임에 관한 것이라고 볼 수 없으므로(대법원 2001. 7. 27. 선고 99다55533 판결 참조), 이에 관하여는 영국법이 아니라 우리나라의 약관규제법이 적용된다.

(2) 약관의 규제에 관한 법률 제3조 제3항이 사업자에 대하여 약관에 정하여져 있는 중요한 내용을 고객이 이해할 수 있도록 설명할 의무를 부과하고, 제4항이 이를 위반하여 계약을 체결한 경우에는 해당 약관을 계약의 내용으로 주장할 수 없도록 한 것은, 고객으로 하여금 약관을 내용으로 하는 계약이 성립되는 경우에 각 당사자를 구속하게 될 내용을 미리 알고 약관에 의한 계약을 체결하도록 함으로써 예측하지 못한 불이익을 받게 되는 것을 방지하여 고객을 보호하려는 데 입법 취지가 있다. 따라서 고객이 약관의 내용을 충분히 잘 알고 있는 경우에는 약관이 바로 계약내용이 되어 당사자에 대하여 구속력을 가지므로, 사업자로서는 고객에게 약관의 내용을 따로 설명할 필요가 없다.이 사건 갑판적재 약관은 영국 적하약관에 공통적으로 포함되어 있는 약관으로서 해상적하보험자들이 일반적으로 사용하는 해상보험시장의 국제적 표준약관이고, 이 사건 갑판적재 약관은 이 사건 보험증권의 표면 및 이면에 기재되어 있고, 갑과 을이 2007년경 체결한 '수출입적하 포괄보험 약정서'에도 보험조건으로 기재되어 있었으며, 이 사건 보험계약 체결 업무를 담당하였던 갑 측 실무자 소외인은 2003년부터 약 10년간 해상적하보험계약 체결 업무에 종사하여 왔고, 2007. 4. 경부터 2013. 3.경까지 갑의 수출화물에 관한 해상적하보험계약 관련 업무를 담당하면서 을과 월 30건 내지 50건 가량의 해상적하보험계약을 체결한 바 있고, 갑이 을과 해상적하보험을 체결한 위 기간 동안 사용한 보험증권의 표면과 이면에는 모두 이 사건 갑판적재 약관이 기재되어 있었으며, 갑은 이 사건 화물의 갑판적재 사실을 을에게 고지하였다고 일관되게 주장하고 있고, 갑 측 실무

자인 소외인의 진술서에는 '통상적으로 갑판적(갑판적)이 되면 보험료가 인상된다'는 취지의 기재가 있음에 비추어, 갑은 을에게 갑판적재 사실을 고지하지 아니하거나, 추가 보험료를 지급하지 않고 갑판적재 운송을 하는 경우에는 보험금을 지급받을 수 없게 될 수도 있음을 인식하고 있었다고 보인다. 위와 같은 여러 사정에 비추어 보면, 이 사건 보험계약 체결 당시 갑은 이 사건 갑판적재 약관의 내용을 잘 알고 있었다고 보이므로, 을이 그 내용을 설명하지 않았더라도 이 사건 갑판적재 약관은 이 사건 보험계약의 내용이 된다고 봄이 상당하다.

(3) 영국 해상보험법 및 관습에 의하면, 보험의 목적에 생긴 손해가 부보위험인 해상 고유의 위험으로 인하여 발생한 것이라는 점에 관한 증명책임은 피보험자가 부담하고, 증명의 정도는 이른바 '증거의 우월(preponderance of evidence)'에 의한 증명에 의한다.

Ⅲ 연구

영국보험법상 보험자의 설명의무는 소비자자보험에 대해서는 영업행위준칙으로 상세히 규율되고 있으나, 기업보험인 해상보험에는 적용되지 않는다. 따라서 영국해상보험상 보험자의 약관의 설명의무는 없다고 해석되고 있고, 반면 우리의 약관규제법은 기업보험에도 적용되므로 우리의 해상보험상에 약관규제법상의 보험자의 약관설명의무가 적용된다.

1. 영국 보험법상의 설명의무

가. 배경

영국에서는 2005년 이래 종래의 소극적인 보험자의 정보제공의무체제를 혁명적으로 개혁하여 2002년의 유럽연합 보험모집지침[483]과 원격상거래지침[484]을 국내법화함에 있어서 2005년에 도입된 영업행위준칙(Insurance Conduct of

483) Council Directive (EC) 2002/92 on insurance mediation.
484) Council Directive (EC) 2002/65 on distance marketing of consumer financial services [2002] OJ L271/16.

Business: ICOB)[485]을 개정한 영업행위준칙(Insurance Conduct of Business Sourcebook: 이하 ICOBS라 함)이 2008년 1월부터 시행되고 있다. 이에 따라 영국에서는 투자성 생명보험상품에 대하여서는 영업행위준칙(Conduct of Business Sourcebook: 이하 COBS라 함)이 적용되고, ICOBS는 단기이고 환급보험료가 없는 생명보험과 손해보험에 적용된다.[486] ICOBS는 설명의무 · 적합성원칙 · 적정성원칙에 대하여 상세한 규율을 하고 있다.

나. 적용범위

ICOBS는 COBS에 의하여 규율되지 아니하는 보험상품에 적용되고, ICOBS가 규율하는 것은 손해보험, 순수보장상상품 등이다. ICOBS는 보험약관을 제조하여 보험모집보조자 없이 보험상품을 직접 판매하는 보험자에게도 적용된다. 그러나 다음과 같은 보험상품에는 적용되지 아니한다.

(1) 재보험 · 거대위험계약

ICOBS는 재보험에 그리고 거대위험을 모집하는 보험모집보조자에게는 적용되지 아니한다.[487]

(2) 도매 모집보조자(wholesale intermediary)

ICOBS는 최종소비자와 접촉하지 아니하는 도매모집보조자에게는 적용되지 아니한다.

(3) 직접판매금융회사에 적용

보험모집보조자 없이 상품을 제조한 보험회사가 판매하는 경우에 ICOBS상의 특정한 원칙(예컨대 소비자에 대한 상품설명의무)이 적용된다.

또한 법률개정위원회는 보험계약자에게 서면으로 워런티의 내용에 대하여 정

485) 유럽연합 보험모집지침이 보험모집보조자를 거치지 않고 보험자가 직접 판매하는 경우에는 적용되지 않음에 비하여, ICOBS는 이에도 적용된다.; Michael Blair QC and George Walker and Robert Purves, Financial Services Law (2nd ed., Oxford, 2009), p. 836.

486) Michael Blair QC and George Walker and Robert Purves, op. cit., p. 36.

487) ICOBS 1 부록1 제2부(대상) 1.(재보험)

보를 제공받지 아니하는 경우에는 보험자는 워런티 위반을 이유로 면책을 주장할 수 없다고 하여야 한다고 하였다.[488]

다. 상품설명서의 작성 · 제공(ICOBS 6)

(1) 공통규정

보험자는 ICOBS 6에서 규정한 서류를 작성하고, 보험모집보조자는 그 서류를 제공할 의무를 진다.[489] 보험모집보조자가 없는 경우에는 보험자가 정보서류의 작성 · 교부의무를 진다.[490] 보험자는 보험모집보조자가 ICOBS 6의 원칙을 준수하도록 적절한 시기에 정보서류를 작성하여야 한다.[491]

회사는 소비자가 제안된 약정에 관하여 정보에 기초하여 판단을 하도록 적절한 시기에 그리고 이해 가능하도록 보험계약에 관한 적절한 정보가 제공되도록 합리적인 조치를 취하여야 한다.[492] 이는 계약성립전 그리고 계약성립후에도 적용되고, 보험기간중 변경과 갱신과 같은 사항에도 적용된다.[493]

이에 관한 정보의 수준은 (1) 보험계약상 소비자의 지식, 경험, 능력, (2) 주요급부, 면책사유, 제한, 조건, 보험기간을 포함하는 보험약관, (3) 보험약관의 총체적 복잡성, (4) 보험계약이 다른 상품 · 서비스와 연관하여 수입되는지 여부, (5) 원격소통정보요건, (6) 동일한 정보가 이전에 소비자에게 제공되었는지 여부와 같은 사항에 따라 상이하다.[494]

모든 보험계약에 요구되는 것은 아니지만, 소비자와 거래하는 회사는 보험계약요약서(policy summary) 또는 주요특징서면(key features document)을 사용하여 정보를 제공할 수 있다.[495]

---

488) Law Commission, Insurance Contract Law: Misrepresentation, Non-disclosure and Breaqch of Warranty by the Insured: A Joint Consultation Paper No 182(2007), para 8.1.
489) ICOBS 6.1.1R.
490) ICOBS 6.1.2R.
491) ICOBS 6.1.3R.
492) ICOBS 6.1.5R.
493) ICOBS 6.1.6R.
494) ICOBS 6.1.7G.
495) ICOBS 6.1.10G. 보험계약요약서의 기재사항은 ICOBS 6 부록2 참조.

(2) 손해보험

손해보험의 경우 계약성립전 정보제공의무로서 분쟁조정제도를 포함한 보험계약자의 민원을 처리하는 약정에 관한 정보를 소비자에게 제공하여야 한다.[496]

라. 해상보험에의 적용

해상보험은 ICOBS의 규제가 적용되지 않지만,[497] 이와 같은 변화는 해상보험상의 워런티의 해석에도 영향을 미치고 있다.[498]

2. 해상보험계약에서의 보험자의 설명의무

가. 영국법 준거조항에 따른 적용

해상보험계약상 보험자의 설명의무에 대해 대법원판례는 해상보험계약상의 준거법조항의 형태에 따라 달리 판시하고 있다.

(1) 보험계약 전부에 준거법을 지정한 경우

영국의 협회선박보험약관상의 영국법 준거조항은 “이 보험은 영국의 법과 관습에 따른다”라고 하고 있다. 대법원은 외국적 요소가 없는 순수 국내계약인 사안에는 약관규제법상의 설명의무가 적용되고, 외국적 요소가 있는 사안에서는 준거법은 영국법이다.

(2) 보험자의 책임에 준거법을 지정한 경우

영국의 협회적하보험약관을 보험계약의 내용으로 하는 해상보험계약상의 영국법 준거조항은 “본 보험증권에 따라 발생하는 책임에 관한 모든 문제는 영국의 법률과 관습이 적용된다”는 영국법 준거조항이 사건 준거법 약관은 이 사건 보험계약 전부에 대한 준거법을 지정한 것이 아니라 보험자의 ‘책임’ 문제에 한정하여 영국의 법률과 관습에 따르기로 한 것이므로 보험지의 책임에 관한 것

496) ICOBS 6.2.2(2)R.

497) 영국에서 해상보험은 보험중개사를 통하여 체결되고 있다.

498) Mance, The 1906 Act, common law and contract clauses-all in harmony? [2011] Lloyd's maritime and commercial law quarterly 356.

이 아닌 사항에 관하여는 이 사건 보험계약과 가장 밀접한 관련이 있는 우리나라의 법이 적용된다고 할 것인데, 약관의 설명의무에 관한 사항은 약관의 내용이 계약내용이 되는지 여부에 관한 문제로서 보험자의 책임에 관한 것이라고 볼 수 없으므로(대법원 2001. 7. 27. 선고 99다55533 판결 참조) 이에 관하여는 영국법이 아니라 우리나라의 약관규제법이 적용된다.

제10장 Cendor Mopu사건

I 서언

2차 세계대전 이후 해상보험에서 가장 중요한 판결[499]이라고 일컬어지는 영국 최고법원의 2011년 Cendor MOPU사건[500]은 1983년의 Soya GmbH Mainz Kommanditsgesellschaft v. White사건[501]에서 확립된 Diplock판사의 고유의 하자(inherent nature and vice)의 정의를 다시 검토하고, 확립된 Diplock판사의 고유의 하자에 대한 정의를 다시 검토하고, 인과관계와 관련하여 복수의 위험이 협력한 경우 복수의 근인을 인정한 종래의 면책위험우선원칙 등을 폐기하고 단일한 근인을 추구하여야 한다는 것을 확립하였으며, 고유의 하자에 관한 증명책임 등 해상보험의 중요논점에 관해 획기적인 판시를 하였다.

해상보험분야는 약관상 영국법 준거조항이 삽입되어 있는 경우가 대부분이어서 대법원이 영국의 법률, 판례, 관행을 우리의 법원(法源)이 인정하고 있으므로[502] Cendor MOPU사건에서의 중요쟁점에 대한 정확한 이해가 필요하다. 특히 복수의 위험이 협력한 경우 단일한 근인을 추구하여야 한다는 Cendor MOPU사건의 판시는 묵시적 감항능력 워런티에 해당하는 감항능력 결여, 파도

---

499) J. Gilman and others, Arnould's Law of Marine Insurance and Average, (18th ed. Sweet & Maxwell, 2013), Preface at vii

500) Global Process Systems Inc and Another v. Syarikat Takaful Malaysia Berhad(The Cendor MOPU) [2009] EWHC 637(Comm), [2010] 1 Lloyd's Rep 243(CA); [2011] 1 Lloyd's Rep 560(SC).

501) [1982] 1 Lloyd's Rep 136(CA); [1983] 1 Lloyd's Rep 222(HL).

502) 이 장에서는 Cendor MOPU사건에 관한 연구, 보험학회지 제108집(2016), 81~114면을 보완하였다. 석광현, 영국법이 준거법인 한국 회사들 간의 선박보험계약과 약관규제법의 적용 여부-대상판결: 대판 2015. 3. 20. 2012다118846, 2012다118853, 저스티스 149호(2015), 한국법학원, 196-238면; 황현영, 해상보험에서 담보특약과 약관규제법의 적용. 한양대 법학논총 26권 4호(2015), 한양대 법학연구소, 323-347면; 정완용, 해상보험법상 보험자 면책사유와 담보특약에 관한 고찰, 한국해법학회지 제37권 제1호(2015), 한국해법학회, 314면 이하; 이정원, 영국법 준거약관과 보험자의 설명의무-대판 2010. 9. 9. 2009다105383의 평석을 중심으로, 저스티스 제122호(2011), 212~240면.

등의 해상고유의 위험, 세월호의 증축 과정에서 복원력의 약화라는 잠재적 하자 등 복수의 위험의 협력하여 침몰사고가 발생한 것으로 판단할 수 있는 세월호 사고의 해상보험 처리에도 영향을 미칠 것으로 생각된다.

국내외에서 이 판결에 대한 이미 많은 논문이 발표되었고,[503] 이 글은 Cendor MOPU사건 이전과 이후의 영국과 캐나다 등의 관련판결을 검토한 후, 복수의 위험의 협력의 경우 보험자의 보상의 문제, 고유의 하자의 문제, 인과관계의 문제 등의 순서로 고찰한다.

Ⅱ 사실관계와 소송의 경과

1. 사실관계

가. 석유시추선인 Cendor MOPU는 1978년 싱가포르에서 제조되어 피보험자가 소유하고 있었다. 2005년 6월 28일 피보험자는 이 시추선을 미국 텍사스주 갤버스톤에서 말레이시아 러뭇(Lumut)까지 운송하기 위한 용선계약을 체결하고, 7월 22일·23일까지 바지선에 적입을 완료하였다. 이는 특별한 검정조건이 필요한 예인위험이며, 해상항해를 위해 받침다리를 제거하는 등 조치가 없으면 장기간의 항해에 대하여 골절(stress fracture) 등 자연적 마모가 발생할 수 있었다. 갤버스톤을 출항한 7주후 10월 10일에 예인하는 바지선과 함께 케이프타운 북부 살단하만(Saldanha Bay)에 도착하였는데, 시추선의 받침다리의 핀홀 부분에 균열이 발견되어 수리하였고, 워런티 검정인은 항해를 승인하였다. 10월 28일 예인선은 바지선과 함께 희망봉을 출항하였지만, 11월 4일 저녁 남아프리카공화국의 더반(Durban) 북부에서 받침다리의 골절사고가 발생하였다.

503) 지상규, 해상적하보험계약하에서의 고유의 하자에 대한 보험자의 책임에 관한 판례연구 Global Process Systems Inc amd Another v. Syarikat Takaful Malaysia Berhad(2009), 손해사정연구 제6권 1호(2014), 한국손해사정학회, 5~20면; 홍성화, 적하보험에 있어서 고유의 하자에 대한 해석문제-영국최고법원 Cendor MOPU사건을 중심으로, 해사법연구 제27권 제3호(2015), 한국해사법학회, 131~165면; 이원정, 해상적하보험에서 보험목적물의 고유하자에 관한 판례연구-Cendor MOPU사건에서 영국대법원판결을 중심으로, 국제상학 제28권 제1호(2013), 한국국제상학회, 141~159면; 松島惠, 複數危險の協力の場における保險者のてん補責任-The Cendor MOPU事件(2009년~2010年)を中心として, 經濟研究 第145號(2012年), 明治學園大學論文集, 1-12面.

11월 5일 저녁에는 남은 2개의 받침다리도 골절사고를 당하였다. 12월 9일 예인선은 바지선과 함께 목적지에 도착하였다.

나. 보험조건은 다음과 같았다.

(1) 보험기간: 2005년 7월 20일~2005년 11월 30일
(2) 보험목적: 석유시추선(Cendor MOPU)-넓이 12피트, 길이 312피트, 무게 404톤
(3) 보험금액: 1,000만 미국달러(정액공제 100만달러)
(4) 보험료: 37.8만 미국달러
(5) 담보위험: 1982년 협회적하보험약관(A)의 전위험담보
(6) 면책위험: 제4조 4항-보험목적의 고유의 하자 또는 성질로 인하여 생긴 멸실, 훼손 또는 비용

2. 소송의 경과

피보험자는 받침다리의 손해는 우연한 사고로 인한 것이라 하여 보험금 지급을 청구하였다. 보험자는 (1) 손해의 원인은 보험의 목적인 받침다리 자체의 하자인 것, (2) 의도된 항해의 과정에서 우연한 사고의 개입이 없는 받침다리 자체의 취약성이 존재하였고, 고유의 하자로 인한 손해는 전위험담보조건에서도 면책위험이기 때문에 보상책임이 없다고 항변하였다.

1심에서는 고유의 하자는 "선적된 적하가 의도된 통상의 과정에서, 우연적인 외부의 사고의 개입없이, 적하 자체의 반응의 결과로 입은 품질악화"라고 해석하고, 통상의 항해 과정에서 파도의 통상적인 작용으로 인하여 보험목적의 품질악화를 수반하는 경우, 또는 항해의 통상의 과정에서 어떠한 외부의 작용으로 보험목적에 손해가 생긴 경우에도 그 외부적 작용이 우연한 담보위험에 해당하지 아니하는 정도의 작용으로 목적물에 손해가 생긴 경우에는 일반적으로 고유의 하자에 포함된다고 하여, 이 손해는 고유의 하자로 인한 손해로 면책이라고 판단하였다.

항소심에서는 금속피로의 취약성으로 인한 손해발생의 필연성 유무에 대해서도 판단의 대상으로 삼았는데, 피보험자가 선적시 선적적하의 검정인으로부터 안전운송방법과 직절한 적입방법에 대해서도 조언을 얻었기 때문에 항해에 적

합한 방법으로 운송한 것이라고 하여 시추선의 감항성을 보증한다고 판단하였고, 첫 번째 받침다리와 남은 다리의 골절사고를 야기한 직접원인은 우연한 외부의 충격파도라고 하였다. 이 충격파도는 11월경 희망봉을 항해하는 통상의 경우 예상되는 필연적인 충격파도는 아니었지만, 이와 같은 충격파도의 압력에 의하여 받침다리가 결과적으로 골절사고를 입었다면, 받침다리의 금속피로의 취약성으로 인한 손해는 필연적으로 발생하는 것은 아니고, 충격파도라는 우연적인 사건의 개입에 의한 것이라고 보아 원심을 파기하고 보상을 명하였다. 최고법원은 이를 유지하였다.

Ⅲ Cendor MOPU사건 관련판례

1. Cendor MOPU사건 이전 판결

가. Berk and Co v. Style사건[504]

원고는 아프리카에서 런던까지 수입하는 규조토의 적하에 대하여 "여하한 원인으로 인한 멸실 또는 훼손의 모든 위험"을 담보하는 보험에 들었다. 런던에 도착하여 바지선에 이송하던 중 상자가 파손되어 규조토를 다시 포장하는데 상당한 비용이 초래되었다. 원고의 보험금 청구에 대하여 법원은 원래의 포장이 불충분하였고, 따라서 손해는 보험목적의 고유의 하자로 인한 것이라는 이유로 규조토의 재포장비용에 대한 보험금 지급을 거부하였다. Sellers판사는 "'모든 위험'을 보장하지만 이 때에도 고유의 하자나 단순한 자연소모를 보장하지 아니하고, 불확정적인 위험을 보장한다."고 판시하였다.

나. Soya GmbH Mainz Kommanditsgesellschaft v. White사건[505]

(1) 소송의 경과

1973년 6월 인도네시아에서 Antwerp까지 운송되는 3꾸러미의 소야 콩의 적하에 대하여 보험자와 예정보험(open cover)에 들었다. Treviotbank호에 선

504) [1955] 1 QB 180.
505) [1983] 1 Lloyd's Rep 122(HL).

적된 첫 번째 적하가 앤트워프에 도착한 후 적하가 훼손되었음이 확인되었다. 이에 인도네시아에서 두 개의 적하에 대하여 송하인은 열과 수증기 그리고 자연발화(heat, sweat and spontaneous combustion ; HSSC)로 인한 멸실 또는 훼손을 추가 담보하는 보험에 들었다. 이 적하가 도착하였지만 가열되고 훼손되었음이 확인되었다. 보험자는 Treviotbank호에 선적된 적하의 상태에 관한 고지의무위반을 이유로 보험금을 거부하였다. 상원은 무엇보다도 HSSC조항의 삽입으로 인하여 보험보상이 허용된다고 판시하였다. Diplock판사는 고유의 하자, HSSC조항 그리고 "보험증권에 다른 정함이 없는 경우"의 쟁점을 상세히 고찰한 후, "표준 HSSC조항은 보험자는 보험목적의 고유한 성질이나 하자에 대하여 책임이 없음을 규정하는 55조 2항c호에서 설정된 추정적인 해석원칙을 배척하는 '다른 정함'에 해당한다"라고 판시하였다.

(2) 평가

Cendor MOPU판결은 Soya v. White사건에서의 Diplock판사의 고유의 하자의 정의는 유지하였지만, 피보험자가 우연한 사고임을 증명하면, 고유의 하자는 손해의 추가원인일 수 없고, 조사는 종결된다고 하였다.[506] 즉 복수의 근인을 인정하지 않았다.

다. J.J.Lloyd Instrument Ltd. v. Nothern Star Insurance Co. Ltd Miss Jay Jay호)사건[507]

(1) 소송의 경과

원고·피보험자가 소유하는 요트(Miss Jay Jay호)는 1976년 건조되었고, 처음부터 장비와 선미장비에 고장이 많았었다. 1980년 7월 9일 Miss Jay Jay호는 영국 햄블(Hamble)에서 프랑스 도빌(Deauville)까지 항해하고, 다시 7월 15일부터 요트로서는 항해하기에 어려운 날씨에서 풍파를 겪고 햄블로 귀항하였지

506) Johanna Hjalmarsson and Jennifer Lavelle, Thirty Years of Inherent Vice-From Soya to Cendor MOPU and beyond in Malcolm A. Clark(ed), Maritime Law Evolving-Thirty Years at Southampton, (Hart publishing, 2013), p. 216.

507) [1987] 1 Lloyd's Rep 32(CA); 한낙현·허윤석, 해상보험제도상 인과관계론의 적용상 문제점에 관한 고찰, 무역보험연구 제13권 제3호(2012), 무역보험학회, 69면.

만 선박의 프라스틱 표면이 훼손되었음이 판명되었다.

보험조건은 (1) 보험기간 : 1979년 8월 1일부터 1년, (2) 담보위험: (a) 외부의 우연한 작용, (b) 모든 사람의 과실, (c) 선체·기관의 잠재적 하자로 인한 손해, (3) 면책위험 중에는 (a) 설계상의 개조·변경에 수반하는 추가비용, (b) 잠재적 하자·설계상의 과실·하자부분의 교체비용 등이 포함되었다.

항소법원은 훼손은 악천후(담보위험)와 설계의 하자의 결함(비담보위험)으로 인한 것이고 두 원인은 손해에 대하여 경합하고 효율적인 것이라고 보았다. 이와 같이 비담보위험과 담보위험 양자가 협력하여 손해가 발생한 경우에 보험자가 보상하여야 한다고 판시하였다.

(2) 평가

Cendor MOPU 사건 판시에 따르면 외부적인 우연한 사고가 존재하였음이 판명되면 Miss Jay Jay호 사건과 같이 자연소모나 고유의 하자 또는 부적합 등에 근인하여 손해가 발생하였다는 사실을 배제한다.[508]

라. Noten BV v. Paul Charles Hading사건[509]

(1) 소송의 경과

원고는 상업용 장갑을 포함하는 상품의 독일인 수입업자이었다. 1992년에 3번, 1993년에 한번 합계 4번에 걸쳐 가죽 장갑이 캘커타에서 로테르담까지 운송을 위하여 선적되었다. 이 적하는 보험목적의 고유한 성질 또는 하자를 면책으로 하는 조항이 삽입되어 있는 ICC(A)를 내용으로 하는 보험에 들어 있었다. 로테르담에 도착시 장갑은 습기 차고, 얼룩지며, 곰팡이가 서리고, 색이 바래있음이 확인되었다. 원고의 보험금 청구에 대하여 보험자는 이를 거부하였다. 1심법원에서는 외부적인 원인으로 인한 사고라 하여 피보험자가 승소하였지만, 항소법원은 이를 파기하여 적하인 장갑은 선적시에 과도한 습기를 가지고 있었기 때문에 적하가 훼손되었고, 이는 면책위험인 고유의 하자에 해당한다고 하여 보험자 승소판결을 내렸다. Bingham판사는 “적하는 여하한 우연한 외부적인

508) John Dunt and William Melbourne, The Impact of Cendor MOPU on the Institute Cargo Clauses in edited by Rhidian Thomas, The Modern Law of Marine Insurance Volume Four, (informa law from Routledge, 2016), p. 173.
509) [1990] 2 Lloyd's Rep 283(CA).

사건이나 재해의 개입 없이 의도된 항해의 통상적인 과정에서 자연적 행위의 결과 조악해졌다. 적하가 선적시 습기차 있었기 때문에 훼손된 것이다. 적입된 콘테이너의 상태가 비정상적이라는 여하한 시사도 없다. 증거에 기하여 여하한 우연한 사고가 결합되지 아니하였고, 피고는 원고에게 몬순기간동안 캘커타의 무덥고 습기찬 날씨에 대한 위험을 인수한 것은 아니다."라고 판시하였다.

(2) 평가

이 판결은 다수의 적하중의 몇 개가 훼손된 것으로 우연한 사고로 추정될 수 없음을 명확히 하고, 우연한 사고이어도 고유의 하자로 인한 손해일 수 있다고 한 Soya v. White의 판시를 확인한 것으로[510] Cendor Mopu사건에 의하여 파기되었다.

마. Mayban General Assurance BHD v. Alstom Power Plants Ltd 사건[511]

(1) 소송의 경과

2002년 1월 25일 대형 변압기인 적하를 로테르담까지 운송을 위해 캐나다 엘스미어(Ellesmere)항에서 선적되었고, 세인트 조지해협을 통과하던 중 기후가 악화되어 파되어 노출되었다. 로케르담에서 칸테이너에 적입되어 2월 1일에 콘테이너선박은 Limut로 출항하였었고, 2월 4일 정오경부터 영국해협을 항해하던 중 풍파를 만났다. 보험조건은 변압기인 적하에 대하여 ICC(A)로 부보되고, (a) 보험목적의 포장·분비의 불완전·부적합, (b) 보험목적의 고유의 하자로 인한 멸실·훼손·비용이 면책이었다. 법원은 변압기의 고유의 하자의 인한 손해라고 하여 보험자의 면책으로 하였다. 법원은 전위험담보조건에서 피보험자는 손해가 우연히 발생하였음을 증명하여야 하고, 발생한 사고의 정확한 성격을 증명할 필요는 없다고 하였다.

(2) 평가

Cendor MOPU사건에서 법원은 Mayban사건은 고유의 하자를 지나치게 광

510) Meixian Song, Causation in insurance contract law, (informa law from Routledge, 2014), p. 131.

511) [2004] 2 Lloyd's Rep 609.

의로 해석하고, 해상고유의 위험을 협의로 해석하여 전위험담보조건의 목적을 달성하지 못하게 한 점에서 오류라고 하였다. Mayban사건의 오류는 해상고유의 위험과 고유의 하자의 경합적인 원인들을 동전의 양면으로 파악했다는 것, 즉 해상고유의 위험이 우연한 사고임을 증명하면 고유의 하자는 더 이상 다툴 필요가 없는데 불구하고 경합적인 근인으로 본 점이다.[512)]

Mayban사건이 Cendor MOPU사건 이후 현시점에서 다시 판결된다면 법원은 손해가 변압기의 고유의 하자로 인한 것이 아니라 해상고유의 위험으로 인한 것이고, 변압기의 손해는 불확정적인 것(inevitable)이 아니라 바람과 파도의 통상적인 작용도 아니므로 보험자는 보상책임을 지게 된다.[513)]

2. Cendor MOPU사건 이후 판결

가. Ace European Group Ltd v. Chatis Insurance UK Ltd사건[514)]

이 사건에서 피보험자는 2개의 보일러에 사용될 16개의 절약장치(economiser block)을 인수하여 루마니아에서 영국으로 육상과 해상으로 송부하였다. 도착 후 튜브가 훼손되었음이 확인되었다. 피보험자는 ICC를 보험계약의 내용으로 하는 운송 중 손해를 보장하는 해상보험과 현장에서의 손해에 대하여 포괄건설위험보험[Erection All Risks(EAR)를 내용으로 하는 두 개의 보험에 가입하였다. 이 사건에서는 손해가 부보위험으로 인한 것임이 확인되고, Cendor MOPU 사건에 따라 고유의 하자가 적용될 여지가 없으며 복수의 근인으로 처리되지 않았다.

나. 호주 연방항소법원의 Alstom Ltd v. Liberty Mutual Insurance Co (No. 2)사건[515)]

뭄바이 소재 회사가 서부호주 발전소에 2개의 변압기를 호주 Alstom사에 제조 공급하기로 하고 ICC(A)를 보험계약의 내용으로 하는 계약을 체결하고 불충분한 포장 등을 면책으로 하였다. 통상적인 거래와 관습에 따라 수행되면 포장과

512) Johanna Hjalmarsson and Jennifer Lavelle, op. cit., p. 217.
513) Johanna Hjalmarsson and Jennifer Lavelle, op. cit., p. 221.
514) [2012] 2 Lloyd's Rep 117.
515) [2013] FCA 116.

외부적인 준비는 충분한 것으로 본다고 하였다. 호주법원은 영국의 European Group사건에 따라 손해의 근인은 운송 중의 위험으로 인한 것이고 고유의 하자의 쟁점은 제기되지 않았다. 중복의 근인의 쟁점은 아니어서 Cendor MOPU 사건은 참조되지 않았다.[516)]

다. 캐나다 연방항소법원의 Feuiltault Solution Systems Inc v. Zurich Canada & Others사건[517)]

도서 제본기계를 캐나다에서 독일로 3개의 콘테이너에 적입하여 운송되는 적하에 대해 1982년 ICC(A)를 내용으로 하는 보험계약이 채결되었다. 몬트리올에서 독일 브레멘까지는 태평양을 경유한 항해로, 고객의 소재지까지는 트럭으로 운송되었는데, 모든 기계가 전부 녹슬어 전손으로 처리되었다. 연방항소법원은 보험자의 면책으로 하였다. 보험자는 손해가 우연한 것이 아님을 증명할 책임을 진다고 하였다. 이 판시는 Cendor MOPU사건보다 한 단계 더 나아간 것으로 설명된다.[518)]

Ⅳ 복수의 원인

1. 문제의 소재

보험법상 보험금 청구가 가능하기 위해서는 (1) 유효한 보험계약, (2) 보험사고의 발생, (3) 보험사고와 손해 사이의 법률적 인과관계의 3요소가 필요하다.[519)] 영국법상 인과관계는 1630년 이전의 사실은 고려하지 않고 직접적인 원인에 따라 판단되어야 한다는 Bacon의 격언에 소급한다. 그 후 1837년에서 1901년의 빅토리아 시대에는 시간순서상 최후의 원인기준이 형성되고 적용되었다. 19세기 말에서 20세기 초에 시간 순서 기준에서 손해기여에 있어서 효율성을 평가하는 오늘날의 기준으로 변경되었고,[520)] 획기적인 판결이 Leyland

516) John Dunt and William Melbourne, op. cit., p. 174.
517) [2012] FCA 215.
518) John Dunt and William Melbourne, op. cit., p. 174.
519) Meixian Song, op. cit., p. 1.

Shipping Co Ltd v. Norwich Union Fire Insurance Society Ltd사건[521]이다.

피보험자는 부보위험이 효율적인 원인이라고 하고, 보험자는 비부보위험 또는 면책위험이 효율적인 원인이라고 주장하기 때문에 효율성을 측정하는 다양한 접근방법이 기준이 나타나고 있다. Cendor MOPU사건에서는 동등한 근인인 부보위험과 면책위험이 존재하는 경우 면책위험우선의 원칙을 취한 종전의 판례 등을 수정하여 복수위험이 협력한 경우 단일한 근인을 추구하여야 한다는 입장을 명확히 하였다.

2. 복수원인의 의의

복수의 원인(concurrent causes 또는 multiple causes)의 정의에 대해서는 O'May[522]는 (1) 손해가 결합된 원인들 중 하나로 인한 것일 것, (2) 단일한 원인이 두 가지 다른 항목의 위험으로 기술될 것, (3) 손해에 대한 동일한 효율성을 있는 복수의 원인이라고 하였다. Hart and Honoré는 기여적 인과관계(그 조건이 없었더라면 손해가 발생하지 않았을 손해의 필요조건), 추가적 인과관계(약간의 다른 독립한 원인이 손해를 일으키는데 충분한 경우), 택일적 인과관계(손해를 일으키는데 충분한 2개 이상의 조건의 경우)로 분류하였다.[523] Meixian Song[524]은 (1) 일반적으로 모든 경합적 원인의 결합, (2) 2 이상의 항목에 해당하는 하나의 위험, (3) 동등한 효율성을 가지는 두 개의 독립한 위험, (3) 두 개 원인의 누적적 원인으로 분류하였다.

3. 영국법의 원칙

복수원인과 관련하여 영국법원의 주류는 두 개의 원인의 경우 하나가 근인으로 밀접하다고 보아왔다. 상원은 하나 이상의 근인의 존재를 지지하지 않는다는 의도를 나타냈지만, 영국법상 복수의 원인의 개념은 200년 전으로 거슬러

520) 해상보험사건(대법원 2005.11.25. 선고 2002다59528,59535 판결)에서 대법원은 근인은 손해의 발생에 있어 가장 효과적인 원인이라고 하였다.

521) [1918] AC 350.

522) Donald O'May and Julian Hill, O'May on marine insurance, (Sweet & Maxwell, 1993), p. 320.

523) Hart and Honoré, Causation in the law. (2nd ed., Clarenden Press, 1985), pp. 9~10.

524) Meixian Song, op. dit., pp. 59~65.

올라간다.[525)]

가. Cendor MOPU사건 이전의 지위

아놀드는 "손해가 거의 동일한 효율적인 원인의 결합으로 인하고, 하나는 부보위험이고 다른 하나는 명시적으로 면책된 원인이면, 보험자는 면책이다는 것은 이제 결론나 있다"고 한다.[526)] 비해상보험사건인 Wayne Tank and Pump Co Ltd v. Employers Liability Insurance Corporation Ltd사건[527)]에서 하나의 위험은 보험계약상 명시적으로 면책된 위험을 포함한 두 위험이 동시에 효과적으로 작용한 경우 보험자는 면책이다라고 판시되었다.

부보위험인 악천후와 비부보위험인 감항능력 결여가 2개의 근인이라고 판시한 Lloyd(JJ) Instrument Ltd v. Northern Star Insurance Co Ltd, 'Miss Jay JayA'사건[528)]에서 Slade판사는 "상식의 관점에서 사실을 판단하면 두 원인

525) Meixian Song, op. cit., p. 49.

526) J. Gilman and others, op. cit. 22-19; F.D. Rose, Marine insurance: Law and practice, (informa, 2012), para 19.23 p. 406.

527) [1973] QB 57, CA; 원고는 점토를 만드는 공장에서 액체 왁스를 저장.운반하는 설비를 설계하여 설치하였고, 피고 보험자와 "사고로 인한 재산상의 손해"를 담보하는 책임보험계약을 체결하였다. 보험증권은 "피보험자를 위하거나 또는 그에 의하여 매각되거나 운송된 물품의 성질이나 상태로 인한 손해"를 면책으로 하였다. 설비를 시험하기 전에 스위치를 넣어 밤새 무인상태로 방치한 결과 화재가 발생하여 공장이 전소하였다. 150,000달러를 배상한 피보험자는 이를 보험자에게 청구하였다. 항소법원은 손해의 지배적인 원인은 면책위험인 설비의 위험한 결함상태로 인한 것으로 보험자는 보상책임이 없다고 판시하였다. Denning판사는 "사고에는 두 원인이 있었는데, 하나는 면책위험인 설비의 위험한 상태이고, 둘째 원인은 면책위험으로 되어 있지 않은 가열탱크에 스위치를 넣어 밤새 무인상태로 방치한 자의 행위이다. 손해를 야기함에 있어 효과상 거의 동등한 2가지 원인이 있고, 하나는 보험자의 보상책임을 인정한 일반적인 문구에 의거하고, 다른 원인은 보험자가 보상책임을 면하는 특별한 문구에 의거하는 경우에는, 일반적 문구는 특별한 조항에 우선권을 양보하여야 한다"라고 이유를 설시하였다.

528) [1987] 1 Lloyd's Rep 32, CA.; 이 사건에서 요트 Miss Jay Jay호는 피고에게 1년간 기간보험에 가입하였는데, 선체 또는 기관상의 잠재적 하자를 보장하였다. 1980년 7월 요트는 햄블(Hamble)에서 프랑스 도빌(Deauville)까지의 왕복항해에서 귀항중 선박이 훼손되어 있음이 발견되었다. 선박의 플라스틱 표면 사이의 접착이 여러 곳 분리되어 있었다. 날씨는 일반적으로 양호하였다. 선주의 보험금 청구에 대하여 보험자는 요트는 설계상의 하자로 감항능력이 없기 때문에 보험자가 아닌 건조자의 책임이라는 이유로 보상을 거부하였다. 항소법원은 훼손은 악천후와 설계의 하자의 결함으로 인한 것이고, 두 원인은 손해에 대하여 경합적이고 효율적인 것이라고 보았다. 로튼(Lawton)판사는 하나는 손해의 담보위험(악천후), 다른 하나는 증권상 명시적으로 면책되지 않은 위험(불감항)이 근인인 경우 원고의 보험금 청구권이 인정된다고 판시하였다.

이 손해를 야기하는 효과에 있어서 동등하거나 적어도 거의 동등하였다. 이 경우 보험계약상 손해의 불감항으로 인한 손해에 관한 명시적인 조항을 포함하고 있다면 원고는 승소하지 못했을 것이다."라고 판시하였다.

나. Cendor MOPU사건

Cendor MOPU사건에서는 인과관계와 관련하여 복수의 위험이 협력한 경우 단일한 근인을 추구하여야 한다고 하여 2 이상의 근인을 인정한 종래의 판시를 파기하였다고 판단된다.

다만 Cendor MOPU사건에서는 고유의 하자가 그 중 하나인 두 가지 독립하고 효율적인 원인이 존재가능한지 여부에 관한 문제에 관하여 여지를 남기고 있다고 보기도 한다.[529] Ceville판사는 "해결된 듯하다"고 하여 아놀드보다는 조심스러워하고, Mance판사는 "Miss Jay Jay사건에서 하나는 명시적으로 면책인 두 원인이 존재하는 경우 피보험자는 보상받지 못한다고 '하였다'"고 라고만 하였다. Mance판사는 법원은 단순한 원인이 아닌 원인을 추구하여야 한다는 입장을 선호하는 것이 명백하다.[530] 그러나 Clarke판사와 Sumption판사는 두 개의 근인이 존재가능하고, 법원은 지배적인 원인을 발견하려고 노력해서는 안 된다고 하였다.

복수의 위험이 협력하는 경우 단일한 근인을 추구하여야 한다는 Cendor MOPU사건의 판시는 해상보험 사례에서는 지배적인 원인을 발견하는 것이 일반적으로 피보험자에게 유리하고, 손해가 해상고유의 위험 또는 면책위험으로 인한 것인지 여부가 쟁점인 경우에 단일한 지배적인 원인을 추구하는 전통적인 접근방식이 협회적하보험약관를 해석하는 데 있어 가장 적절하다.[531]

최근의 Ace European Group Ltd v. Chatis Insurance UK Ltd사건[532]에서 Popplewell판사는 관련된 우연한 외부적인 사고가 존재하는 경우에 적하의 고유의 하자 또는 성질이 인과관계에서 근인으로 인정될 여지는 없다고 한 Cendor MOPU사건을 언급하였다.[533]

529) Johanna Hjalmarsson and Jennifer Lavelle, op. cit., p. 227.
530) John Dunt and William Melbourne, op. cit., p. 180.
531) John Dunt and William Melbourne, op. cit., p. 180.
532) [2012] EWHC 1245 (QB).
533) Meixian Song, op. cit., p. 142.

4. 세월호 사고의 문제

가. 문제의 소재

세월호에 대해서는 1983년 협회선박보험약관을 내용으로 하는 선박보험에 가입되어 있었고, 선박침몰의 원인으로는 담보위험인 인치마리 위험인 제6조 제2항 2호의 선박의 잠재적 하자(세월호의 증축), 담보위험인 제6조 제1항 제1호의 해상고유의 위험(파도), 묵시적 워런티인 영국해상보험법 제39조의 감항능력 결여 등 복수의 원인이 협력한 것으로 볼 수 있다. 세월호에 관한 복수의 원인과 Cendor MOPU사건의 문제를 검토하고자 한다.

나. 선박의 잠재적 하자로서 세월호의 증축

세월호의 증축(2012년 10월~2013년 2월)을 거쳐 2013. 3.15.부터 2014. 4.15. 까지 139회 운항하였는데, 판례[534]에 따르면 이와 같은 무리한 증축으로 선박의 복원력이 약화된 것이 세월호 사고의 원인 중 하나라고 고찰된다. 선박의 수리와 교체는 인치마리 위험의 하나인 선박의 잠재적 하자에 해당하는 것으로 판단된다.[535] 인치마리 위험상 보상이 허용되는 경우는 피보험자측이 상당한 주의(due diligence)를 기울였을 것을 조건으로 한다(협회선박기간보험약관 제6조 제2항 단서). 피보험자의 상당한 주의의 결여가 일반적인 과실을 의미하는지 여부에 대하여 영국법원의 최근 판결인 Sealion Shipping Ltd v. Valiant Insurance Co.(The Toisa Pisces)[536]사건에서 Blair판사는 '상당한 주의의 결여'는 '합리적인 주의(reasonable care)'의 결여를 의미한다고 보았다.[537] 나아가 피보험자의 과실이 존재하면 보험자는 보상책임을 면하는가에 대해서는 부정적으로 해석되어 왔고, 최근의 Versloot Dredging BV v. HDI Gerling Industrie Versicherung AG[538]사건에서 Popplewell판사는 인치마리 조항상 열거위험의 근인에만 적용되지 먼 원인(remote causes)에는 적용되지

---

534) 대법원 2015. 11. 12. 선고 2015도6809 판결 전원합의체 판결, 광주지방법원 2014. 11. 11. 선고 2014고합180, 384 판결, 광주지방법원 2014. 11. 11. 선고 2014고합180, 2014고합384 판결.
535) F.D. Rose, op. cit., para 15.10 p. 323; Arnould, op. cit., para 23-58 p. 1150.
536) [2012] EWHC 50(Comm), para 136.
537) Meixian Song, op. cit., p. 101.
538) [2013] EWHC 1666(Comm).

아니한다고 결론지웠다.[539)]

이를 세월호 사고에 적용하면 인치마리 위험으로서 세월호의 증축이 잠재적 하자에 해당하고 선박기간보험약관 제6조 제2항 2호에 기하여 보험자의 보상이 성립하려면 피보험자인 청해진해운의 상당한 주의의 결여가 없어야 하는바, 여기서 상당한 주의는 일반적인 과실을 의미하지만, 보험자가 면책이려면 상당한 주의의 결어가 손해의 근인이어야 한다는 것이다. 즉 세월호의 증축으로 인한 복원성의 약화를 초래한 세월호의 선주인 청해진해운의 과실은 인정되지만 이 과실이 사고에 근인이라고는 볼 수 없으므로 동약관 제6조 제2항 2호에 따라 보험금 청구권이 인정된다고 판단된다.

다. 해상고유의 위험으로서 파도와 바람

세월호 사고가 바람과 파도의 통상적 작용으로 인한 해상고유의 위험으로 인한 사고인가 여부가 문제된다. 대법원 1998. 5. 15. 선고 96다27773 판결은 선박보험계약의 내용을 이루는 협회선박기간보험계약 제6조 제1항에서 말하는 해상 고유의 위험(perils of the seas)이라 함은 해상에서 보험의 목적에 발생하는 모든 사고 또는 재난을 의미하는 것이 아니라, 해상에서만(of the seas) 발생하는 우연한 사고 또는 재난만을 의미하며, 우연성이 없는 사고, 예컨대 통상적인 바람이나 파도에 의한 손상, 자연적인 소모 등은 이에 해당하지 아니한다고 한다고 하였다.[540)] 松島惠는 "해상고유의 위험은 바다를 직접적 작용으로 하거나 바다에 특유한 것이어야 한다. 따라서 선박의 난파, 좌초 등 바다의 바람과 파도의 직접작용으로 인한 손해는 바람과 파도의 통상의 작용에 의한 것이 아닌 한 해상고유의 위험개념에 속한다. 그러나 경우에 따라서는 바다의 직접적인 작용을 수반하지 아니하여도 해상고유의 위험으로 판단되는 사례가 있다. (1) 평온하고 맑은 날씨에서 선박이 좌초하여 암초에 걸린 경우 (2) 선원의 과실을 직접적인 원인으로 하는 좌초 (3) 다른 선박의 과실로 인한 충돌사고로 인한 경우에는 사고가 바다의 직접작용으로 생긴 것은 아니지만, 이 사고를 해

539) Meixian Song, op. cit., pp. 101~102.

540) 양승규·한창희, 해상보험법, 삼지원, 2007, 348~359면; 양석완, 해상보험계약에 있어서 해상고유의 위험에 따른 입증책임-영국법과 협회약관에 관한 논의를 중심으로, 상사판례연구 제25집 제3권(2012), 421~455면; 민중기, 영국해상보험법에 있어서 해상고유의 위험의 의의 및 담보위반의 효과, 대법원판례해설 30호(1998), 238~266면.

상고유의 위험으로 이해하는 이유는 이 사고가 바다의 작용 또는 바다에 특유한 것으로 인하여 생긴 것이 아니라 오히려 항해사업에 수반하여 생긴 우연한 사고로 이해하여야 한다"[541]고 한다.

세월호 사고가 침몰한 해역은 국내에서 가장 파도가 높은 지역으로 해상고유의 위험을 원인으로 하는 사고라고 판단된다.

라. 세월호의 감항능력 결여

판결에 따르면 세월호의 소유자는 청해진해운은 선원에 대한 안전교육을 제대로 이행하지 아니하고, 화물을 상습적으로 과적하였으며, 고박을 제대로 하지 아니한 채 항해한 사실이 인정되는 점에서 감항능력이 없었다고 판단되지만 기간보험에서는 보험자가 면책이기 위해서는 피보험자인 청해진해운이 세월호가 감항능력이 없는 상태인 것을 알고 발행할 것을 조건으로 하는 점(영국해상보험법 제39조 5항)에서 청해진해운이 감항능력 없음을 알고 발항하였다고는 보기 어렵다고 판단된다.

마. 소결

세월호 사고의 직접적인 원인으로는 (1) 부보위험인 선박의 잠재적 하자로서 세월호의 증축, (2) 부보위험인 해상고유의 위험으로서 파도와 바람, (3) 묵시적 감항능력 워런티인 세월호의 감항능력 결여를 들 수 있다. Cendor MOPU사건 판결은 복수위험이 협력하는 경우 경합적 복수의 근인을 허용하지 않고 하나의 근인을 확정하여야 한다는 원칙을 설정하였다. 이에 따르면 세월호 사고의 복수의 원인이라고 할 3가지 사유(선박의 잠재적 하자로서 세월호의 증축, 세월호의 감항능력 결여해상고유의 위험으로서 파도와 바람)중 근인을 확정하는 것이 필요하다고 판단된다.

541) 松島惠, 전게논문, 6面.

V 고유의 하자

1. 부보위험으로서 고유의 하자

우리 상법상은 보험목적의 성질, 하자로 인한 손해는 면책사유인 것과 달리(동법 제678조), 영국해상보험법상은 고유의 하자를 약관의 정함으로 부보위험으로 할 수 있다(동법 제55조 제2항 c호). 보험목적의 고유의 하자를 면책으로 하는 이유는 보험사고는 그 발생이 우연한 것이어야 하는데 이로 인한 손해는 필연적인 현상으로 생겨나는 것으로 보험사고의 요소인 불확정성으로 결하기 때문이다.[542] 보험목적의 고유의 하자가 부보위험인 보험계약에서 손해가 고유의 하자로 인한 것임을 증명할 책임을 누가 지는가가 문제된다.

Cendor MOPU사건에서는 Soya v. White사건[543]에서의 디플록 판사의 해상고유의 하자의 정의를 유지하면서 잠재적 하자, 감항능력, 자연소모 등과의 구별을 명확히 하였다. 여기서는 고유의 하자의 정의와 증명책임에 관한 판례의 동향을 살펴본다.

2. 고유의 하자에 관한 비교법적 고찰

가. 프랑스

보험자는 적하의 고유의 하자로 인한 손해에 대해 면책이다(프랑스 보험법 제127-7, 127-8조). 해상적하보험약관 제7조 제3항은 부보적하의 고유의 하자로 인한 보험목적의 물질적 멸실 또는 훼손을 보상하지 않는다고 규정하고 있다. 실무상 콘테이너에 적입된 적하에 대해 다투어지는데, 예컨대 중국과 같이 습도가 높은 지역에서 차가운 유럽국가로 운송되는 전자제품이 수증기로 훼손되는 경우가 그것이다. 해상적하보험약관 제7조 제3항은 '대기의 온도의 결과'를 면책으로 하는데 이에 따라 콘테이너에 적입된 적하의 수증기 훼손은 면책이다.[544]

542) 양승규, 보험법, 삼지원, 2004, 221면.
543) [1983] 1 Lloyd's Rep 222(HL).
544) Gildas Rostain, Marie Buzulier and Maxime de La Morinerie, French law and practice, John Dunt(ed), International cargo clauses, (informa, 2012), para 11.45, p. 389.

보험자가 면책이기 위해서는 고유의 하자가 유일한 근인이어야 한다는 프랑스판례[545]의 입장은 해상고유의 위험과 고유의 하자라는 면책위험이 협력하여 사고가 발생한 경우 단일한 근인을 추구하여야 한다는 Cendor Mopu사건 판시와 합치한다.

프랑스법상 고유의 하자의 증명책임은 보험자가 지고, 가정적인 고찰이 아닌 확실하고 구체적인 진술이어야 한다.[546]

나. 독일

적하보험약관[547]은 적하의 고유의 하자 또는 성질에 대하여 면책임을 규정한다. 고유의 하자라 함은 적하가 녹, 곰팡이, 발효 기타 변화하도록 하는 적하상의 자연적인 생물학적 또는 박테리아의 과정을 말한다. 이에는 과일, 채소, 고기, 물고기와 같은 소멸성의 적하만이 아니라 시간의 경과만으로 화학적 과정이 불가피한 화학물품도 해당된다.[548]

운송 중에 발생하는 고유의 하자의 예는 석탄 또는 목화의 자가발열, 곰팡이, 플래쉬 러스트(flash rust), 자연적 멸실 등이고, 유리나 도자기제품이 운송 중 통상적으로 파산되는 경우 이는 매우 섬세하여 운송 중 일반적으로 불가피한 요동으로도 파손될 수 있기 때문에 면책이다. 그러나 이는 부적합한 포장이 손해의 진정한 원인일 수 있고, 이는 다른 약관조항[549]에 의해 면책이다.

적하보험의 경우 개별약정으로 고유의 하자가 부보되기도 한다. 함부르크 항소법원판례[550]는 솜의 자가발열이 부보되었는데, 항해 중 예기된 기상변화가 적하의 자가발열을 야기하였고, 자가발열 위험이 부보위험으로 삽입되어있다는 이유로 보험자의 보험금 지급책임이 인정되었다.

545) AGF v. Pominter, Court of Appeal of Berdeaux, 2nd chamber, 16 June 1988.
546) Court of of Appeal Paris, 13 July 1988, CGM c/Riff.
547) DTV-Cargo conditions 제2.5.1.2조, 1973년 ADS General Rules of Cargo Insurance wp1.4.1.2wh.,
548) Joachim, German law and practice, in John Dunt(ed), International cargo clauses, (informa, 2012), para 10.98, p. 340.
549) TV-Cargo conditions 제2.5.1.5조
550) OLG Hamburg, VersrR 1998. 580.

다. 이탈리아

이탈리아 채무법 제1906조는 달리 약정하지 아니하는 한 (1) 보험자는 고유의 하자에 대해 고지되지 아니하는 한 그로 인한 손해에 대해 면책이고, (2) 고유의 하자가 손해를 증가시킨 경우, 고유의 하자가 없었더라면 발생하였을 손해에 대해서만 보상책임을 진다고 규정한다. 당사자는 고유의 하자로 인한 손해를 면책으로 하거나 부책으로 약정할 수 있다.551)

적하보험약관(전위험) 제2조, 적하보험약관(열거위험) 제2조는 '보험목적의 고유의 하자, 성질, 기온변화를 감당할 수 없음, 자연발화, 발효 그리고 통상적인 중량감소'로 인한 멸실 또는 훼손을 면책으로 하고 있다.

라. 노르웨이

노르웨이 적하보험약관552) 제18.1조는 보험자는 적하의 고유의 성질, 상태로 인한 손해를 보상하지 않는다고 규정하고 있다. 적하의 고유의 성질은 자연발화, 감소, 곰팡이 등 모든 적하의 특성을 의미하고, 적하의 상태는 보험개시 이전에 적하가 가지는 제조착오 또는 스트레스로 인해 발생하는 적하의 특수한 상황을 말한다. 동약관 제18.2조는 중량이나 용적의 통상적인 멸실을 면책으로 하는데, 이는 운송 중 발생하는 통상적인 감손을 의미한다. 특정한 원인일 것은 요구되지 않고, 그 원인의 예로는 증발, 누손, 중량감소 등의 손해를 들 수 있다. 중량 또는 용적의 감소는 적하의 유형과 운송의 형식에 따라 사안별로 평가되어야 한다.553)

마. 싱가포르

싱가포르 법원은 Keck Seng & Co Ltd v. Royal Exchange Assurance사건554)에서 부보위험 또는 고유의 하자로 인한 손해인지 여부를 확인하는 어려

551) Francesco Siccardi, Italian law and practice, in John Dunt, International cargo clauses(ed), (informa, 2012), para 9.87, p. 290.

552) 이는 1995년 당사자의 합의를 거쳐 제정되었고, 2004년에 개정되었다. 국내운송과 국제운송 모두에 적용되고, 주석이 첨부되어 있다.; Trine-Lise Wilhelmsen and Hans Jacob Bull, Norweigian cargo insurance in John Dunt(ed), International cargo clauses, (informa, 2012), para 12.4~12.8, p. 406.

553) Trine-Lise Wilhelmsen and Hans Jacob Bull, op. cit., para 9.87, p. 290.

움에 직면하였다. 이 사건에서 중국 다이렌에서 싱가포르로 운송되는 4,980상자의 설탕에 대해 고유의 하자를 면책으로 하는 협회선박보험약관(전위험)약관을 보험계약의 내용으로 하는 보험계약이 체결되었다. 싱가포르에 도착한 후 1,729상자가 내부적으로 젖어있는 것이 발견되었지만 상자는 온전하였다. 법원은 습기는 상자표면의 수증기로 인한 것인 아니라 외부적인 원인이 아닌 대기중 습기를 흡수한 것으로 인한 것이라는 이유로 보험금 청구를 기각하였다. 법원은 British & Marine Insurance Co v. Gaunt사건[555]에서 고유의 하자로 인한 손해는 운송되는데 예기되는 상황에서 보험목적의 자연적인 작용에 근인하는 손해라고 한 섬너(Sumner)판사의 판시를 채용하였다.[556]

3. 고유의 하자의 정의

가. 고유의 하자의 정의

보험목적의 성질과 하자는 해상적하보험에서는 보험목적의 고유의 하자라고 통칭된다. 아놀드는 "오직 보험목적의 성질 또는 상태로 인한 손해"라고 하였고,[557] British & Marine Insurance Co v. Gaunt사건[558]에서 섬너(Sumner)판사는 고유의 하자로 인한 손해는 운송되는데 예기되는 상황에서 보험목적의 자연적인 작용에 근인하는 손해라고 하였다. Cendor MOPU사건에서 보험목적의 고유의 하자는 "우연적이고 외부적인 사고의 개입 없이 의도된 통상의 항해과정에서 자연적 행위의 결과 적하가 입은 저하"이라는 디플록 판사의 판시가 유지되었다.[559] 그 예는 외부적인 훼손으로 인한 것이 아닌 내부적인 부패로 인하여 과일이 썩거나 밀가루가 가열되거나 포도주가 시어지는 것이다.[560]

---

554) [1964] 1 MLJ 256.
555) [1921] 241.
556) Corina Song, Singqapore law and practice in John Dunt(ed), International cargo clauses, (informa, 2012), para 5.34, p. 139.
557) J. Gilman and others, op. cit., paras. 22-25 22-26 pp. 944, 945.; 아놀드는 또한 적하보험의 경우 항해의 통상적인 자연소모, 또는 항해에서 예기된 통상적인 정도의 누손 또는 파손으로 인하여 야기된 외부로부터의 적하에 대한 손해와 구별하고, 고유의 하자는 외부적 원인으로 인하여 생기지 않은 손해이라고 하였다(paras 22-22 p. 1040). Brown 등 영국학자의 정의에 대해서는 홍석화, 전게논문, 148~150면.
558) [1921] 241.
559) Soya GmbH v. White [1983] 1 Lloyd's Rep. 122 at p. 149사건에서 상원의 디플록(Diplock)판사의 판시.

Cendor MOPU사건에서 고유의 하자와 유사한 표현인 불감항, 잠재적 하자, 자연소모와 구별하고 있는데, 모든 용어가 선박과 보다 밀접하게 관련되는데 반하여, 고유의 하자는 주로 적하와 관련이 있다.[561]

Mance판사는 고유의 하자의 핵심은 '우연한 외부적 사고의 결여'로 보았다. 따라서 (1) 항해 도중 조우한 기후상태의 작용이 손해를 야기하는데 어떠한 원인의 역할을 했고, (2) 그 상태가 바람과 파도의 통상적인 작용 이상이어서 해상고위험에 해당한다면, 그 손해는 고유의 하자에 근인한 것이라 할 수 없는데, 왜냐하면 그 손해는 "우연적이고 외부적인 사고의 개입 없이" 발생한 것이 아니기 때문이다.[562]

디폴록판사의 정의는 아놀드의 전통적인 정의보다 넓은 개념인데, 이는 적하의 콘테이너와 적하의 포장과 준비를 포섭하기 위하여서 이다.[563]

우리나라에서는 "보험목적의 성질로 인한 손해는 과일이나 생선 또는 육류의 부패, 주정의 증발 등이고, 보험목적의 하자로 인한 손해는 포장의 흠결로 생긴 운송물의 파손이나 보험목자체의 흠으로 생긴 손해",[564] "화물의 멸실 또는 훼손이 외부의 사고의 개입없이 화물의 자연적 성질에 의해 발생한 경우",[565] 항해의 통상의 과정에서 통상의 사건으로서의 풍파의 통상의 작용에 감내할 수 없는 화물의 성질손해[566]라고 한다.

나. 필연적 고유의 하자와 우연한 고유의 하자

영국해상보험[567]에서는 고유의 하자를 필연적 고유의 하자와 우연한 고유의

560) 1857년에 출간된 아놀드(Arnould)의 Marine Insurance의 저서로 Soya GmbH v. White [1983]에서 인용됨.

561) Johanna Hjalmarsson and Jennifer Lavelle, op. cit., p. 230.

562) John Dunt and William Melbourne, op. cit., p. 170.

563) John Dunt, Marine cargo insurance, (2nd ed., informa law from Routledge, 2016), para 8. 25 p. 162.

564) 양승규, 전게서, 222면.

565) 지상규, 전게논문, 9면,

566) 홍성화, 전게논문, 164면.

567) Susan Hodges, Law of marine insurance, (Routledge, 2016), p. 239~241에서, Hodges는 Soya v. White사건의 심리과정에 명확히 된 콩과 손해발생의 필여성 유무·고유의 하자와의 관계에 주목하여 다음과 같이 3가지 경우로 나누어 고찰하였다. (1) 통상의 항해 중에 콩의 수분함유량이 14% 이상인 경우에는 콩은 필연적으로 품질저하를 수반한다. 항소법원 판사 월러(Waller)는 수분함유량이 14%를 초과하는 경우에는

하자 2가지로 나누고 있다.[568]

(1) 필연적 고유의 하자

이는 적하 자체의 손해를 확실하게 필연적으로 발생시키는 고유의 하자·성질 위험이고, 이러한 고유의 하자는 우연성이 결여하여 보험자는 고유의 하자를 면책으로 하는 규정에 의거하여 보상책임을 면한다. 나아가 이와 같은 고유의 하자에 대해서는 피보험자 자신이 이에 대하여 당연히 알고 있거나 알았어야 하고, 보험자는 피보험자의 고지의무위반 또는 고의·사기 등의 법적 제재를 소구할 수 있다고 고찰된다.

(2) 우연한 고유의 하자

이는 항해의 통상의 과정에서 항해의 영향을 받아 성질손해를 입는지를 알 수 없지만, 경우에 따라서는 입지 않는지도 알 수 없는 우연한·불확실한 고유의 하자이다. 이 유형의 소유의 하자는 확실히 우연성이 인식되지만, 이와 같은 고유의 하자에 대하여 약관상 고유의 하자를 면책으로 한 경우에는 영국해상보험법 제55조 제2항 2호에 기하여 원칙적으로 보상책임을 면한다. 다만 고유의 하자를 담보하는 취지의 특약이 존재하는 경우에도 Soya v. White사건[569]에서

손해발생의 필연성이 인정되고, 위험은 존재하지 않기 때문에 보험자는 이 손해에 대해 면책이다. (2) 콩의 수분함유량이 12% 이상 14% 미만인 경우에는 통상의 항해기간중에 콩의 품질이 저하될지 알 수 없고, 경우에 따라서는 저하되지 않는지도 알 수 없는 이른바 애매하게 판단되는 정도의 함유량이고, 이 경우에는 콩이 손해를 입을 위험이 인정된다. (3) 수분함유량이 12% 미만인 경우에는 몽의 미생물활동에 의해 손해를 입을 위험은 존재하지 않는다고 하였다. 이중 (3)은 고유의 하자의 개념에서 제외되고, 고유의 하자에는 (2)와 (3)의 수분함유량에 따라 2 종류의 고유의 하자가 존재함을 명히 하였다. 필연적 하자는 통상의 항해 과정에서 손해를 필연적으로 발생시키는 하자로, 그 발생이 확실한 손해를 의미하고, 이러한 고유의 하자는 우연성을 결여하기 때문에 당연히 영국해상보험법 제55조 제2항 2호에 기하여 면책이다. 이에 반하여 우연한 고유의 하자는 통상의 항해기간중 보험의 목적물(적하)의 손해를 야기하는지 알 수 없고, 경우에 따라서는 야기야기 않을지도 알 수 없는 애매한 판단만이 가능한 하자를 의미하기 때문에 블생이 불확실한 우연한 고유의 하자라고 할 수 있고, 이 하자는 확실히 영국해상보험법 제55조 제2항 2호에 기하여 원칙적으로 보상책임을 면하지만 이와 같은 고유의 하자는 특히 보장한다는 틋의 계약당사자간의 약정이 있다면 보험자는 보험금 지급 책임을 진다.

568) 松島惠, 貨物保險における固有の瑕疵の概念, 保險學保險法學の課題と展望, 大谷孝一博士古稀記念, 成文堂, 2011, 599~600面.

569) [1983] 1 Lloyd's Rep 122(HL).

상원은 확실히 발생하는 필연적인 고유의 하자에 대해서는 우연성을 결한 하자라는 이유로 보험의 본질의 관점에서 특약의 보험보장의 효력이 미치지 않는다고 하였다.

다. 잠재적 하자. 감항능력, 자연소모와의 구별[570)]

(1) 잠재적 하자[571)]와의 구별 잠재적 하자는 원래 존재하는 것인데 반하여, 고유의 하자는 원래는 온전한 적하에 고유한 저하(deterioration)과정이다. 잠재적 하자는 비소멸성인 적하와 관련된 것이다.

(2) 감항능력과의 구별

고유의 하자는 주로 적하에 대한 개념이고, 감항능력은 주로 선박에 대한 것이며, 전자는 소멸성 적하에 대한 것이고, 후자는 단계상의 원리[572)]가 적용되는 선박에 대한 것이다.[573)]

(3) 자연소모와의 구별

자연소모가 주로 선박에 관한 위험이라면 고유의 하자는 주로 적하에 대한 위험이다. Cendor MOPU사건에서 Mance판사는 "자연소모, 통상적인 누손과 파손은 선박의 경우 통상적인 사용사고 또는 적하의 경우 취급·운송으로 인한

570) Johanna Hjalmarsson and Jennifer Lavelle, op. cit., pp. 230~235.

571) 이에 대해서는 양승규·한창희, 전게서, 391~399면; 한창희, 세월호 사고와 해상보험, 보험학회지 제104집(2015), 한국보험학회, 108~117면.

572) 영국해상보험법 제39조 제3항은 "서로 다른 단계별로 항해가 행해지고, 각 단계마다 다른 종류의 또는 추가적인 준비나 의장이 필요한 항해에 관한 보험의 경우, 각 단계의 시작 당시에, 그 단계를 위한 준비나 의장과 관련하여 감항능력이 있어야 한다는 묵시적 워런티가 존재한다"고 규정하고 있다.

573) 협회적하보험약관 제5조 제2항은 "피보험자는 운송선박이 감항능력이 없거나 감화능력이 없음을 모르고 있는 한, 보험자는 감항능력 워런티 또는 감항능력 워런티에 대한 위반으로 인한 이익을 포기한다"라고 규정하고 있다. 적하소유자는 통상 운송선박에 대한 상태에 대해 잘 모를 뿐만 아니라 통제를 할 수 있는 입장에 있지 않기 때문에 감항능력 워런티 또는 감항능력 워런티를 엄격하게 적용하면 가혹하기 때문이다. 예컨대 뉴 올리안스에서 선적된 적하에 대하여, 이 지역은 자연발화로 인한 책임을 지기 쉬운 습도 높은 곳이므로 선박이 화재가 발생할 개연성이 높은 상태에서 항해를 하게 된다고 하거나 습도 높음을 알지 못하거나 가능한 결과를 예견할 수 없다고 할 수 없기 때문에 감항능력과 관련하여 선박보험과 달리 취급한다.; 심재두, 해상보험법, 길안사, 1995, 137면.

멸실 또는 훼손에 적용되는데 반하여, 고유의 하자는 멸실 또는 훼손을 야기하는 선박 또는 적하 자체의 고유한 특징 또는 하자에 적용된다. 두 경우 우연한 외부적인 사고가 없는 것은 동일하다."고 하였다.[574)]

4. 고유의 하자의 증명책임

가. 문제의 소재

고유의 하자를 법정면책사유로 하는 상법 제678조와 달리, 영국해상보험법제55조 제2항 c호는 약관상 담보위험으로 할 수 있다. 영국법상 전위험담보조건에서는 피보험자는 손해가 우연한 사고로 인한 것임이 상당한 증거를 제시하여 보험담보 내의 사고임을 증명할 책임을 진다.[575)] 반면 열거책임주의가 적용되는 경우에는 피보험자가 사고가 하나 이상의 부보위험으로 인한 것임을 증명할 책임을 진다.[576)]

아래에서는 영국에서 고유의 하자를 담보위험으로 한 경우와 이를 면책위험으로 한 Cendor MOPU사건에서의 판례의 입장에 대해 살펴본다.

나. 고유의 하자를 담보위험으로 경우

먼저 Soya v. White사건에서 Donaldson판사는 고유의 하자의 증명책임은 보험자가 지지만, 우연한 사고(불확정성)의 증명책임은 피보험자가 진다고 하였다. 즉, 1921년 British & Marine Insurance Co v. Gaunt사건[577)]에서의 Summer판사의 판시에 따라 보장범위내라는 증명책임의 일부로서 필연적인 사고가 아님을 증명할 책임은 피보험자에게 있다고 하였고, 이는 전위험담보조건인지 여부와는 무관하다고 하였다.[578)]

다음으로 Borrowing v. Amsterdam London Insurance Co Ltd사건[579)]은

574) Johanna Hjalmarsson and Jennifer Lavelle, op. cit., p. 233.
575) John Dunt, Marine Cargo Insurance, (2nd ed., informa law from Routledge, 2016), para [8.7] p. 152.
576) Johanna Hjalmarsson and Jennifer Lavelle, op. cit., p. 229. 대법원 1991. 5. 14. 선고 90다카25314 판결, 대법원 2005. 11. 25. 선고 2002다59528, 59535 판결(원심판결인 부산고법 2002. 9. 17. 선고 2001나1645, 1652 판결).
577) [1921] 241.
578) Johanna Hjalmarsson and Jennifer Lavelle, op. cit., p. 229.

중국에서 로테르담과 함부르크로 운송되는 땅콩인 적하에 대해 "외부 원인으로 인한 습기와 열"이 부보 되었는데 피보험자가 외부 원인으로 인한 것임을 증명할 책임을 진다고 판시되었다.

나아가 고유의 하자와 숨은(hidden) 하자를 부보위험으로 한 Berk and Co v. Style사건[580]에서 통상적인 보장형태의 이탈이라는 관점에서 McNair판사는 피보험자가 고유의 하자로 인한 손해임을 증명하여야 한다고 하였다.[581]

다. Cendor MOPU사건의 경우

Cendor MOPU사건에서 피보험자는 손해가 우연한 사고임을 증명한 경우 또는 손해의 원인이 불가피한 것이 아님을 증명할 책임만을 지고, 피보험자가 이를 증명하면, 보험자는 면책임을 증명할 책임을 진다고 하였다. 나아가 Cendor MOPU사건에서는 우연한 외부적인 사고가 개입한 경우 자연소모나 고유의 하자가 근인일 수 없다고 하였다. 즉 피보험자가 해상고유의 위험과 같은 우연한 사고임을 증명한 경우에는 자면마모, 고유의 하자가 성립할 여지가 없다.[582]

이에 보험자가 고유의 하자 또는 자연소모와 같은 면책사유를 약정한 경우에, 우연한 사고가 아님을 증명할 책임을 보험자가 지는가에 대해서는 Feuiltault Solution Systems Inc v. Zurich Canada & Others사건[583]에서 보험자의 책임을 인정하였다.

라. 소결

피보험자가 해상고유의 위험과 같은 우연한 사고임을 증명한 경우에는 자면마모, 고유의 하자가 성립할 여지가 없다고 한 Cendor MOPU사건에 이어 캐

---

579) [1930] 36 Ll L Rep 309.
580) [1955] 1 QB 180.
581) 동판사는 "완전히 멸균되지 않은 돼지고기의 적하의 성격을 검토한 후, 장래 어느 시기에 진전할 고유의 하자로 인한 손해를 보험자가 인수하였음을 상정할 수 없다. 왜냐하면 돼지고기는 소멸성인 것이기 때문에 궁극적으로 멸실될 씨앗을 품고 있는 것이고 고유의 하자로 인하여 손해를 입는 것이 불가피한 것이다"라는 근거를 제시하였다.; Johanna Hjalmarsson and Jennifer Lavelle, op. cit., p. 230.
582) John Dunt and William Melbourne, op. cit., p. 178.
583) 각주 517 참조.

나다 판결인 Feuiltault Solution Systems Inc v. Zurich Canada & Others 사건에서는 보험자의 면책사유가 존재하는 경우 보험자가 우연한 사고가 아님을 증명할 책임을 진다고 하였다.

우리나라에서는 상해보험에서 우연한 사고의 증명책임에 관하여 보험금 청구자부담설을 취하는 판례[584]에 대하여 보험자부담설을 주장하는 견해도 존재한다.[585] 피보험자가 해상고유의 위험과 같은 우연한 사고임을 증명한 경우에는 자면마모, 고유의 하자가 성립할 여지가 없다고 한 Cendor MOPU사건에 이어 캐나다 판결인 Feuiltault Solution Systems Inc v. Zurich Canada & Others사건에서는 보험자의 면책사유가 존재하는 경우 보험자가 우연한 사고가 아님을 증명할 책임을 진다고 한 최근의 영국의 논의는 우리나라에서의 우연한 사고의 증명책임의 해결에 유익한 시사점을 제공한다고 생각된다.

Ⅵ 맺음말

해상보험에 관한 영국의 법률과 실무가 우리의 법의 존재형식으로 인정되고 있는 상황에서 제2차 세계대전 이후 가장 중요한 해상보험판결이라고 말해지는 Cendor MOPU사건을 살펴본 결과 다음과 같은 시사점을 제시한다고 판단된다.

첫째, Cendor MOPU사건에서 검정인은 예인 이전에 시추선의 받침다리를 접거나 분리하도록 권고했음에도 불구하고 최고법원은 손해가 파도라는 외부적인 해상고유의 위험으로 인한 것이고 이 경우에는 고유의 하자를 살필 필요가 없다고 하였다. 이와 같이 사고가 쉽게 예견 가능한 경우에는 보험자는 위험에 상응하는 보험료를 주장하여야 할 것이다. 현대의 콘테이너 이후의 시대, 특히 냉장 이후의 시대에 적하는 실무상 소멸가능한 것으로 취급되지 않는다.[586]

둘째, 부보위험과 면책위험이 동시에 효과적으로 작용한 경우 보험자는 면책이라고 한 Wayne Tank and Pump Co Ltd v. Employers Liability Insurance

584) 대법원 2001. 8. 21. 선고 2001다27579 판결. 대법원 2001. 11. 9. 선고 2001다55499, 55505 판결.
585) 박세민, 보험법, 박영사, 2017, 965면; 최기원, 보험법, 박영사, 1998, 621면.
586) Johanna Hjalmarsson and Jennifer Lavelle, op. cit., p. 235.

Corporation Ltd사건[587]의 판시가 Cendor MOPU사건에 의하여 변경되어 복수의 위험이 협력한 경우 단일한 근인을 추구하는 것으로 확립되었음을 이해하는 것이 필요하다.

셋째, 3가지 복수의 원인(세월호의 감항능력 결여, 바람과 파도의 작용이라는 해상고유의 위험, 세월호의 증축 과정에서의 잠재적 하자)이 협력하여 사고가 발생한 것으로 판단되는 세월호 사고에서의 해상보험 처리에 있어서 복수의 근인이 협력하여 사고가 발생한 경우 단일한 근인을 추구하여야 한다는 Cendor MOPU사건의 판시가 적용된다고 판단된다.

넷째, 우리나라에서는 상해보험에서 우연한 사고의 증명책임에 관하여 보험금 청구자부담설을 취하는 판례에 대하여 보험자부담설을 주장하는 견해도 존재한다. 피보험자가 해상고유의 위험과 같은 우연한 사고임을 증명한 경우에는 자면마모, 고유의 하자가 성립할 여지가 없다고 한 Cendor MOPU사건에 이어 캐나다 판결인 Feuiltault Solution Systems Inc v. Zurich Canada & Others사건에서는 보험자의 면책사유가 존재하는 경우 보험자가 우연한 사고가 아님을 증명할 책임을 진다고 한 최근의 영국의 논의는 우리나라에서의 우연한 사고의 증명책임의 해결에 유익한 시사점을 제공한다고 생각된다.

다섯째, 영국해상보험에서는 고유의 하자를 필연적인 것과 우연한 것으로 나누어 후자의 경우에는 고유의 하자를 보장한다는 약정을 한 경우에는 보험자는 보험금 지급책임을 지기 때문에, 고유의 하자를 법정면책사유로 하는 상법 제678조는 검토가 필요하다고 판단된다.

---

587) [1973] QB 57, CA; 원고는 점토를 만드는 공장에서 액체 왁스를 저장.운반하는 설비를 설계하여 설치하였고, 피고 보험자와 "사고로 인한 재산상의 손해"를 담보하는 책임보험계약을 체결하였다. 보험증권은 "피보험자를 위하거나 또는 그에 의하여 매각되거나 운송된 물품의 성질이나 상태로 인한 손해"를 면책으로 하였다. 설비를 시험하기 전에 스위치를 넣어 밤새 무인상태로 방치한 결과 화재가 발생하여 공장이 전소하였다. 150,000달러를 배상한 피보험자는 이를 보험자에게 청구하였다. 항소법원은 손해의 지배적인 원인은 면책위험인 설비의 위험한 결함상태로 인한 것으로 보험자는 보상책임이 없다고 판시하였다. Denning판사는 "사고에는 두 원인이 있었는데, 하나는 면책위험인 설비의 위험한 상태이고, 둘째 원인은 면책위험으로 되어 있지 않은 가열탱크에 스위치를 넣어 밤새 무인상태로 방치한 자의 행위이다. 손해를 야기함에 있어 효과상 거의 동등한 2가지 원인이 있고, 하나는 보험자의 보상책임을 인정한 일반적인 문구에 의거하고, 다른 원인은 보험자가 보상책임을 면하는 특별한 문구에 의거하는 경우에는, 일반적 문구는 특별한 조항에 우선권을 양보하여야 한다"라고 이유를 설시하였다.

제11장 세월호 사고와 해상보험

I 서언

2014년 4월 16일 33명의 승무원과 443명의 승객을 실은 세월호가 침몰하여 304명이 실종 또는 사망하고 152명은 해경 등에 의하여 구조되었으나 다수가 탈출과정에서 상해를 입는 참사가 발생하였다. 1심 법원(광주지법 2014. 11. 11. 선고 2014고합180, 2014고합384 판결), 2심 법원(광주고법 2015. 4. 28. 선고 2014노490 판결)이 확정한 사실관계에 따르면 세월호는 1994.4.1. 일본 하야시카네 조선소에서 건조한 6,586톤, 최대승선인원 840명의 카페리여객선으로 일본 연안에서 운항되던 나미노우에호를 매수하여 전남 영암의 조선소에서 수리 및 증축공사를 하여 총톤수는 239톤 증가, 순수한 배의 무게인 경하중량은 187톤 증가, 재화중량은 187톤 감소, 승선인원 116명이 증가하면서 무게중심은 51㎝ 올라가는 것으로 계산되어 복원성을 유지하면서 안전항해를 위해 화물을 1,448톤 감소시키고 대신 평형수를 1,324톤 증가시켜 총 1,077톤의 화물을 적재하도록 한국선급으로부터 승인을 받았다. 그리고 카램프 철거시 선수우현에 30톤 상당의 중량을 추가하지 않고, 좌현에 30톤 상당의 중량을 감축하지 않아 좌, 우 불균형이 심화되어 복원성에 상당한 영향을 미친 상태로 2013.3.15.부터 2014.4.16.까지139회에 걸쳐 인천~제주항로에 최대 화물 적재량을 초과한 화물을 적재하여 운행하여 왔다. 한편 청해진해운은 해운법에 근거한 세월호 선원에 대한 안전교육 및 해양사고 훈련을 평소 실시하지 않았고, 2014년에 소화훈련만 1회 실시하였을 뿐이며, 2013.11.28. 제주도로 항해하던 중 제주 화도 부근 해상에서 파도의 영향으로 좌현으로 기울면서 선적된 화물 등이 손상되는 등 사고전력이 있었다. 사고 당시 세월호는 복원성자료에 기재된 적재 가능한 화물최대치 1,077톤을 1,065톤 초과한 화물을 적재하였고, 화물을 규정대로 고정하지 않아 복원성이 현저히 악화된 채 출항하였다.

세월호 침몰사고 지점은 평소 조류가 빠르고 전류 시에는 와류가 발생하는 등 위험성이 상존하는 해역으로 선장이 선박을 직접 지휘해야 하는데 이를 위반한 과실이 인정되고, 사고해역에서 135도 방향으로 진행하던 중 3등항해사의 변침지시에 따라 조타수가 15도 이상의 타각을 40초 이상 유지하는 것과 같은 사실이 인정되지만 선박매몰사고의 원인은 선박개조로 인한 무게중심의 상향 이동 및 복원성의 심각한 저하, 과적 및 평형수 부족, 부실한 고박에 있고, 조타수 등의 과실과 선박메몰 사이에 인과관계를 인정하지 않았다.

세월호의 보험가입현황은 한국해운조합의 선주배상책임공제(여객)에 1인당 3.5억원을 한도로,[588] 단원고학생 325명에 대해 동부화재의 여행자보험에 1인당 1억원의 한도,[589] 선체보험(보험가액 114억원)은 메리츠화재와 한국해운조합[590]에 가입되어 있었다.

2014년 11월 19일에는 4·16세월호참사 진상규명 및 안전사회 건설 등을 위한 특별법이, 2015년 1월 12일에는 4·16세월호참사 피해구제 및 지원 등에 관한 특별법이 제정되었다. 후자는 4·16세월호참사에 관련된 피해 배상 및 보상 등에 관하여 다른 법률에 우선하여 적용되고(동법 제5조), 국가가 피해자에 대한 배상금·위로지원금 및 구조자 · 피해어업인 등에 대한 보상금을 지급한 경우 신청인의 국가 외의 자에 대한 손해배상청구권을 대위하는 것(동법 제18조)으로 되어 있다.[591]

---

588)

구분	원보험	국내 재보험	해외 재보험
여객공제	한국해운조합 : 1인당 3.5억원	코리안리 : 1인당 1.2억원	1인당 1천4백만원
		삼성화재 : 1인당 1.8억원	50억원 초과분 출재

589)

구분	원보험	국내 재보험	해외 재보험
여행자보험	동부화재 : 1인당 1억원	코리안리 : 1인당 3천4백만원	1인당 2천 5백만원

590)

구분	원보험	국내 재보험	해외재보험
선체보험 (가액 114억원)	메리츠화재 : 78억원(68.4%)	코리안리 : 47억원	27억원
	한국해운조합 : 36억원(31.6%)	코리안리 : 14억원	-
		삼성화재 : 3천만원	

591) 희생자 1인당 배상금 규모는 단원고 학생은 1인당 평균 약 4억 2천만원, 단원고 교사의 경우 약 7억 6천만원이 될 것으로 예상되고, 인명·유류오염·화물 배상금은 약 1,400억원(인적손해 배상금 약 1,300억원, 유류 오염·화물 손해 배상금 약 100억원) 이상에 이를 것으로 판단되고 있으며, 배상금 외에도 특별법에 따라 국민성금을 포함한 위로지원금을 추가로 지급하게 되며, 위로지원금은 사회복지공동모금회 등 모금기관이 조성한 국민성금(총 13개 기관 1,288억원 모금) 등을 활용하여 지급될 예정이다. 단원고 학생들은 배상금과는 별도로 학교에서 단체로 가입한 여행자 보험금(보험사 : 동부화재) 1억원도 지급받게 된다.

2017년 3월에는 세월호선체조사위원회의 설치 및 운영에 관한 법률이 제정되어 활동에 들어갔고, 4월에는 세월호가 목포신항의 육상에 인양되어 실종자 수습과 세월로사고의 원인의 조사에 박차를 가하고 있다. 세월호 사고와 관련한 해상보험 처리에 대해서는 국가가 피해자에 대하여 보상금을 지급한 후, 국가가 청해진해운이 세월호와 관련하여 보상받게 되는 공제금·보험금에 대해 구상하는 절차가 진행될 것으로 판단된다.

이 글은 세월호관련 해상보험에 관한 법적 쟁점을 검토하는 것을 내용으로 한다. 세월호 사고는 선박의 증축공사에 따른 감항능력, 선급, 해운협회 등의 선박의 안전관리 등과 관련하여 커다란 반향을 일으켰고, 해상보험계약에서는 보험계약의 당사자 또는 은행과 질권자 등 보험관계자가 여러 국가에 걸쳐 있고, 여러 국가의 당사자에 의한 국제계약인 경우가 많으며, 해상보험의 위험은 거대하고, 다양한 보험수요가 존재하여 상품설계와 재보험을 통하여 대수의 법칙을 보완하는 것이 필요한 점에서 국제성을 특징으로 하므로[592] 국제적인 정합성에 맞는 실무처리가 필요한 점에서 심층적인 고찰이 요청된다고 판단되기 때문이다. 구체적으로는 세월호 사고와 선박보험, 책임보험의 논의를 연구범위로 한다. 나아가 특별법에 따라 국가가 피해자에게 보상을 한 후, 선박보험계약과 선주책임공제계약상의 보험금·공제금에 대해 피해자를 대위하는 경우, 선박보험자와 한국해운조합이 공동불법행위자인 국가에 대해 구상청구를 할 수 있는가 여부를 살펴본다.

Ⅱ 세월호 사고와 선박보험

1. 문제의 소재

세월호에 대해서는 1983.10.1.자의 협회기간선박보험약관을 보험계약의 내용으 하는 선박보험에 가입되어 되어 있었는바, 이와 관련하여 다음과 같은 쟁점의 검토가 필요하다.

첫째, 세월호는 전남 영암의 조선소에서 수리 및 증축공사 결과 좌, 우 불균

592) 木村榮一・大谷孝一・落合誠一, 海上保險の理論と實務, 弘文堂, 2011, 8面.

형이 심화되어 복원성에 상당한 영향이 있었던 점은 선체의 구조에 관련하여 감항능력 위반 여부가 문제된다.

둘째, 조선소에서 수리 및 증축공사 결과 좌, 우 불균형이 심화되어 복원성에 상당한 영향이 있었던 점은 인치마리조항에 해당하는 협회기간선박보험약관 제6조 제2항 제1호의 "보일러의 파열, 차축의 파손 또는 기관이나 선체의 잠재적 하자"로 인한 보험목적의 멸실 또는 훼손에 적용되는가, 또한 이 조항은 피보험자측의 상당한 주의를 결여로 인한 멸실 또는 훼손의 경우에는 보상하지 않는바 이에 해당하는지 검토가 필요하다.

셋째, 최근의 대법원판결(대법원 2015. 3. 20. 선고 2012다118846, 118853 판결)은 영국법 준거조항이 삽입된 영국의 협회선박보험약관을 보험계약의 내용으로 한 경우 외국적 요소가 있는 경우에는 설명의무를 규정하는 약관규제법이 적용되지 않는다고 판결하는바. 협회기간선박보험약관 제6조 제2항 제1호를 포함한 약관의 편입여부가 문제된다.

2. 세월호의 잠재적 하자

가. 문제의 소재

인치마리조항에 해당하는 협회기간선박보험약관 제6조 제2항 제1호의 "보일러의 파열, 차축의 파손 또는 기관이나 선체의 잠재적 하자"로 인한 보험목적의 멸실 또는 훼손에 대하여 보장하고 있고, 영국법상 보험자가 선박의 건조 이후의 잠재적 하자에 대하여 보상책임을 지는가는 명확히 확립된 것은 아니지만 선박의 일생중 수리와 교체에 대하여도 잠재적 하자가 성립할 수 있다고 해석된다.[593]

세월호의 조선소에서 수리 및 증축공사 결과 좌, 우 불균형이 심화되어 복원성에 상당한 영향이 있었던 점이 사고의 원인이라고 볼 수 있는바, 이 조항의 적용여부를 검토할 필요가 있다.

593) F.D. Rose, Marine insurance: law and practice, (Informa, 2012), para 15.10 p. 323; Arnould, Law of marine insurance and average, (Sweet & Maxwell, 2013), paras 23-58 p. 1150.

나. 인치마리 위험의 개관

(1) 의의

인치마리 위험은 선박기간보험약관의 위험조항의 두 번째 부분에서 담보하는 위험이다. 이 위험은 Thames and Mersey Marine Insurance v. Hamilton, Fraser and Co, 'Inchmaree'사건[594]의 직접적인 결과로 담보위험으로 도입되었다. 인치마리 위험의 특징은 피보험자가 상당한 주의를 기울이지 아니한 결과로 인한 선박의 멸실 또는 훼손을 면책이라는 점이다. 따라서 이 세월호 사고에서 청해진해운측이 상당한 주의를 기울이지 않았는가 여부가 문제된다.

잠재적 하자로 인한 손해는 보험계약에서 달리 정하지 아니하는 한 '보험자는…보험목적의 고유한 성질 또는 하자…또는 해상위험에 근인하지 아니한 기관에 대한 훼손을 보상하지 않는다'라고 규정하는 영국해상보험법 55조 2항 c호의 면책사유에 해당한다. 그러나 1983년 협회선박기간보험약관 6조 2항과 1983년 협회선박항해보험약관 4조 2항 등 표준선박보험약관은 이를 담보위험으로 규정하고 있다. 선체나 기관의 잠재적 하자의 범위가 통상의 해상고유의 위험을 감내할 수 없을 정도인 경우에는, 그것은 선박을 불감항으로 할 것이다. 이러한 사고가 발생하는 경우 이 조항은 영국해상보험법 39조가 동시에 적용된다. 항해보험의 경우 동법 39조 1항은 부보항해의 개시시에 적용되는 감항능력의 묵시적 워런티를 명확히 규정하고 있다. 따라서 부보위험인 잠재적 하자가 감항능력의 워런티보다 하위로 인정되어, 보험자는 감항능력의 워런티의 위반시로부터 책임을 면하는가 여부는 앞으로 법원에 의하여 결정되어야 하는 흥미로운 쟁점이다.[595] 그러나 기간보험의 경우에는 묵시적 워런티는 인정되지 않는다. 영국해상보험법 제39조 제5항은 '피보험자의 악의인 경우 선박이 불감항인 상태에서 항해를 개시한 경우에는, 보험자는 불감항에 기인하는 손해에 대하여는 책임을 지지 않는다'라고 규정하고 있다.

(2) 우리 판례상의 인치마리 위험

'선장, 고급선원, 보통선원의 악행'은 인치마리조항 중 주요 주제로 이에 관

594) [1887] 12 App Cas 484, HL.

595) Susan Hodges, Cases and materials on marine insurance, (Routledge Taylor & Francis Group, 2016), p. 490.

한 여러 판결이 내려지고 있다. 인도네시아 연안 비악섬 51마일 해상에서 좌초하여 침몰한 야호이호에 대한 전손금청구에 대하여 선주의 공모 또는 묵인이 인정된 야호이호 사건,[596] 선주가 선장 및 선원과 공모하에 이루어진 선주의 악행에 의한 것일 가능성이 보다 우월하다고 판시한 나라이호 사건,[597] 선박의 좌초와 선원의 이선으로 인한 원주민의 약탈로 추정전손 보상이 청구된 사건,[598] Wide Sea No. 28호 사건,[599] 선장 등이 고의로 킹스톤밸브 등을 조작하여 원양트롤어선인 동영호를 침몰시키고 마치 화재 등으로 인하여 자연적으로 동영호가 침몰된 것처럼 가장하여 원고에게 보험금을 청구한 사건에서는 선장 등의 고의적인 선박의 침몰행위가 선주의 지시 내지 묵인에 의한 것이어서 선박보험계약상의 부보위험에 해당한다고 볼 수 없다고 한 동영호 사건[600]등이 그 예이다.

다. 선체나 기관의 잠재적 하자

(1) 서언

협회선박기간보험약관[601]은 '기관 또는 선체의 잠재적 하자'로 인한 멸실 또는 훼손을 담보한다. 보일러의 파열과 샤프트의 파손과 같이 잠재적 하자로 인하여 훼손된 것으로 확인된 특정한 항목의 기관 자체를 교체하.는데 초래된 비용에 대한 보험금 청구는 허용되지 않는다.

잠재적 하자로 인한 손해는 '보험자는…보험목적의 고유한 성질 또는 하자…또는 해상위험에 근인하지 아니한 기관에 대한 훼손을 보상하지 않는다'라고 규정하는 영국해상보험법 55조 2항 c호의 면책사유에 해당한다. 그러나 협회선박기간보험약관은 동조항의 '보험증권에 다른 정함이 있는 경우를 제외하고'라는 유보에 따라 이 위험을 담보위험으로 전환하고 있는 것이다.

잠재적 하자의 의미에 대하여 두 가지 기준이 영국판례에 의하여 제시되고 있지만, 아직 명확히 설정된 것은 아니다. 잠재적 하자에 설계의 하자가 포함되

596) 서울지방법원 1998. 10. 1. 선고 98가합7857, 40058 판결.
597) 대법원 1991. 5. 14. 선고 90다카25314 판결.
598) 대법원 1989. 9. 12. 선고 87다카3070 판결.
599) 한창희, 자연적 마모, 감항능력 위반, 보험법률 38호(2001), 보험신보사, 28-35면
600) 대법원 2005. 11. 25. 선고 2002다59528, 59535 판결.
601) 1983년 협회선박기간보험약관 6.2.2조.

는가에 대하여 Prudent Tankers Ltd SA v. Dominion Insurance Ltd, 'Caribbean Sea'사건[602] 이래 영국에서는 이를 긍정하는 것이 일반적이고, 선박의 수리와 교체의 경우도 포함된다고 해석되고 있다.

(2) 잠재적 하자의 판단기준

하자의 잠재성에 관하여서는 알려지거나 관습적인 조사로는 발견될 수 없는 하자기준과 합리적으로 주의깊은 전문가의 조사로 발견될 수 없는 하자기준의 두 가지의 기준이 제기되고 있고, 영국판례의 입장은 후자의 입장을 취한다.

(가) 알려지거나 관습적인 조사로는 발견될 수 없는 하자

미국판결인 목재선이 평온한 날씨에 27년이나 사용된 노후한 볼트의 파손으로 인하여 침몰하여 보상이 인용되지 않았던 Sipowicz v. Wimble and Others, 'Green Lion'사건[603]에서 제시된 기준이다. 이 사건에서 연방지방법원의 카네라(Cannella)판사는 잠재적 하자의 의미를 "잠재적 하자는 알려지거나 관습적인 조사로 발견될 수 없는 결함이고, …숨겨진 결함이며, 일반적으로 자연마모의 결과와 구별되는 물건이 제조된 자재를 포함한다. 그것은 숨겨진 하자이고, 명백하지 않지만 숨겨있는 것이다. Green Lion호의 하자있고 파손된 금속조임은 위의 정의에 따르면 성질상 잠재적인 것이 아니다. 그것은 명백하였다. 그것은 관찰 가능하였고 관찰되었다. 그것은 접근 가능하였고, 이에 대한 접근을 원고가 할 수 있었고, 원고는 이를 복구하기 위한 시도를 하였다. 이들은 숨어있거나 인지되지 않은 것이 아니라 1966년 상태검사보고서에 충분히 나타나 있다. 그것은 금속의 고유한 하자가 아니라 27년 동안 사용된 결과 이었다"라고 명확히 하였다.

(나) 합리적으로 주의 깊은 전문가의 조사로 발견될 수 없는 하자

Caribbean Sea사건[604]에서 고프(Goff)판사는 합리적으로 주의 깊은 전문가가 조사하여 발견될 수 없는 하자는 잠재적인 것이라고 보았다. 동 판사는 이

602) [1980]1 Lloyd's Rep 338.

603) [1974] 1 Lloyd's Rep 593 미국판례인 Parente v. Bayville [1975] 1 Lloyd's Rep 333사건도 같다.

604) Prudent Tankers Ltd SA v. Dominion Insurance Ltd, 'Caribbean Sea'[1980] 1 Lloyd's Rep 338.

견해가 "보다 까다로운 조사를 하였더라면 하자의 존재를 밝혔을 것이라고 하더라도 선박이 주의를 다하여 그리고 적절히 유지되어 그때까지 하자가 발견되지 아니할 가능성을 고려하면 상거래의 관념에 합치 한다"라고 한다.

(다) 결어

영국법은 후자의 입장을 취한다고 본다. 또한 이는 피보험자의 관점에서 판단되는가 여부에 관하여서는 영국법상 확립된 것은 아니지만 일반적으로는 긍정하므로 피보험자의 입장에서 합리적으로 주의 깊은 전문가가 조사하여 발견할 수 없는 하자이면 잠재적 하자에 해당한다.[605] Hutchins Bros v. Royal Exchange Ass Corp사건[606]에서 선박 건조자가 은폐한 주형의 하자는 피보험자와 관련하는 한 잠재적인 것이라고 판시하여 이와 같은 입장을 취한다.

(3) 잠재적 하자의 의미

잠재적 하자란 합리적으로 주의 깊은 전문가의 조사로 발견될 수 없는 하자이다.

선체 또는 기관의 의도되고 설계된 것으로 합리적으로 고찰될 수 있는 목적에 사용되지 아니하여 결과적으로 작업을 수행하는데 부적절하여 손해를 야기하는 경우에는 그 손해는 선박 또는 기관의 명백한 하자로 인한 것이라고 하는 것이 합리적이다. 그것이 의도된 목적으로 사용되는 경우에는 자연마모를 입게 되고, 이 하자가 손해를 야기하는 경우에는 보험자는 보상책임을 지지 않는다. 그러나 보험자는 선체 또는 기관의 잠재적 하자로 인한 손해에 대하여서는 비록 그것이 자연마모로 인하여 드러난 경우에도 보험자는 보상책임을 지는 것이다.[607]

선체 또는 기관의 잠재적 하자를 이루는 것은 무엇인가에 대하여서는 유조선의 흡입구(suction valve)를 통하여 해수가 유입되어 선박이 침몰하였는데, 흡입구의 하자는 선박 설계의 하자와 선박의 통상적인 작동으로 인한 노즐의 피로균열로 인한 것으로 잠재적 하자에 해당한다고 하여 보상이 명하여진 Caribbean Sea호 사건[608]에서 로버트 고프(Robert Goff) 판사에 의하여 고찰

605) F.D. Rose, op. cit., para 15.9 p. 323.
606) [1911] 2 KB 398; W Angliss & Co (Pty) Ltd v. P & O SN Co [1927] 2 KB 456.
607) F.D. Rose, op. cit., para15.7 p. 322.

되었다. 즉, 하자가 존재하고, 이는 선체나 기관상의 것이고, 이는 명백하지 않아야 한다는 것이다. 세 가지 요소 특히 첫째 요소와 둘째 요소는 어느 정도 뒤얽혀있다. 단지 하자가 있다는 것만으로는 충분하지 않다. 명백한 하자에 대하여서는 보험자는 위험이 부보되지 않았다던가 손해가 우연한 것이 아니라거나 또는 고지의무 위반을 이유로 보상책임을 지지 않는다. Caribbean Sea호 사건[609]에서 고프(Goff)판사는 선체나 기관이 건조된 재료, 건조방법, 시설, 또는 선체나 기관의 설계상의 과실이 존재하여도 잠재적 하자에 해당한다고 판시하였다.

(4) 잠재적 하자의 형태

(가) 설계상의 하자

설계상의 하자가 잠재적 하자에 해당하는가 여부에 관하여 영국판례는 그 입장이 나뉘어 있지만, 근래에는 설계상의 하자는 잠재적인 하자에 해당한다고 본다.

(a) 부정하는 판례

Jackson v. Mumford사건[610]에서 케네디(Kennedy)판사는 "'기관의 하자'는 …기관이 지탱할 수 있는 강도의 효과에 대한 설계자의 잘못된 판단, 기관 자체가 과실이 없을 것, 작업이 과실이 없을 것, 설계자가 의도한 건조의 정확함을 담보하지 않는다"라고 하여 부정적인 입장을 취한다.

(b) 긍정하는 판례

이에 대하여 유조선의 흡입구를 통하여 해수가 유입되어 선박이 침몰하였는데, 흡입구의 하자는 선박 설계의 하자와 선박의 통상적인 작동으로 인한 노즐의 피로균열로 인한 것으로 잠재적 하자에 해당한다고 하여 보상이 명하여진 Caribbean Sea호 사건[611]에서 고프(Goff)판사는 설계상의 하자도 잠재적인 하자에 포함된다고 한다.

608) Prudent Tankers Ltd SA v. Dominion Insurance Ltd, 'Caribbean Sea'[1980]1 Lloyd's Rep 338.
609) Prudent Tankers Ltd SA v. Dominion Insurance Ltd, 'Caribbean Sea'[1980]1 Lloyd's Rep 338.
610) [1902] 8 Com Cas 61, 69.
611) Prudent Tankers Ltd SA v. Dominion Insurance Ltd, 'Caribbean Sea'[1980]1 Lloyd's Rep 338.

(c) 근래의 통설

근래는 설계상의 하자를 다른 하자와 구별하지 않는 견해가 영국에서 채용되고 있다. 그 이유로는 어느 시기에 제3자가 하자를 알았거나 알았어야 한다고 하여 피보험자의 권리를 제한할 명백한 이유가 없고, 보험자는 불감항이나 부적합조항에 의하여 보호되기 때문에 이것이 적용되는 한 이로 인하여 보험자의 권리가 침해되는 것은 아니며, 보험자는 매도인이나 검정인 예컨대 피보험자에 대하여 불법행위나 계약상의 손해배상책임을 지는 자에 대하여 보험자대위권을 행사할 수 있기 때문이다.[612)]

(4) 잠재적 하자로 인한 손해

보상이 되는 손해는 잠재적 하자로 인한 손해이지 보험목적의 잠재적 하자가 아니다. 잠재적 하자, 즉, 용접의 과실로 인하여 용접부위의 위와 아래부분 전체와 다른 장소의 광범위한 뒤틀림을 초래하여 보험목적인 해상 숙박시설의 교각의 훼손이 발생한 경우 보상이 허용된다.[613)]

(5) 인치마리조항에 의한 워런티 위반의 포기

인치마리조항은 전통적인 표준약관상의 위험인 해상고유의 위험, 화재, 투하, 해적 등 이외의 다양한 위험에 대한 보장을 명시하여 선박보험인수를 크게 확장하고 있다.

인치마리조항은 기계나 선체상의 잠재적 하자에 직접 기인한 별실 또는 훼손을 보장하고 있는데, 아놀드는 항해보험에서 선박의 감항능력의 묵시적 워런티에도 해당하고 잠재적 하자에도 해당한다고 하는 미국판례를 인용하면서, 보험자는 워런티 위반을 이유로 면책을 주장할 수 없다고 하였다.[614)] 이에 따르면 감항능력이 인치마리조항에 의해 보장되는 경우에는 명시적인 보장이 묵시적인 워런티에 우선하고, 보험자는 감항능력의 워런티 위반을 주장할 수 없다.

다른 견해는 인치마리조항과 감항능력의 묵시적 원런티는 별개의 목적을 개진 두 개의 명확한 개념이고, 전자는 보험자의 책임의 범위를 결정하는데 반하

612) F.D. Rose, op. cit., para 15.10 p. 323.

613) Promet Engineering(Singapore) Pte Ltd v. Sturge and Others, 'Nukila'사건 [1997] 2 Lloyd's Rep 146, CA.

614) MJ Mustill and JCB Gilman, Arnould's Law of Marine Insurance and Average, (16th ed., Stevens, 1981), para 710.

여, 후자는 보험계약자의 의무를 예시하는 것이며, 두 개념을 양립하는 방법은 감항능력의 묵시적 워런티에도 해당하는 잠재적 하자가 손해를 야기한 경우에는 잠재적 하자가 항해 개시 이후에 작동했다는 것을 조건으로 피보험자에게 보상을 허용하는 것이라고 한다. 즉 항해가 개시된 이후에는 선박의 감항능력의 묵시적 워런티가 존재하지 않기 때문에 잠재적 하자로 인해 불감항상태에 처하더라도 선박의 감항능력의 묵시적 워런티에 영향이 없다는 것이다.[615)]

영국법원은 아놀드의 견해를 채용하고 있다. Martin Maritime Ltd v. Provident Capital Indemnity Fund Ltd(The Lydia Flag)사건[616)]에서 인치마리조항인 수리업자의 과실로 인한 손해인가 아니면 수리업자의 과실로 인한 불감항이 명시적 감항능력의 워런티 위반인지 여부가 다투어졌는데 무어빅판사는 인치마리조항에 감항능력의 명시적 워런티의 예외를 규정한 것이라고 하였고, 불감항이 소유자나 관리자의 상당한 주의위반에 해당하는 경우에만 보험금을 지급받지 못한다고 하였다. 이에 보험자에게 보상이 명해졌다. 현재의 영국법원의 입장은 인치마리조항이 워런티 위반을 포기하는 효력을 가진다고 보며, 이 결과는 인치마리조항을 작성할 때 예상하지 못한 것으로 피보험자와 보험자의 균형에 영향을 미치고 있으며, 인치마리조항과 워런티의 관계를 명확히 하는 법원의 판단이 필요하다고 한다.[617)]

세월호 사고의 경우 상습적인 과적이라거나 선원에 대한 고지의무 위반이라는 묵시적 감항능력 워런티의 위반이 인정되고, 또한 세월호의 증축이 인치마리조항에 해당하는 1983년 협회선박기간보험약관 제6조 제2항 2호의 기계나 선체의 잠재적인 하자에 해당한다고 판단된다. 인치마리조항에 해당한다면 선박의 감항능력의 묵시적 워런티의 포기에 해당한다는 법리는 세월호 사고에 대

---

615) Bariş Soyer, warranties in marine insurance, (3rd ed., Routledge Talor & Francis Group, 2017), para 6.29.

616) [1998] 2 Lloyd's Rep 652. 이 사건에서 “이 보험은 수리업자의 과실로 인한 부보위험에의 멸실 또는 훼손을 보장한다. 다만 이 멸실 또는 훼손이 보험계약자의 상당한 주의 결여로 인하지 않았어야 한다.”는 인치마리조항이 삽입된 협회선박기간보험약관을 보험계약의 내용으로 하였고, “보험의 개시시 선박은 감항상태에 있고, 유요한 보험기간중 피보험자는 선박의 감한상태를 유지하는데 상당한 주의를 해야 한다”는 명시적 감항능력 워런티가 포함되었다. 1996년 8월 선박의 키가 멸실하였는데, 1995년 12월에 테일샤프트를 검사하기 위해 피라우스에 있는 드라이독에서 키를 해체한 수리업자의 과실이 있었다.

617) Bariş Soyer, op. cit., para 6.33.

한 논의로서 의의가 있다고 판단된다. 영국법상 청해진해운의 세월호증축이 잠재적 하재에 해당한다면 청해진해운의 상당한 주의결여가 없는 한 보험자는 세월호의 묵시적 감항능력의 결여를 이유로 보상을 거부할 수 없다.

라. 상당한 주의조항

1983년 협회선박기간보험약관 6.2조와 협회항해보험약관 4.2조에 규정되어 있는 상당한 주의조건은 "멸실 또는 훼손이 '피보험자, 소유자, 관리자의 상당한 주의의 결여로 인하지 않은' 경우에만 보험 담보한다"라고 규정하고 있다.

이 조건은 선박소유자의 엄격한 관리의무를 인정한 것으로 어느 당사자가 멸실 또는 훼손이 '피보험자, 소유자, 관리자의 상당한 주의의 결여로 인하지 않았다'는 조건의 요건을 입증할 책임이 누구에게 있는가는 아직 명확하지 아니하다.[618)]

잠재적 하자로 인한 손해보상조항은 Inchmaree조항이므로 피보험자가 멸실 또는 훼손이 선주나 그 관리자의 상당한 주의의 결여가 없는 경우에 한하여 기관의 잠재적 하자로 인한 기관 또는 선체의 훼손을 보상받을 수 있게 되다. 이는 준설선(bucket dredger)에 사용된 체인의 연결상 하자가 문제된 Wills and Sons v. World Marine Insurance Company Ltd, 'Mermaid'사건[619)]과 해안숙박시설의 용접상의 과실이 잠재적 하자라고 판단된 Promet Engineering (Singapore) Pte Ltd v. Sturge and Others, 'Nukila'사건[620)]에서 잘 설명되고 있다.

마. 소결

조선소에서 수리 및 증축공사 중 카램프 철거의 결과 좌, 우 불균형이 심화되어 복원성에 상당한 영향이 있었던 점은 인치마리조항에 해당하는 협회기간선박보험약관 제6조 제2항 제1호의 "보일러의 파열, 차축의 파손 또는 기관이나 선체의 잠재적 하자"로 인한 보험목적의 멸실 또는 훼손에 해당한다고 판단되지만, 세월호의 상습적인 과적운행 등만으로는 청해진해운의 잠재적 하자에 대

618) Susan Hodges, op. cit., p. 533-534.
619) [1911] The Times, 14 March(reported as a note in [1980] 1 Lloyd's Rep 350.
620) [1997] 2 Lloyd's Rep 146, CA.

한 상당한 주의의무 위반이 인정하기 어렵다고 생각된다. 이에 보험자는 면책은 아니다.

3. 세월호의 감항능력

가. 문제의 소재

세월호는 전남 영암의 조선소에서 수리 및 증축공사 결과 좌, 우 불균형이 심화되어 복원성에 상당한 영향이 있었고, 4월 16일의 사고 이전에도 인천~제주 항로에 최대 화물 적재량을 초과한 화물을 적재하여 운행하여 왔으며, 한편 청해진해운은 해운법에 근거한 세월호 선원에 대한 안전교육 및 해양사고 훈련을 평소 실시하지 않았고, 2014년에 소화훈련만 1회 실시하였을 뿐이며, 2013.11.28. 제주도로 항해하던 중 제주 화도 부근 해상에서 파도의 영향으로 좌현으로 기울면서 선적된 화물 등이 손상되는 등 사고전력이 있었고, 사고 당시 세월호는 복원성자료에 기재된 적재 가능한 화물최대치 1,077톤을 1,065톤 초과한 화물을 적재하였고, 화물을 규정대로 고정하지 않아 복원성이 현저히 악화된 채 출항한 사실이 인정된다.

이와 관련하여 기간보험에 가입되어 있는 세월호에 대하여 보험자가 감항능력 결여를 이유로 면책을 주장할 수 있는지가 문제된다. 영국해상보험법 제39조 제1항에 따르면 "항해보험에서는 항해 개시의 시점에 부보된 특정한 해상사업의 수행을 위하여 감항능력이 있어야 한다는 묵시적 워런티가 있지만, 영국해상보험법 제39조 제5항에 따르면 선박기간보험에서는 묵시적 워런티는 인정되지 않는 것을 원칙으로 하되, 피보험자가 선박의 감항능력 없는 상태인 것을 알고 발항한 경우에는, 보험자는 불감항에 기인하는 일체의 손해에 대하여 보상책임이 없다(영국해상보험법 제39조 제5항)."

나. 세월호의 감항능력

(1) 기간보험에서 감항능력

세월호에 대하여서는 선박기간보험에 관한 감항능력 워런티가 적용된다. 즉 감항능력이 인정되지 않는 것을 원칙으로 하되, 예외적으로 청해진해운이 선박이 감항능력이 없음을 알면서도 항해하게 한 경우에 한하여 보험자가 면책이다. 구체적으로 감항능력 결여로 인하여 보험자가 면책되기 위하여는 손해가 감항능력이 없음으로 인하여 발생한 것이어야 하고, 피보험자가 감항능력이 없음을 알고 있어야 하며, 이러한 감항능력의 결여와 보험사고 사이에 인과관계, 즉 손해의 일부나 전부가 감항능력이 없음으로 인하여 발생한 것이라는 점이 인정되어야 하되, 이러한 요건에 대한 입증책임은 보험자가 부담하고, 다음으로 감항능력 결여로 인한 보험자의 면책요건으로서 피보험자의 악의(privity)는 피보험자가 선박의 감항능력 결여의 원인이 된 사실뿐 아니라, 그 원인된 사실로 인하여 해당 선박이 통상적인 해상위험을 견디어낼 수 없게 된 사실, 즉 감항능력이 결여된 사실을 알고 있는 것을 의미하는 것으로서, 감항능력이 없다는 것을 적극적으로 아는 것뿐 아니라, 감항능력이 없을 수도 있다는 것을 알면서도 이를 갖추기 위한 조치를 하지 않고 그대로 내버려두는 것까지 포함하는 개념 세월호가 감항능력이 결여된 상태에서 출항하였어도 선박의 감항능력 결여는 아니지만, 피보험자가 선박의 감항능력 없는 상태인 것을 알고 발항한 경우에는, 보험자는 불감항에 기인하는 일체의 손해에 대하여 보상책임이 없다.[621]

(2) 감항능력의 의의와 내용

(가) 선박의 감항능력의 의의

선박의 감항능력이라 함은 선박이 부보된 항해의 통상의 해상위험을 견딜 수 있는 능력을 의미하고(영국 해상보험법 39조 4항), 이는 다음과 같은 세 가지 특성을 가진다.[622]

첫째, 감항능력 있는 선박을 제공할 의무는 비상상황을 제외하고는 파괴되지 않는 완전한 선박인 것이 아니라 통상의 주의 깊고 신중한 선주가 항해 개시시에 예견할 수 있는 모든 상황에 요구되는 정도의 적격함을 선박이 갖추는 것으로 충분하다.[623]

둘째, 이는 매우 광범위하여 선박의 구조만이 아니라 저장품의 충분함과 도표의 정확성 등의 선상의 사소한 사항까지 포함한다.

621) 대법원 2002. 6. 28. 선고 2000다21062 판결; 채동헌, 영국해상보험법상 선박기간보험에 있어 감항능력부재로 인한 보험자의 면책 및 추정전손에의 해당여부에 관한 각종 법리, 인권과 정의 314호(2002.10), 대한변호사협회 96-113면.

622) Bariş Soyer, Warranties in marine insurance, London : Cavendish Limited Publishing, 2001, p. 61-65.

623) Gibson v. Small (1853) 4 HL Cas 353.

셋째, 감항능력의 의미는 절대적이 아니라 그 항해의 통상적 위험을 견딜 수 있는가 여부에 관한 사실판단의 문제라는 점에서 상대적인 개념이다(대법원 1996. 10. 11. 선고 94다60332 판결).

(나) 선박의 감항능력의 내용

선박의 감항능력의 내용 중[624] 세월호 사고와 관련하여 검토가 필요한 항목은 다음과 같다.

(a) 구조 기타 기술적 의장

① 선체

선체는 항해 중 노출되는 통상의 바람과 파도의 작용을 견딜 만큼 튼튼하여야 하는데, Torenia 호 사건[625]에서 선체의 구조가 녹슬어 약화되어 감항능력이 없다고 보았고, Toledo 호 사건[626]에서 건조될 당시 예정된 것보다 훨씬 심한 압력에 노출되어 선박의 내부 구조상의 받침대와 구조가 변형된 결과 도금이 훼손된 것은 감함 능력이 없다고 판시한다. 느슨한 못, 선체의 판에의 균열, 녹슨 cap screw는 감항능력이 없는 경우이다.

② 닻과 조타장치

선박은 통상의 해상위험을 견딜만한 닻을 보유하여야 하는데, Wilkie v. Geddes 호 사건[627]에서 상원은 닻의 결함은 감항능력이 없게 한다고 판시하고, 전자적 조타장치의 작동불능, 조향장치(steering gear)의 결함, telemor steering apparatus의 누출도 같다.

(b) 선박과 적하의 보호를 위하여 필요한 증명서와 서류

선박은 선박과 적하의 보호를 위하여 필요한 모든 증명서를 소지하여야 한다. 1995년 영국상선법 부칙 3은 1966년 만재흘수선(load line) 국제협약의 당사국의 등록 선박은 전함, 어선, 유람선을 제외하고는 영국항구를 출발할 때 만

624) 양승규·한창희, 전게서, 208~211면.
625) [1983] 2 Lloyd's Rep 342.
626) [1995] 1 Lloyd's Rep 40.
627) (1815) 3 Dow 57.

수흘수선을 유지하고 있다는 증명서를 소지하여야 한다고 규정하고, 1988년 선원의 안전작업모범헌장상선규준은 모든 영국선박은 선원의 안전작업모범기준의 복사본을 소지할 것을 강제하며, 1999년 적하운송상선규칙은 적하의 적부와 안전에 관한 관련 문서를 소지할 것을 요구한다.

위의 규칙이 요구하는 증명서 또는 문서를 소지하지 않고 항해를 개시하면 선박은 감항능력이 없게 된다.[628]

(c) 적부(stowage)와 적재(loading)

적하가 잘못 적부되거나 계약한 항해를 수행할 수 없을 정도로 과적한 경우 감항능력 위반이다. 해상운송사건인 Transocean Liners Reederer v. Euxine Shipping Co Ltd(The Imbros)사건[629]에서 국제해사기구의 규칙을 위반하여 갑판상에 목재의 적하가 과적된 경우 감항능력 결여라고 판시되었다.

(d) 선원의 능력

항해를 위하여 적절한 수와 능력을 갖춘 선원을 갖추지 않은 경우에는 감항능력이 없게 되고 후자는 단지 선원의 과실이기 때문이다.

선원은 법령이 요구하는 자격증을 보유하여야 하지만, 선원의 증명서 보유만으로 능력이 있는 것으로 인정되지 않는바, 특정한 사항에 관하여 능력, 지식 또는 훈련을 결여하는 경우에는 능력이 없는 것으로 보아 감항능력 없음이 인정된다. 최근의 Star Sea호 사건[630]에서 선박의 엔진실 소방시스템은 화재발생시 모든 Co_2실린더에 전원을 끄도록 되어 있었는데, 선장은 그러한 사실을 알지 못한 경우 터키(Tuckey)판사는 선장의 오랜 근무생활에도 불구하고 감항능력이 없다고 보았다.

선장 또는 선원이 필요한 자격증을 소지하고 있더라도 시간이 경과하면 무자격으로 인정될 수 있다. 선원이 항해의 기술에 대하여 무관심하고 안이한 태도만을 추구하는 경우가 그 예이고, Moore v. Lun 사건[631]에서 선박의 항해

628) Cheikh Boutros v. Ceylon Shipping Lines (The Madelaine) [1967] 2 Lloyd's Rep 224에서 항해에 요구되는 서류가 불충분한 경우 선박은 감항능력이 없다고 판시되었다.
629) [1999] 1 Lloyd's Rep 848
630) Manifest Shipping Company Ltd v. Uni-Polars Shipping Company Ltd and Others, The Star Sea [1995] 1 Lloyd's Rep 651; [2001] 2 W.L.R. 170, 186.
631) [1923] 39 TLR 526.

개시시 선장과 수석엔지니어가 만취상태인 경우 선박은 감항능력이 없다고 보았다.

(3) 소결

세월호는 다음과 같은 점에서 감항능력 위반이 문제된다.

첫째, 세월호는 전남 영암의 조선소에서 수리 및 증축공사 결과 좌, 우 불균형이 심화되어 복원성에 상당한 영향이 있었던 점은 선체의 구조에 관련하여 감항능력 위반이 인정될 수 있다.

둘째, 4월 16일의 사고 이전에도 인천~제주항로에 최대 화물 적재량을 초과한 화물을 적재하여 운행하여 왔고, 2013.11.28. 사고 당시 세월호는 복원성자료에 기재된 적재 가능한 화물최대치 1,077톤을 1,065톤 초과한 화물을 적재하였고, 화물을 규정대로 고정하지 않아 복원성이 현저히 악화된 채 출항한 사실과 관련하여 적부와 적재에 관한 감항능력 위반이 인정될 수 있다.

셋째, 청해진해운은 해운법에 근거한 세월호 선원에 대한 안전교육 및 해양사고 훈련을 평소 실시하지 않았고, 2014년에 소화훈련만 1회 실시하였을 뿐인 사실에 대해서는 선원의 능력에 관한 감항능력 위반이 인정될 수 있다.

다음으로 기간보험의 경우 감항능력이 인정되지 않는 것을 원칙으로 하되, 예외적으로 피보험자가 선박이 감항능력이 없음을 알면서도 항해하게 한 경우에 한하여 보험자가 면책이다. 위에서 살펴본바와 같이, 세월호의 경우 상습적인 과적, 안전교육·해양사고 훈련을 이행하지 않은 점 등 감항능력의 결여를 인정할 수 있지만, 청해진해운이 선박의 감항능력 없는 상태인 것을 알고 발항하였다고 인정하기 어렵다고 판단된다. 따라서 보험자는 이와 관련하여 면책이 아니다.

넷째, 감항능력이 인치마리조항에 의해 보장되는 경우에는 명시적인 보장이 묵시적인 워런티에 우선하고, 보험자는 감항능력의 워런티 위반을 주장할 수 없다. 즉 선박의 잠재적 하자가 인치마리 조항에 의하여 보장되는 경우에는 감항능력의 워런티 위반에 우선하므로 감항능력 워런티 위반의 포기에 해당한다.

4. 협회의 선박기간보험약관과 약관규제법상의 설명의무의 적용

가. 문제의 소재

최근 대법원(대법원 2015. 3. 20. 선고 2012다118846, 118853 판결)[632]은 협회선박기간보험약관이 보험계약에 편입되기 위해서 보험자가 청해진해운에 약관규제에 관한 법률에 따라 설명의무를 진다고 힌 취지의 판결[633]수정하는 취지의 판시를 하였다. 이에 따르면 영국법 준거조항 외에 외국적 요소가 없는 순수 국내계약사인인 경우에는 감항능력의 묵시적 워런티에 관한 영국해상보험법 제39조 제5이나 협회기간선박보험약관 제6조 제2항 제1호의 내용과 효력, 위반의 효과 등을 약관규제법 제3조에 따른 설명의무를 이행하여야 선박보험계약에 편입되지만, 영국법 준거조항 외에 외국적 요소가 있는 선박보험에는 약관규제법이 적용되지 않게 된다.

이에 따라 세월호의 감항능력과 잠재적 하자에 대한 약관규제법상의 설명의무 이행이 필요한지 여부가 문제된다.

나. 세월호 사고의 검토

최근의 판례에 따르면 세월호는 인천과 제주도를 왕복 항해하는 국내여객선으로 영국법 준거조항의 존재에도 불구하고 순수 국내계약이므로 약관규제법 제3조에 따라 약관에 정하여져 있는 중요한 내용인 감항능력, 잠재적 하자에

---

632) 이 판결의 원심법원판결에 대한 평석인 김인현, 영국준거법하의 담보특약에 대한 약관규제법 적용여부, 한국해법학회지 제35권 제2호, 2013, 373~400면은 본 판결은 영국준거법하에서 한국의 강행규정을 적용할 수 있는 기준을 제시한 점에 의의가 있다고 하였다. 대법원판결에 대한 평석인 석광현, 영국법이 준거법인 한국 회사들 간의 선박보험계약과 약관규제법의 적용 여부-대판 2015. 3. 20. 2012다118846(본소), 2012다118853(반소), 저스티스 제149권(2015), 232면은 이 판결에 찬성하고, 서동희, 협회기간보험약관(선박)과 약관규제법상의 설명의무, 해상·보험법연구 제9권(2015.7), 해상·보험법연구회, 249~259면은 외국적 요소가 있는지 여부를 기준으로 이것이 존재하는 사안에 한하여 약관규제법을 적용한다고 한 대법원의 판결에 대해 반대하고 있다.

633) 대법원 2010. 9. 2. 선고 2000다105383 판결; 이 판결에 대한 평석으로는 이정원, 영국법 준거약관과 보험자의 설명의무, 저스티스」, 제122호, 한국법학원, 2011, 212~240면. 석광현, 약관규제법은 국제적 강행규정인가, 법률신문 2011. 3. 21. 서영화, 해상보험에서 담보의무조항과 보험자의 설명의무", 「한국해법학회지」 제33권 제1호, 2011, 7~29면 참조. 관련논문으로는 박세민, 해상보험에 있어서 영국법 준거조항의 유효성 인정문제와 그 적용범위에 대한 비판적 고찰, 한국해법학회지 제33권 제1호(2011), 한국해법학회, 189~228면 참조.

대한 설명의무를 이행하여야 하고, 그 증명책임은 보험자가 진다.[634] 따라서 설명의무가 이행되지 않은 경우에는 감항능력과 잠재적 하자는 보험계약의 내용으로 되지 않고, 보험자는 이를 이유로 보상책임을 면하지 못한다.

Ⅲ 해운조합의 책임보험

1. 문제의 소재

세월호 사고로 인해 승무원과 승객 304명이 실종 또는 사망하고 152명은 상해를 입는 인적 손해와 승객의 화물에 대한 물적 손해, 인근 어민의 손해 등이 발생하였다. 이에 관한 책임과 관련하여 세월호는 한국해운조합에 여객 1인당 3억 5천만원을 한도로 여객공제에 가입되어 있었던 바, 다음과 같은 3가지 쟁점의 논의가 필요하다.

첫째, 해운조합의 선주배상책임공제(P&I) 약관 제16조 제1항은 조합은 공제계약자가 부담하는 여객의 사상 등에 관한 책임 및 비용을 보상한다고 규정하지만, 제30조 제1항 제1호는 "공제계약자(대리인을 포함한다)의 고의 또는 중과실, 손해발생의 염려가 있음을 알면서 무모하게 한 작위 또는 부작위로 인하여 발생한 손해 및 비용을 면책"으로 하는바, 세월호의 선장의 직접지휘의무위반, 급변침, 과적 및 고박의무위반이 이와 같은 면책조항을 충족하는지 여부가 문제된다.

둘째, 상법 제706조 제1호는 선박이 감항능력을 갖추지 아니함에 따라 발생한 손해에 대하서는 면책으로 하는바, 세월호의 수리·증축공사로 인해 복원성이 현저히 악화되고, 상습적으로 최대 화물 적재량을 초과한 화물을 적재하여 운행한 것이 이에 해당하는지 살펴볼 필요가 있다.

셋째, 해운조합의 운항관리자 등이 세월호가 출항하기 전 안전점검을 하지 않고도 제대로 안전점검을 하지 않고도 허위의 안전점검보고서를 작성하는 등으로 세월호의 과적을 방지하는 등의 행위가 민법상 불법행위책임 또는 사용자책임을 지는지 여부에 대한 검토가 필요하다.

---

634) 한창희, 보험법, 국민대출판부, 2017, 193면.

2. 세월호의 중과실 면책

가. 해운조합의 선주배상책임공제(P&I) 약관 제30조 제1항 제1호의 공제계약자의 중과실의 취지

해운조합의 선주배상책임공제는 선주상호보험에 해당하고 약관명칭이 P&I를 포함하고 있는 점에서 그러하다. 이는 책임보험으로[635] 가입선박의 운항으로 인하여 공제계약자가 입은 손해 및 비용을 지급한 때에 보상책임을 지고(동약관 제14조), 공제계약자는 장래 가해자로서 피해자에게 손해배상책임을 지게 되어도 지급받는 보험금으로 대응할 수 있기 때문에 안심하고 기업활동을 행할 수 있는 점에서 가해자 보호기능을 하고, 피해자도 공제계약자의 경제력에 좌우되지 않고 공제조합으로부터 급여를 받기 때문에 피해자보호기능을 가진다.[636] 동약관 제30조 제1항 제1호의 공제계약자의 중과실을 면책으로 하고 있다. 이는 또한 선박소유자 등이 "손해발생의 염려가 있음을 인식하면서 무모하게 한 작위 또는 부작위"로 인한 손해에 대한 채권에 대해서는 상법상의 선주책임제한의 예외로 하는 상법 제769조 단서와 같이[637] 공제에서 보장하기 때문에 알고도 예방조치를 취하지 않는 것을 방지하기 위한 목적이라고 판단된다.[638]

그러나 중과실 면책은 중과실과 경과실의 구별기준이 반드시 명확한 것은 아니고, 책임보험은 대부분의 경우 보험계약자가 의도적으로 피해자에게 손해를 야기하거나 상해가 보험계약자의 범죄행위의 경과인 경우 보장은 금지하는 것과 같은 특수한 과실에 근거한 면책에 보험계약자의 행위가 해당하지 아니하는 한 보험계약자의 과실 또는 비난가능성을 고려하지 않고 보험금 청구를 인용하

635) 이재복 · 허연 · 박영섭 · 윤민현, 해상보험과 리스크관리, 박영사, 2009, 286면; 양승규 · 한창희, 전게서, 730면; Arnould, op. cit., p. 104.

636) Malcolm A. Clarke, The law of liability insurance, London : Informa Law from Routledge, 2014, p. 2; 양승규, 보험법, 삼지원, 2014, 353면; 장덕조, 보험법, 법문사, 2015, 314면; 박세민 보험법, 박영사, 2017, 626면; 한창희, 보험법, 국민대출판부, 2017, 444면.

637) 정찬형, 상법강의(하), 박영사, 2015, 861면.

638) 책임보험인 사례인 Fraser v. Furman(Productions) Ltd [1967] 1 WLR 898, 906, CA사건에서 "피보험자에게 손해를 방지할 상당한 주의를 기울일 것"을 요구한 사안에서 디프록(Diplock)판사는 이 조항의 목적은 보험에서 보장하기 때문에 알고도 예방조치를 취하지 않는 것을 방지하기 위한 것으로 좁게 해석하여야 한다고 하였다; Malcolm A. Clarke, op. cit., p. 90.

며,[639] 현행실무상 중과실을 면책으로 하는 책임보험의 예가 없는 점에 비추어 선주배상책임공제의 기능을 크게 훼손한다는 문제점을 내재하고 있다. 이에 중과실의 범위는 매우 엄격히 해석하는 것이 타당하다고 생각된다.

나. 소결

세월호 사건에서 세월호의 선장의 직접지휘의무위반, 급변침, 과적 및 고박의무위반에 선주배상책임공제(P&I) 약관 제16조 제1항의 중과실을 적용할 수 없는 점에서 공제금 지급책임을 진다고 생각된다.

3. 세월호의 불감항으로 인한 면책

가. 문제의 소재

상법 제706조 제1호는 "선박 또는 운임을 보험에 붙인 경우에는 발항당시 안전하게 항해를 하기에 필요한 준비를 하지 아니하거나 필요한 서류를 비치하지 아니함으로 인하여 생긴 손해", 즉 선박이 감항능력을 갖추지 아니함에 따라 발생한 손해에 대해서는 보험자를 면책으로 하고 있다.

세월호는 전남 영암의 조선소에서 수리 및 증축공사 결과 좌, 우 불균형이 심화되어 복원성에 상당한 영향이 있었고, 4월 16일의 사고 이전에도 인천~제주항로에 최대 화물 적재량을 초과한 화물을 적재하여 운행하여 왔으며, 한편 청해진해운은 해운법에 근거한 세월호 선원에 대한 안전교육 및 해양사고 훈련을 평소 실시하지 않았고, 2014년에 소화훈련만 1회 실시하였을 뿐이며, 2013.11.28. 제주도로 항해하던 중 제주 화도 부근 해상에서 파도의 영향으로 좌현으로 기울면서 선적된 화물 등이 손상되는 등 사고전력이 있었고, 사고 당시 세월호는 복원성자료에 기재된 적재 가능한 화물최대치 1,077톤을 1,065톤 초과한 화물을 적재하였으며, 화물을 규정대로 고정하지 않아 복원성이 현저히 악화된 채 출항한 사실이 인정된다.

이와 관련하여 선주배상책임공제해운조합이 상법 제706조에 따라 감항능력을 위반을 이유로 면책을 주장할 수 있는지가 문제된다.

---

639) Randy Maniloff and Jeffrey Stempel, General liability insurance coverage, New York : Oxford University Press, 2012, p. 2.

나. 학설

(1) 상법적용긍정설

영국해상보험법 제2조 제2항 c호에 따르면 “부보재산의 소유자 기타 부보재산에 이해관계 또는 책임이 있는 자가, 해상위험을 위하여 제3자에 대하여 책임을 부담하게 되는 경우 항해사업이 존재하는 것으로 하고, 이를 해상보험계약의 목적으로 할 수 있다고 하는 점에서 선주배상책임공제는 해상보험에 해당하고, 동약관 제40조은 “이 공제계약과 관련하여 이 보통약관에 규정하지 아니한 사항에 대해서는 대한민국법령을 적용한다”고 하므로 상법 제706조 제1항 제1호가 적용된다고 해석한다.[640]

(2) 상법적용부정설

상법 제706조는 “선박 또는 운임을 보험이 붙인 경우”라고 하여 선박보험 또는 운임보험에 적용된다고 규정하고 있을 분이므로 선주배상책임공제에 대해서는 적용할 수 없다고 한다.[641]

(3) 제한적 적용설

적용긍정설과 같이 선주배상책임공제약관 제40조에 따라 상법 제706조가 적용된다고 보지만, 상법 제706조는 기간보험과 항해보험을 달리 규율하는 감항능력의 묵시적 워런티와 현저한 차이를 보이고 있다. 따라서 기간보험과 항해보험으로 구분하는 영국해상보험법의 입장을 반영해야 한다고 해석할 수 있다. 세월호가 가입되어 있는 해운조합의 공제에 대해서 국내·국외재보험에 가입되어 있는 점에서, 국제적으로 통용되는 영국의 해상보험법과 관례를 고려하여야 한다고 생각된다. 영국해상보험법 제39조 제1항에 따르면 “항해보험에서는 항해 개시의 시점에 부보된 특정한 해상사업의 수행을 위하여 감항능력이 있어야 한다는 묵시적 워런티가 있지만, 영국해상보험법 제39조 제5항에 따르면 “기간보험인 선박보험에서는 피보험자가 불감항상태에서 출항한 것이 아닌 한 선박의 감항능력 워런티는 없지만, 피보험자가 선박의 감항능력 없는 상태인 것을

---

640) 김인현, 세월호 사건의 손해배상책임, 법률신문 2014.5.1.자.

641) 강종구 외2인, 법무법인 태평양의 세월호 사건 검토의견(2014.5.30.), 8면은 판단을 유보하고 있다.

알고 발항한 경우에는, 보험자는 불감항에 기인하는 일체의 손해에 대하여 보상책임이 없다(영국해상보험법 제39조 제5항)."642)

(4) 사견

선주배상책임공제는 해상보험의 성질을 가지는 반면에 세월호 사고의 경우에서처럼 재보험에 의하여 위험이 외국에 전가되는 점에서 국제성을 특징으로 하므로 국제적 정합성을 고려할 필요가 있다. 또한 세월호가 가입한 선박보험의 경우 영국해상보험법상의 감항능력 워런티가 적용된다는 점과의 형평을 고려하여야 한다. 따라서 상법 제706조는 기간보험과 항해보험을 구별하지 않는 점에서 그대로 적용할 수 없고, 영국해상보험법 제39조와 영국실무를 참조하는 것이 타당하다.

다. 소결

먼저 세월호는 다음과 같은 점에서 감항능력 위반이 문제된다.

첫째, 세월호는 전남 영암의 조선소에서 수리 및 증축공사 결과 좌, 우 불균형이 심화되어 복원성에 상당한 영향이 있었던 점은 선체의 구조에 관련하여

642) 대법원 2002. 6. 28. 선고 2000다21062 판결은 "영국 해상보험법상의 법리에 의하면, 해상보험의 경우 감항성 또는 감항능력은 '특정의 항해에서 통상적인 위험에 견딜 수 있는 능력을 의미하는 상대적인 개념으로서, 어떤 선박이 감항성을 갖추고 있느냐의 여부를 확정하는 확정적이고 절대적인 기준은 없고, 특정 항해에서의 특정한 사정에 따라 상대적으로 결정되어야 하며, 항해보험의 경우에는 원칙적으로 감항능력 불비로 인한 보험자의 면책을 인정하지만, 기간보험의 경우에는 그러한 묵시적 담보가 인정되지 않는 것을 원칙으로 하되, 예외적으로 피보험자가 선박이 감항능력이 없음을 알면서도 항해하게 한 경우에 한하여 보험자가 면책될 수 있으므로, 이 법리에 의하면, 선박 기간보험에서 감항능력 결여로 인하여 보험자가 면책되기 위하여는 손해가 감항능력이 없음으로 인하여 발생한 것이어야 하고, 피보험자가 감항능력이 없음을 알고 있어야 하며, 이러한 감항능력의 결여와 보험사고 사이에 인과관계, 즉 손해의 일부나 전부가 감항능력이 없음으로 인하여 발생한 것이라는 점이 인정되어야 하되, 이러한 요건에 대한 입증책임은 보험자가 부담한다."고 한 후, "영국 해상보험법상 선박기간보험에 있어 감항능력 결여로 인한 보험자의 면책요건으로서 피보험자의 악의(privity)는 영미법상의 개념으로서 피보험자가 선박의 감항능력 결여의 원인이 된 사실뿐 아니라, 그 원인된 사실로 인하여 해당 선박이 통상적인 해상위험을 견디어낼 수 없게 된 사실, 즉 감항능력이 결여된 사실을 알고 있는 것을 의미하는 것으로서, 감항능력이 없다는 것을 적극적으로 아는 것뿐 아니라, 감항능력이 없을 수도 있다는 것을 알면서도 이를 갖추기 위한 조치를 하지 않고 그대로 내버려두는 것까지 포함하는 개념이다."라고 하였다.; 채동헌, 앞의논문, 96-113면.

감항능력 위반이 인정될 수 있다.

둘째, 4월 16일의 사고 이전에도 인천~제주항로에 최대 화물 적재량을 초과한 화물을 적재하여 운행하여 왔고, 2013.11.28. 사고 당시 세월호는 복원성자료에 기재된 적재 가능한 화물최대치 1,077톤을 1,065톤 초과한 화물을 적재하였고, 화물을 규정대로 고정하지 않아 복원성이 현저히 악화된 채 출항한 사실과 관련하여 적부와 적재에 관한 감항능력 위반이 인정될 수 있다.

셋째, 청해진해운은 해운법에 근거한 세월호 선원에 대한 안전교육 및 해양사고 훈련을 평소 실시하지 않았고, 2014년에 소화훈련만 1회 실시하였을 뿐인 사실에 대해서는 선원의 능력에 관한 감항능력 위반이 인정될 수 있다.

다음으로 필자는 해운조합의 선주배상책임공제에 기간보험에 관한 감항능력 워런티가 적용된다고 해석하는 바, 이에 따르면 감항능력이 인정되지 않는 것을 원칙으로 하되, 예외적으로 피공제자가 선박이 감항능력이 없음을 알면서도 항해하게 한 경우에 한하여 보험자가 면책이다. 청해진해운이 선박의 감항능력 없는 상태인 것을 알고 발항하였다고 인정하기 어렵기 때문에 해운조합은 감항능력 결여를 이유로 면책으로 할 수 없다고 판단된다.

4. 해운조합의 불법행위책임

과적 등 선박 안전상태를 확인해야 할 의무가 있는 해운조합의 운항관리자 등이 세월호가 출항하기 전 제대로 안전점검을 하지 않고도 허위의 안전점검보고서를 작성하는 등으로 세월호의 과적을 방치하는 등의 행위로 인하여 세월과 운항을 개시할 수 있었고, 그 와중에 사고가 발생한 것으로 민법상 불법행위책임 또는 사용자책임을 진다.[643]

Ⅳ 맺음말

세월호 사고에 대한 해상보험 처리는 해상보험의 국제성을 중시하여야 하는 점, 세월호에 대한 해운조합의 선주배상책임공제나 세월호에 대한 선박보험 모

643) 강종구 외2인, 전게 검토의견, 9면.

두 국내·국외의 재보험에 들어있는 점, 세월호가 전세계의 관심대상이었던 점, 재보험은 모든 사항에 대해 원보험자와 동일한 책임을 진다는 공동운명조항(Follow the fortunes)이 적용된다는 점 등에서 국제적 정합성에 맞는 해결이 도모되어야 한다.[644)]

세월호에 대한 선박보험에 대해서는 다음과 같은 점을 살펴보았다.

첫째, 세월호의 잠재적 하자에 대해서는 조선소에서 수리 및 증축공사 중 카램프 철거의 결과 좌, 우 불균형이 심화되어 복원성에 상당한 영향이 있었던 점은 인치마리조항에 해당하는 협회기간선박보험약관 제6조 제2항 제1호의 "보일러의 파열, 차축의 파손 또는 기관이나 선체의 잠재적 하자"로 인한 보험목적의 멸실 또는 훼손에 해당한다고 판단되고, 세월호의 상습적인 과적운행 등만으로 청해진해운의 잠재적 하자에 대한 상당한 주의의무 위반을 이유로 면책으로 할 수 없다고 보았다.

둘째, 전남 영암의 조선소에서 수리 및 증축공사 결과 좌, 우 불균형이 심화되어 복원성에 상당한 영향이 있었던 점, 4월 16일의 사고 이전에도 상습적으로 과적 운행을 하고, 사고 당시 세월호는 복원성자료에 기재된 적재 가능한 화물최대치 1,077톤을 1,065톤 초과한 화물을 적재하였고, 화물을 규정대로 고정하지 않아 복원성이 현저히 악화된 채 출항한 사실, 청해진해운은 해운법에 근거한 세월호 선원에 대한 안전교육 및 해양사고 훈련을 평소 실시하지 않았고, 2014년에 소화훈련만 1회 실시하였을 뿐인 사실 등을 비추어 감항능력 위반이 인정된다. 다만 기간보험의 경우 감항능력이 인정되지 않는 것을 원칙으로 하되, 예외적으로 피보험자가 선박이 감항능력이 없음을 알면서도 항해하게 한 경우에 한하여 보험자가 면책이고, 청해진해운이 선박의 감항능력 없는 상태인 것을 알고 발항하였다고 인정하기 어렵다고 판단하였다. 따라서 이 점과 관련해서는 보험자는 면책이 아니다.

셋째, 최근의 판례에 따르면 세월호는 인천과 제주도를 왕복 항해하는 국내여객선으로 영국법 준거조항의 존재에도 불구하고 순수 국내계약이므로 약관규제법 제3조에 따라 약관에 정하여져 있는 중요한 내용인 감항능력, 잠재적 하자에 대한 설명의무를 이행하여야 하고, 그 증명책임은 보험자가 진다.[645)] 따라

644) 장덕조, Follow the fortune조항의 법적 고찰, 보험학회지 57권(2000), 한국보험학회, 45~67면.
645) 한창희, 보험법, 국민대출판부, 2017, 193면.

서 설명의무가 이행되지 않은 경우에는 이 사항은 보험계약의 내용으로 되지 못하므로 보험자는 면책을 주장하지 못한다고 하였다.

다음으로 해운조합의 책임보험에 대하여 살펴보았다.

첫째, 선주배상책임공제약관 제30조 제1항 제1호는 "공제계약자(대리인을 포함한다)의 고의 또는 중과실, 손해발생의 염려가 있음을 알면서 무모하게 한 작위 또는 부작위로 인하여 발생한 손해 및 비용을 면책"으로 하는바, 세월호 사건에서 세월호의 선장의 직접지휘의무위반, 급변침, 과적 및 고박의무위반에 청해진해운의 중과실을 적용할 수 없는 점에서 공제금지급책임을 진다고 보았다.

둘째, 공제약관에는 감항능력에 관한 사항이 규정되어 있지 않고, 상법 제706조 제1호는 "선박 또는 운임을 보험에 붙인 경우에는 발항당시 안전하게 항해를 하기에 필요한 준비를 하지 아니하거나 필요한 서류를 비치하지 아니함으로 인하여 생긴 손해"를 면책으로 하고 있는바, 상법 제706조는 기간보험과 항해보험을 구별하지 않는 점에서 그대로 적용할 수 없고, 선박보험의 감항능력과의 형평을 고려하여 영국해상보험법 제39조와 영국실무를 참조하는 것이 타당하다. 세월호의 경우 상습적인 과적, 안전교육·해양사고 훈련을 이행하지 않은 점 등 감항능력의 결여를 인정할 수 있지만, 청해진해운이 선박의 감항능력 없는 상태인 것을 알고 발항하였다고 인정하기 어렵다고 판단하였다. 따라서 해운조합은 감항능력 결여를 이유로 면책을 주장할 수 없다.

셋째, 과적 등 선박 안전상태를 확인해야 할 의무가 있는 해운조합의 운항관리자 등이 세월호가 출항하기 전 제대로 안전점검을 하지 않고도 허위의 안전점검보고서를 작성하는 등으로 세월호의 과적을 방치하는 등의 행위로 인하여 세월과 운항을 개시할 수 있었고, 그 와중에 사고가 발생한 것으로 민법상 불법행위책임 또는 사용자책임을 진다고 판단하였다.

[참고문헌]

Andrew Tettenborn, Late payment of claims: better, but by no means perfect, in Malcolm Clarke and Bariş Soyer(ed), The Insurance Act 2015-A new regime for commercial and marine insurance law, (informa from Routledge, 2016).

Bariş Soyer, Risk control clauses in insurance law: law reform and the future, 2016 Cambridge Law Journal 109.

__________, The insurer's duty of good faith: is the path now clear for the introduction of new remedies, in Malcolm Clarke and Bariş Soyer(ed), The Insurance Act 2015-A new regime for commercial and marine insurance law, (informa from Routledge, 2016).

__________, warranties in marine insurance, (3rd ed., Routledge Talor & Francis Group, 2017).

Bernard Rix, conclusion : general reflections on the law reform, in Malcolm Clarke and Bariş Soyer(ed), The Insurance Act 2015-A new regime for commercial and marine law, (informa from Routledge, 2016).

Corina Song, Singqapore law and practice in John Dunt(ed), International cargo clauses, (informa, 2012).

David Herzel, The Consumer Insurance(Disclosure and Misrepresentation) Act 2012, Peter Tyldesley(ed), Consumer insurance law: disclosure, representation and basis of the insurance contracts, (Bloomsbury Professional, 2013).

David Herzel, The Insurance Act 2015: Back ground and philosophy, in Malcolm Clarke and Bariş Soyer(ed), The Insurance Act 2015-A new regime for commercial and marine insurance law, (informa from Routledge, 2016).

Donald O'May and Julian Hill, O'May on marine insurance, (Sweet & Maxwell, 1993).

F.D. Rose, Marine insurance: law and practice (2nd ed., informa, 2012).

Feng Wang, Ilegality in marine insurance law, (informa law from Routledge, 2017).

Francesco Siccardi, Italian law and practice, edited by John Dunt,

International cargo clauses, (informa, 2012).

George Leloudas, Contracting out of the Insurance Act 2015 in commercial insurance contracts, in Malcolm Clarke and Bariş Soyer(ed), The Insurance Act 2015-A new regime for commercial and marine insurance law, (informa from Routledge, 2016),insurance law, (informa from Routledge, 2016).

Gildas Rostain, Marie Buzulier and Maxime de La Morinerie, French law and practice in John Dunt(ed), International cargo clauses, (informa, 2012).

Hart and Honoré, Causation in the law. (2nd ed., Clarenden Press, 1985).

House of Lords, 15 January 2015 Insurance Bill-Explanatory Notes.

J. Gilman and others, Arnould's Law of Marine Insurance and Average, (18th ed. Sweet & Maxwell, 2013).

Joachim, German law and practice in John Dunt(ed), International cargo clauses, (informa, 2012).

Johanna Hjalmarsson and Dingjing Hwang(edited), Insurance law in China, (informa law Routledge, 2015).

Johanna Hjalmarsson and Jennifer Lavelle, Thirty Years of Inherent Vice-From Soya to Cendor MOPU and beyond in Malcolm A. Clark(ed), Maritime Law Evolving-Thirty Years at Southampton, (Hart publishing, 2013).

John Birds, modern insurance law, (Sweet & Maxwell, 2016).

John Dunt and William Melbourne, The Impact of Cendor MOPU on the Institute Cargo Clauses in Rhidian Thomas(ed), The Modern Law of Marine Insurance Volume Four, (informa law from Routledge, 2016).

John Dunt, Marine Cargo Insurance, (2nd ed., informa from Routledge, 2016).

Jurgen Basedow & John Birds & Malcolm Clarke & Herman Cousy & Helmut Heiss & Leander Loaker, Principles of European Insurance Contract Law, (2 expended edition, ottoschmidt, 2016).

Law Commission, Final Report No. 353, Insurance Contract Law: Business Disclosure; Warranties; Insurers' Remedies for Fraudulent Claims; and Late Payment.

Law Commission, Insurance Contract Law Issues Paper 4 Insurable Interest, 14 January 2008.

Law Commission, Insurance contract law: business disclosure, warranties, insurer's remedies for fraudulent claims, and late payment, No 353(2014).

Law Commission, Insurance Contract Law: Misrepresentation, Non-Disclosure and Breach of Warranty by the Insured, (TSO, 2007).

Law Commission, Insurance Contract Law: The Business Insured's Duty of Disclosure and the Law of Warranties, Consultation Paper No 155, June 2012.

M Clarke, Law of insurance contracts, (LLP, 1997).

Malcolm A. Clarke, The law of liability insurance, (Informa Law from Routledge), 2014.

Malcolm Clarke, The Law of Insurance Contracts (informa, 2009).

Malcolm Clarke, "Recession: A bridge too far for insurance good faith," [2012] LMCLQ 611.

Malcolm Clarke, the future of warranties and other related terms in contracts of insurance, in Malcolm Clarke and Bariş Soyer(ed), The Insurance Act 2015-A new regime for commercial and marine insurance law, (informa from Routledge, 2016).

Mance, The 1906 Act, common law and contract clauses-all in harmony? [2011] Lloyd's maritime and commercial law quarterly 347.

Mandeep Lakhan, Report on Discussion Ⅰ, in Helmut Heiss and Mandeep Lakhan(ed), Principle of European Insurance Law: A model Optional Instrument, (sellier, 2011).

Marcel Fontaine, An academic view, in Helmut Heiss and Mandeep Lakhan(ed), Principle of European Insurance Law: A model Optional Instrument, (sellier, 2011).

Margo, Aviation insurance, (Lexis Nexis, 2014).

Meixian Song, Causation in insurance contract law, (informa law from Routledge, 2014).

MJ Mustill and JCB Gilman, Arnould's Law of Marine Insurance and Average, (16th ed., Stevens, 1981).

N Lech-Jones and J Birds and A Longmore and DC Owen, McGillivray on insurance law, (Sweet & Maxwell, 1997.

Nicholas Lech-Jones, The elements of insurable interest in marine insurance law. The Modern Law of Marine Insurance 2, (LLP, 2002).

Robert Merkin and Sarah Derrington, Marine Insurance Act 1906 magnificent achievement on monstrous aberration, in Rhidian Thomas(ed), The modern law of marine insurance Vol. 4, (informa law from Routledge, 2016).

Susan Hodges, Cases and Materials on Marine Insurance Law, (Cavendish Publishing Limited, 1999).

Susan Hodges, Susan Hodges, Cases and materials on marine insurance, (Routledge Taylor & Francis Group, 2016).

Trine-Lise Wilhelmsen and Hans Jacob Bull, Norweigian cargo insurance in John Dunt(ed), International cargo clauses, (informa, 2012).

Yvonne Lambert-Faivre et Laurent Leveneur, Droit des assurances, 12 ed. (Dalloz, 2005).

落合誠一 外編, 新しぃ保險法の理論と實務, 經濟法令研究所, 2008).

稲田行祐, 英國再保險法の基礎知識一門一答, 保險每日新聞社, 2015.

木村榮一・大谷孝一・落合誠一, 海上保險の理論と實務, 弘文堂, 2011.

山下友信, 新しい保險法-總論的事項および若干の共通事項, ヅェリスト, No. 1364, 2008. 10. 1.

松島惠, 複數危險の協力の場における保險者のてん補責任-The Cendor MOPU事件(2009년~2010年)を中心として, 經濟研究 第145號(2012年), 明治學園大學論文集.

松島惠, 貨物保險における固有の瑕疵の概念, 保險學保險法學の課題と展望, 大谷孝一博士古稀記念, 成文堂, 2011.

坂本三郎 外, 新しい保險法, 金融財政事情研究所, 2008.

강종구 외2인, 법무법인 태평양의 세월호 사건 검토의견(2014.5.30.)

김인현, 세월호 사건의 손해배상책임, 법률신문 2014.5.1.자.

김재헌, "영국해상보험법상 고지의무위반에 대한 영국판례의 최근동향", 인권과정의 제259호(1998.3), 대한변호사협회.

김찬영, 해상보험에 있어 담보특약 법리의 변화와 그 시사점에 관한 연구, 한국해법학회지 제37권 제2호(2015), 한국해법학회.

김현, 해상보험에서의 고지의무-대법원 1996. 3. 8. 선고 95다28779 판결, 저스티스 33권3호 (1996.3), 한국법학원.

민중기, 영국해상보험법에 있어서 해상고유의 위험의 의의 및 담보위반의 효과, 대법원판례해설 30호(1998).

박세민, 담보범위와 면책사유에 관한 수협어선보험약관과 1983 협회선박기간보험약관의 비교분석, 한국해법학회지 제38권 제1호(2016), 한국해법학회.

______, 신중한 보험자기준에 대한 비판적 고찰-영국보험법의 해석을 중심으로, 보학학회지 제68집(2004), 한국보험학회.

______, 영국법과 고지의무, 세창출판사, 2004.

______, 해상보험에 있어서 영국법 준거조항의 유효성 인정문제와 그 적용범위에 대한 비판적 고찰, 한국해법학회지, 제33권 제1호, 한국해법학회, 2011.

박은경, 2014년 보험편 고지의무조항에 관한 비판적 고찰, 상사판례연구 제27권 제3호(2014), 한국상사판례학회.

______, 워런티(Warranty) 위반에 관한 국내 판례 연구, 해사법연구 제15권 제2호 (2003).

______, 중국보험법의 주요개정내용과 그 시사점, 중국법연구 Vol. 13(2010), 한중법학회.

서영화, 해상보험에서 담보의무조항과 보험자의 설명의무, 한국해법학회지 제33권 제1호(2011), 한국해법학회.

석광현, 약관규제법은 국제적 강행규정인가, 법률신문 2011. 3. 21.

______, 영국법이 준거법인 한국 회사들 간의 선박보험계약과 약관규제법의 적용 여부-대상판결: 대판 2015. 3. 20. 2012다118846, 2012다118853, 저스티스 149호(2015), 한국법학원.

심재두, 해상보험법, 길안사, 1995.

양석완, 해상보험계약에 있어서 해상고유의 위험에 따른 입증책임-영국법과 협회약관에 관한 논의를 중심으로, 상사판례연구 제25집 제3권(2012).

양승규·한창희, 해상보험법, 삼지원, 2007.

이원정, 해상적하보험에서 보험목적물의 고유하자에 관한 판례연구-Cendor MOPU사건에서 영국대법원판결을 중심으로, 국제상학 제28권 제1호(2013), 한국국제상학회.

______, 해상적하보험에서 소급약관의 효력(서울고법 1995.3.21. 선고 93나49149판

결), 한국해법학회지 제29권 제2호(2007), 한국해법학회.
이윤석, 보험계약상 최대선의의무와 고지의무-최근 영국가계보험법 입법안을 중심으로, 한양법학 제32권(2010).
이재복 · 허연 · 박영섭 · 윤민현, 해상보험과 리스크관리, 박영사, 2009.
이정원, 2015년 영국보험법상 워런티의 의의와 법률 효과에 대한 고찰, 저스티스 150호(2015).
______, 영국법 준거약관과 보험자의 설명의무, 「저스티스」, 제122호, 한국법학원, 2011.
______, 영국법 준거약관과 보험자의 설명의무-대판 2010. 9. 9. 2009다105383의 평석을 중심으로, 저스티스 제122호(2011)
______, 영국보험법상 워런티의 한국법상 의의, 한국해법학회지 제38권 제2호(2016), 한국해법학회.
이제현, 선박보험에서 담보(warranty)의 법리적 해석에 관한 연구, 무역보험연구 제17권 제2호(2016).
이한별, 국제해상보험계약과 영국법준거약관, 서울대학교 법학석사학위논문, 2015.
장덕조, Follow the fortune조항의 법적 고찰, 보험학회지 57권(2000), 한국보험학회.
______, 보험법, 법문사, 2016.
______, 영국의 보험계약법 개정동향과 최대선의, 보험학회지 제82집(2009), 한국보험학회.
장한각, 영국해상보험법상의 고지의무-대법원 1996.3.8 선고 95다28779판결, 한국해법회지 제19권 1호(1997.3), 한국해법학회.
정영석·정해석, 영국 해상보험법상 고지의무와 워런티 위반에 관한 최근 판례 동향-SEA GLORY 사건의 보험금을 중심으로, 법학논총 제32집 제1호(2015), 한양대학교 법학연구소.
정완용, 해상보험법상 보험자 면책사유와 담보특약에 관한 고찰, 한국해법학회지 제37권 제1호(2015), 한국해법학회.
정완용, 해상보험법상 보험자 면책사유와 담보특약에 관한 고찰-개정방안을 중심으로, 한국해법학회지 제37권 제1호(2015), 한국해법학회.
정찬형, 상법강의(하), 박영사, 2015.
정해석·정영석, 영국 해상보험법상 고지의무와 워런티 위반에 관한 최근 판례 동향-SEA GLORY 사건의 보험금을 중심으로, 법학논총 제32권 제1호(2015), 한양대학교 법학연구소.
지상규, The Nancy호 사고와 관련된 피보험자의 불고지 및 묵시적 Warranty 의무에 대한 평석, 보험법연구 8권2호(2014), 보험법학회.

_____, 해상적하보험계약하에서의 고유의 하자에 대한 보험자의 책임에 관한 판례연구Global Process Systems Inc amd Another v. Syarikat Takaful Malaysia Berhad(2009), 손해사정연구 제6권 1호(2014), 한국손해사정학회.

최기원, 보험법, 박영사, 1998.

한기정, 고지의무의 수동화-자발적 고지의무에서 수동적 응답의무로, 비교사법 제16권 제3호(2009).

한낙현·정준식, 해상보험계약상 담보특약(Warranty)의 실무적 적용에 관한 연구, 무역연구 제11권 4호(2015), 한국무역연구원.

한낙현·허윤석, 해상보험제도상 인과관계론의 적용상 문제점에 관한 고찰, 무역보험연구 제13권 제3호(2012), 무역보험학회.

홍성화, 적하보험에 있어서 고유의 하자에 대한 해석문제-영국최고법원 Cendor MOPU사건을 중심으로, 해사법연구 제27권 제3호(2015), 한국해사법학회.

황현영, 해상보험에서 담보특약과 약관규제법의 적용- 대법원 2015. 3. 20 선고 2012다118846(본소), 2012다118853(반소)판결, 한양법학 제26권 4집(2016), 한양법학회.

판례색인

【지방법원】

【대법원】

사항색인

【ㅁ】

【ㅂ】

【ㅅ】

【ㅇ】

【ㅈ】

【ㅊ】

저자약력소개

- 서울대학교 법과대학 졸업
- 서울대학교 대학원 수료(법학석사, 법학박사)
- 현 국민대학교 법과대학 교수

저역서

- 대학교수를 위한 교수법(공저, 국학자료원, 1999)
- 해상보험법(공저, 삼지원, 2007)
- 보험법개정의 관점(공저, 청목출판사, 2009)
- 현대보험법의 동향(국민대학교 출판부, 2009)
- 보험법판례연구집(공저, 법영사, 2010)
- 각국의 보험소비자보호법제(공저, 청목출판사, 2011)
- 회사법(제3판, 청목출판사, 2012)
- 생존능력을 배양하는 학교에서의 안전교육(역서, 학교안전공제중앙회, 2014)
- 상법총론(제4판, 청목출판사, 2017)
- 보험법(제3판, 국민대학교 출판부, 2017)

해상보험법

초 판 인 쇄	2017년 08월 21일
초 판 발 행	2017년 08월 25일
저 자	한 창 희
발 행 인	유 지 수
발 행 처	국민대학교 출판부
주 소	서울시 성북구 정릉로 77
전 화	02-910-4242~3
팩 스	02-910-4240
등록년월일	1975년 6월 17일 제6-33호
인 쇄	삼아인쇄사

ISBN 978-89-7812-404-1 93360　　　가격 19,000

* 잘못된 책은 교환해 드립니다.

국립중앙도서관 출판예정도서목록(CIP)

해상보험법

저 자 : 한 창 희

— 서울 : 국민대학교 출판부, 2017

p. ; cm

ISBN 978-89-7812-404-1 93360 : ₩19,000

해상보험법[海上保險法]

366.423-KDC6

345.08622-DDC23　　　CIP2017019579